解密一个大报的新闻后台操作　打造中国最佳新闻案例读本

第三辑

南方周末

后台

南方日报出版社
NANFANG DAILY PRESS
中国·广州

图书在版编目（CIP）数据

南方周末：后台（第三辑）/ 邓科主编. -- 广州：南方日报出版社，
2010.5（2023.9重印）
ISBN 978-7-80652-992-8

Ⅰ. ①南… Ⅱ. ①邓… Ⅲ. ①报纸－新闻工作－广州市－文集 Ⅳ. ①G219.276.51-53

中国版本图书馆 CIP 数据核字（2010）第 064497 号

南方周末：后台（第三辑） 邓科 主编

出版发行： 南方日报出版社
地　　址： 广州市广州大道中 289 号
电　　话：（020）87360640
经　　销： 全国新华书店
印　　刷： 广州市怡升印刷有限公司
开　　本： 787mm×1092mm　1/16
印　　张： 16.5
字　　数： 280 千字
版　　次： 2010 年 5 月第 1 版
印　　次： 2023 年 9 月第 8 次印刷
定　　价： 29.00 元

投稿热线：（020）87360640　　读者热线：（020）87363865

南方周末《后台》第三辑
编辑委员会

目 录

没有写在报上的新闻　　后台—行动

深思成就深度　　后台—思考

南方周末

后台

没有写在报上的新闻

『性·谎言·录像带』

等到的都将与祥云无干

与中国首富孤独厮战

自焚者唐福珍的最后6小时

共产党人玩摇滚

『邓玉娇事件』中的手

季羡林：烫手山芋？『最伟大的僧人』？

『海龟』冲垮财政局网站

校园政治

『弃婴』疑云

果敢：只需要两发子弹

『中国改革第一村』的主角

想在午夜12点的长椅上晒太阳？

逃出塔利班的中国第一人

枪袭哨兵者伍勇人生档案

一位老外记者与南方周末的机缘

“性·谎言·录像带”

——“州长被指强奸北大女学生”采访记

□丁补之（南方周末新闻板块）

事件的要素引人瞩目：北大女学生、官员、商人、三角关系等，牵扯官场、情色、敲诈，事件的复杂程度超过许多虚构小说。它既是一出《丑闻》，又是一出《性·谎言·录像带》，甚至还包括了一出《竞选州长》的插曲。

2007年12月1日，陕西镇坪下了一场小雪。在镇坪往安康的蜿蜒山路上，班车因雪而拥堵停留。在冰冷大巴上百无聊赖之际，一个朋友打电话给我说，此前一天，湖南人大常委会罢免了湘西州州长杜崇烟全国人大代表职务。消息源是红网，湖南官网。

这是自该事件被披露后，来自官方的第一次公开回应。回溯4个多月，最早为这名州长张目的，也是红网。当年4月底我获知此事，7月3日见到发帖者，7月4日见到北大女生，再经半个月的审慎调查，开始报道此事。7月21日，北大女生“委托”红网发出声明，一改此前当面所言，称自己被胁迫，令事件在世人看来扑朔迷离。

在采访该事件前后4个多月的过程中，充满了各种陷阱，我只是相信，在冷静、审慎和克制下，恪守记者本分，事件真相终会拨得云开见天日。

前后采访共留下了2万字的记录。最大的遗憾是，因为客观原因，对此的报道未能刊出。虽然北京、湖南两地记者的精诚配合，已使稿件趋于完美。

出师未捷，总令壮士扼腕。获知报道不能刊登的当晚，我满怀失望。报道的夭折令人充满寒意，处理的结果在冬天迟来，却给了身在初冬大西北的我些许温暖。

采访笔记原名“丑闻”。它的开头如下：“这是一段丑闻。一个与性、谎言、录像带都有关的故事。其间人物关系复杂，三方各有所求，博弈格局随时间而变，连带多方卷入其中，事件富有戏剧性。”

事件的要素引人瞩目：北大女学生、官员、商人、三角关系等，牵扯官场、情色、敲诈，事件的复杂程度超过许多虚构小说。它既是一出《丑闻》，又是一出《性·谎言·录像带》，甚至还包括了一出《竞选州长》的插曲。

作为中国现行体制下的记者，我们的职业生涯，充满了各种未知与意外。纵有时不能公开发表，亦或可留存一份记录。在结果未明前，我告诉自己可以在以后，找一个时间，把这些故事好好写下。

谎言［初面·疑窦丛生］

2007年4月25日，LQQM论坛出现一篇题为“［号外］州长（地市级）全国人大代表奸污北大女生”的帖子。帖子称：“一北大女生遭一州长强奸，女生没有敢告诉父母，州长又是州委副书记还是全国人大代表……警告女生不要说出去。”

当天我浏览论坛，看到了这篇语焉不详的帖子。其中并没有具体提到是哪个州，但是提到了州长的年龄，经搜索，符合条件的州长有三个。抱着试试看的态度，我给发帖人dcyer发信并留下联系方式，等待对方的答复。

6月18日，事情过去了快两个月，很意外地，我收到了dcyer的短信，他问到了“州长强奸北大女生媒体怎么看”，提到“女生写了五千多字材料，不愿意面见法官”，“这件事有多少新闻价值，女生及家人安全如何保证等”。

多年养成的采访习惯，使得我把这些短信一直保存到今日。当日我回短信说，需要见到女生本人。对方称女生有心理压力，要考虑，后来便不再答复。令人疑惑的是，对方第一次短信中提到的“这件事有多少新闻价值”，这句话令人多少有些莫名其妙。

6月底，一自称姓何的男子打通报社热线电话，称自己为私家侦探，代理一北大女生遭州长强奸的案子。报社转来消息后，我回电证实，来电者即为发帖人dcyer。

再次的电话沟通中，dcyer自称为北大女生小Y的朋友，因对方是女生，考虑到这件事情的性质不便出面，所以由他代为奔走。

7月3日，又经过多次短信沟通，发帖人dcyer终于现形。当日中午，在北京劲松中街肯德基餐厅，dcyer开一辆车前来。他三十多岁，中等身材，短发，戴茶色眼镜。这一次，他称自己叫"张凡君"，山东人，同时给我看了一份称为小Y亲笔自述的材料，以及一份小Y签名的授权书，大致内容是将此事交给他全权处理。

他不肯给我手写件，而是给了我一份内容大致相同的打印材料，其中的人名和地名大部分都被×替代，但制作很马虎，很多地名人名并没有隐去。

当时我注意到，手写材料上的落款已被涂黑，我想也许是因为初次见面，对方出于保护当事人的目的。但"授权书"上的签名却透露了当事女生的姓名。会面后我上网查询该姓名，结合打印材料，事件、地点和当事人才开始显出眉目。

这份授权书也令人觉得诧异，因为只有女生的签名，而没有填上被授权人的名字，打印的授权书专门空出了该处。如果没有问题，这里本应填上"张凡君"三个字。考虑到对方曾自称姓何，也就是说，他有意不想让记者知道他的名字。

dcyer自称从事私家侦探行业，通过朋友关系知道这个事情，当事女生很信任他，委托他处理。基于对此的怀疑，在交谈中，我偶尔提及拍摄或跟梢的一些技巧，但对方显得一无所知。他更关心的问题是，提供这个新闻能有多少报酬，并直接向记者提出，想要一台笔记本电脑，或者一笔资金购买偷拍机和相机。

很难想象一个私家侦探这样不专业。"你想要笔记本的使用权，还是所有权？"我问。

"所有权。"对方很干脆。

真是莫名其妙的见面，我当时想。这个人虚报了姓名和职业，寻求新闻报道却意在报酬，仅凭一份自述材料和一份授权书，便希望媒体尽快将此报道出去，他的动机是什么？他到底叫什么，是做什么的？他手中的材料是否可信？这些疑问，后来在采访中一一得到了解答。

当日dcyer提到的重要信息包括，他手头有一些录音以及关于强奸事件的人证。但我提出，要先见到当事人小Y。dcyer称当事人不希望见记者，说自己可以全面代理。

我对他坚决要求，只有在见到小Y后才能继续谈这个事情。从新闻报道的角度，目前来看，我只能认为举报材料和委托书是虚构的，真实性无法证实。作为报道，一定要见到当事人并核实当事人的身份，以及拿到可以证实举报内容的证据。

事后回想，他约见记者并不是一定为了新闻报道。醉翁之意不在酒，或者是希望从记者身上得到什么，或者是希望利用记者得到什么。庆幸当时的坚持。

dcyer说要回去考虑。我期待着和小Y见面。

性［自述·曲折离奇］

dcyer在7月3日交给我的打印材料，比其十多天后在网上公布的内容多一部分。这份材料初步勾勒了事情的轮廓，但所言还有待于下一步调查，寻找相关证据予以证实。

上述材料上，小Y说这是“噩梦般的回忆”。

小Y称，其家在湖南省湘西土家族苗族自治州某县，高中时与湘西州州长杜崇烟之子W为同学。2004年，两人同时进入北大。其间州长出差北京时，会让W邀请北大同乡一起吃饭。

小Y对杜崇烟的第一印象是：“他个子不高，戴一副眼镜，很健谈很和蔼，虽然言谈中难免流露出几分官腔，但总的说来没什么架子。”

“直到后来我才知道，”小Y写道，“他跟儿子讲，我这人不错，让儿子找我做女朋友。”

2006年圣诞节期间，杜崇烟突然给小Y的母亲打电话，希望小Y能给因沉迷网络休学的儿子写信，劝他振作。虽然不愿意，在妈妈的劝说后，她给W写了一封劝其上进的信。

后来，杜崇烟又给小Y的妈妈打电话，“言语中流露出想让我做媳妇的愿望，说是他的儿子自制力太差需要有人管”。虽然被婉拒，但该州长开始经常给小Y家打电话。

就这样，到了2007年初。“我永远也不会忘记那个晚上，”举报材料上写道，“2007年1月22日的那个晚上。”

当天晚上8点左右，小Y到了北大资源宾馆五层的一个房间。

按上述材料，谈话开始时围绕杜崇烟之子W，该州长希望小Y能帮助他。随后杜又提到，“要是能有这么个媳妇真是祖宗有德，还说我有旺夫相。说得我不好意思。我赶紧说，我不爱W”。

“接着他开始跟我聊天，说他的成长经历，说他吃了多少苦，怎么考上大学，在大学里艰难读书。说他几十年的从政生涯，怎样从基层一步一步到州长这个位置。……说话过程中他一直注视着我，突然他说：‘我挺喜欢你的，我儿子不爱你我都爱你了。’”

“我突然觉得这话不对头，看表已经10点多了，提出要离开。”但“他突然一把紧紧抱住我……我心里乱极了……哭着要求他放开”。举报材料上写道：“他……强行与我发生了关系。”

材料说，事后，州长的表态是：“他说他的地位不保倒是没有太大关系，可我一个北大学生，要是我把这件事情说出去，不但是自己毁了自己，更是毁了北京大学的声誉。还说我的父母在家乡，人言可畏，这件事情捅出去了，我父母怎么有脸在家乡立足呢？”

材料里说，州长提到，“如果我不说的话，会善待我的父母和亲人”。

材料事无巨细，甚至提到了事后，为了报复该州长，小Y与州长之子处了一段时间的朋友，但最后被杜崇烟夫妇以八字不合阻断了两人的往来。

单看举报材料，实在令人嗟叹不已，当真比某些杂志编出来的故事还要曲折离奇。关键问题是，这是真实的吗？

谎言［小Y·她的眼泪］

7月4日，等到了dcyer的回答，他说女生同意见面。

当天下午，在北大康博思餐厅，我第一次见到小Y，也是最后一次。半个月的采访中，虽然多次见到dcyer，从其手中拿过录音录像等多种证据，但他却一直有意无意阻碍记者和小Y再一次接触。而为了防止事情有变，我也没有贸然单独进行第二次接触，这在最后稍显遗憾。

小Y着一身连衣裙，长发，面容姣好，身高中等，身材微丰，性格温和，带点学生的轻柔和甜糯，看起来涉世未深。

当天三人在场，主要是我问小Y答。当时我看出小Y与dcyer关系不同寻常，绝非dcyer所谓的他是私家侦探代人打理。其间我专门问小Y为什么要全权委托dcyer处理此事，小Y说因为两个人大一就认识了，觉得他很可靠，所以信任。

小Y在谈话中证实，材料是自己亲手所写，此外，因为是影视传播专业，比较方便，所以在和杜州长通话时在宿舍录下了部分对话。而录音的另一个功能，在她看来，“没准哪天我失踪了，录音也许有用处”。

这时候，她对杜崇烟的看法是："他通话也很小心，不可能在电话中承认有这件事情，他就像一条蛇，你没有抓住他的七寸他是死都不会承认的。"

回忆当晚情景时，话到中途，小Y的泪花就泛了起来。

那一刻，我看到她的眼泪流了下来。在北大的这个餐厅内，当着初次会面的独立第三方，说着说着流出眼泪，这个动作，要么是触动伤心处，要么是希望听者相信。

之后在对事件深入调查后，客观来讲，杜崇烟、dcyer、小Y这三方中，被动的正是这个女生。虽然是dcyer主动先找记者，但我希望能尽量减轻对她可能带来的伤害。在之后的报道中乃至此文，即使在她以真名发出声明后，我亦只以化名"小Y"相称。

对话中，小Y透露出其父母不希望这个事情公开的意思。也就是说，这个事件，还有另一方的力量存在。

她又提到，杜崇烟一直说给他们家好处，"承诺说帮我家里的亲戚搞人事调动，或者能提供贷款之类，利用职务上的便利来做一些事情"，但她的妈妈"不稀罕"。

在当事人证实了自述材料之后，最重要的便是所指"强奸"的证据。但小Y说当天的衣物早就丢了，没有任何直接证据。

当时dcyer只拿出了两段录音，其中一段仅有一句威胁的话；另一段是电话里对小Y讲让一个男的不要乱来。这些不能证明什么。

也就是说，这件事情即使存在，也难以被证明。核心内容无法证实，采访便难以继续下去。

当天我关注的另一个重点是，他们为什么要公开此事。小Y的说法是，希望州长能得到有关方面的处理，还自己一个公道；dcyer的说法是，这样的人在台上，于国有害，应该清除。

这样的解释，令人半信半疑。背后的动机到底何在？只有在后来，我才知道，关键的是dcyer的动机。

谎言［unimedical·dcyer是谁］

一个有趣的细节是，用来发帖的ID"dcyer"的头三个字母，正是当事州长杜崇烟姓名的首字母，而查询该ID的属性，仿佛专门为此事而注册，这是一个马甲。

这是一个充满迷障的采访，线索和材料提供者不愿告知真实身份和姓名，而他显然又有所图。那么，dcyer到底是谁？

多次会面中，他小心翼翼不透露他的办公地址和家庭住址，见面要么在北大，要么在餐厅，要么在地铁站。在一次他提供给我存有材料的光盘后，我曾以光驱无法读取为由，希望能去他的家中重新刻录，但他宁可在路边小店重新转存，也不愿回其所称近在咫尺的家。

另一次，记者提出签一份dcyer此前主动承诺过的《保证书》，主要内容是他“保证提供的材料内容真实，记者保证不泄露当事人真实姓名”，希望获知其姓名。这时候，他的签名从原来自称的“张凡君”，变成“王广成”。

来自网络上小Y北大同学的留言说，dcyer经常开车在北大出没，和小Y交往之时，已经结婚。他的妻子获知此事后，曾因此大闹。在小Y面前，其表现为富商身份，从事网络药品销售，并称曾在北大读MBA。

后来dcyer在互联网上公布小Y所写的情书，上述信息得到部分证实。这份情书写给一个叫“老头子”的人，主要内容是一个女孩子自称成为了第三者，和她对一名有妇之夫的倾诉。看到情书的第一时间，我电话询问dcyer，对方在电话里则称，“老头子”是杜崇烟。

“怎么可能？”我说，“情书内容明明不是写给一个州长的。你就是老头子吧？”我想逼他就范，但他坚决否认。我提出质疑：“信件原件只会在收信人手里有，甚至写信人手里都不会有，你怎么会有？”

他不置可否，把话题岔了开去，反正没承认。

初次见面时，我曾留心记下他所开的标致车车牌号码，通过在车管局的朋友，可以查到车主和他的手机号。蹊跷的是，车主姓名和dcyer的化名“王广成”仅一字之差，车主名叫“王×成”。

7月30日，记者打电话给王×成，王×成说，他与dcyer只是普通朋友关系，对方曾租用自己的车，并交付租金，至今已有多日未能见到，但拒绝提供更多情况，随后收线。

有一个情况是，dcyer在网络上发布材料，是通过网络硬盘的方式，他在网上公布了该网络硬盘的登录用户名和密码。其中，用户名为unimedical。

一次，在一天的无功采访之后，在北大一位朋友的宿舍里，我突然灵光闪现，决定以“unimedical”这样一个相对生僻的关键词进行搜索。结果，柳暗花明。

搜索表明，unimedical这个ID在网上共发出了数十个帖子，而帖子中留下的电话号码，正是此前dcyer与记者联系时的号码。也就是说，二者是同一人的不同ID。

上述帖子大多发在大学BBS上，发帖时间从2005年12月到2007年7月，内容主要是减肥胶囊、纤体产品等减肥药的推介销售、优惠购买通知。

一个重要的搜索结果是，unimedical还出现在一家名为“北京统大一统医药发展有限公司”的网站上。

在北京工商局网站上查询可知，该公司法定代表人为陈宝亮，目前已被吊销执照。网络公布的公司电话，拨打后显示都是空号。

至此水落石出，dcyer正是陈宝亮。数月后才知对方真实姓名，调查当真曲折艰辛。

企业黄页显示，上述公司于1999年注册，主营医药销售，登记地址为北京市朝阳区安慧北里小区秀园16号楼116室。实地察看可知，那里是一个住宅小区，但16号楼并不存在116室，仅有1106室。邻居说，该房为两名年轻人长年居住，据外表描述，并非陈宝亮。

通过工商局网站，可以看到陈宝亮身份证前数位号码。而用这组号码，通过警方关系可以知道，陈宝亮，1969年5月生，身份证初始发证地为黑龙江省七台河市新兴区，户籍地则为烟台福山区福海路。该地处于烟台郊区，较为偏僻，具体地点为一家农业机械销售公司。

这些信息，和陈宝亮7月3日第一次见记者时偶尔提及的事情吻合。

我又专程跑到北大MBA办公室查询，对方表示并没有名为陈宝亮的MBA毕业生。也就是说，陈宝亮开着可能租来的车，在校园兜售减肥药品，和小Y交往。

一些另外的搜索结果是，和小Y交往的同时，dcyer亦曾在各校园网发帖，“征女友”。

录像带［声明·连锁反应］

由于没有直接证据，那么，只有杜崇烟亲口承认存在强奸，方可作为旁证。

陈宝亮在7月4日的会面中提到，7月10日左右杜将再次来到北京，去怀柔统战部培训中心开会，并且约了小Y。陈说到时候可录音录像。

7月中旬，陈宝亮再次约见记者，这次向记者出示三段录像（仅一段可见），称是女生与州长会面所摄。我看到录像是从天花板上，用普通数码相机拍摄，便问陈宝亮是不是他拍的，他否认。

这段录像同样令人疑惑，因为此前，陈宝亮和小Y只是提到了杜崇烟和小Y强奸与被强奸的关系，按理双方应关系不和，至少带些怨恨。但是画面上的两人非常熟络，甚至有女孩子主动搭肩的镜头。这令人疑惑二者关系到底是怎么回事，后来出现的两段新的录音则令事情有了眉目。

7月14日，陈宝亮发短信给记者，说打算当天下午和州长谈判，并在谈判时录音，邀约一同前往。我考虑再三，认为记者作为独立观察者，断不能介入此事，未往。后来据陈宝亮称，女生的母亲也飞来了北京，并撕掉了举报材料，反对谈判，所以当天谈判没有进行。

7月18日，陈宝亮与我再次会面，当天他提供了更多材料，并出示一份礼物清单，称是小Y所写，上面注明杜崇烟送给小Y的两件共价值近万元的礼物，并在清单上注明：愿上交中纪委。后有小Y签名，日期为“2007.7.11”。

而此前的7月16日，陈宝亮已经在网络上大肆传播了小Y自述材料的复印件，甚至并未遮掩材料最后小Y的姓名。事后可知，彼时其一人孤军奋战，故而孤注一掷。

复印件在互联网上引起轩然大波，7月20日，第一篇消息刊出，其中简述了事件经过，并求证了三方，尤其是州长杜崇烟方面，州长夫人受访时发言否认强奸一事。

报道出街当日，7月20日下午，湖南官网“红网”刊出北大女生的声明，对网络流传的“湘西自治州州长杜崇烟强奸北大女生”的消息进行澄清。记者向红网核实，对方说声明是通过相关途径拿到的，并保证出自当事北大女生本人。

声明称：“文中我的亲笔书写的所谓‘举报材料’乃为他人强制要挟所作而非出自我的本意，现此事已移交公安部门处理，不久便会真相大白。”

这些说法，和7月4日小Y的亲口诉说大相径庭。所谓胁迫，令人怀疑。那日会面，陈宝亮在北大东门等记者，她则曾一个人在康博思餐厅等待超过半小时，其间多次电话催促，何来胁迫？另一层，既然是被胁迫，见独立第三方，当真是说个清楚明白的时刻，却只是大谈被杜伤害；再一层，北大女生宿舍禁止男性入内，在宿舍进行电话录音完全出于个人主观意愿，更是何谈被胁迫？

也就是说，被胁迫的说法，不知是否出自小Y本人，也可能是权衡当下形势后的一种产物。

不少网民当时认为，该声明是女生迫于州长压力，权衡家族利益后作出的妥协。

当时，我却为小Y担心。因为一个人只要撒了谎，便需要用更多的谎言来圆第一个谎，到最后谎言再也包不住时，也是实情水落石出之时。现在的声明面向公众撒谎，事后谎言被揭穿，只会摔得更重。

事情的连锁反应也立刻显现，因为红网的报道同时提及，存在一个诽谤的人。该报道兹录如下：

7月16日，湖南省湘西土家族苗族自治州公安局接到该州州长杜崇烟报案，称其在网上发现“北大女生自称被州长奸污”的帖子，对他进行诽谤，严重侵害了他的名誉，造成了极其恶劣的社会影响。

该局受理报案后，考虑到当事人是北京大学学生，立即与北大所在地的北京市海淀区公安分局取得联系，该局告知，当事人石某已经报案，并称手写《举报材料》完全是他人胁迫所作。

根据目前所掌握的证据，该案是一起北大女生被胁迫手写《举报材料》，并通过网络传播诋毁他人名誉的刑事案件。据了解，湘西土家族苗族自治州公安局决定与北京警方一道按司法程序尽快侦破此案。

这时候，可以明显感觉出陈宝亮的紧张。当天他换了两个手机号码和记者通信，并在网上公布更多的录音和信件。

7月21日早上5点，他主动打电话给记者，想找人陪同一起前往中纪委，上交礼物和证据。他特别提到，7月11日，小Y单独和杜崇烟在北大附近一海鲜餐厅包厢吃饭时，给他发了一条称自己“被非礼”的短信，他一直存在手机中，说可以用来证明自己并未胁迫小Y。

我们约定早上9点见面一同前往，我还提出用相机拍下上述短信。但日出之后，陈宝亮先是推托，后来在中午毁约。

当天，出于了解事情真相的目的，我曾希望尽可能多地拿到他还没有公布的证据材料。我打电话提醒他，警方所称的诽谤者不会是别人，而一旦被警方找到，他的主动权就会丧失，所以材料还是由记者保存一份的好。

但他在电话中坚持认为，自己发帖经过了小Y的同意，发的也是小Y的自述，内容都是事实，有什么好担心的？

21日当晚，陈宝亮给记者发来短信，托称“已出差，一周后再电话联系”，随后便失去联络。这也是他最后一次联系记者。随后海淀警方公布消息，在第二天即22日，他在北苑家园被抓。

性［“强奸”还是其他·竞选州长］

如陈宝亮所称，他并未进行胁迫（他的动机不在于此），而随着纪检部门的介入，后来杜崇烟的问题被落实。

其间在湘西本地，更是上演了一出《竞选州长》的插曲。录音出现在网上后，7月21日晚7时许，湘西电视台时政频道《新闻五十分》栏目节目突然中断，插播了涉及该事的两分钟录音。这个栏目是湘西最受欢迎的栏目之一，杜崇烟和小Y的对话瞬间传遍了湘西的大街小巷，成为街头巷尾人人热议的话题。

事后该事件被认为是换届前夕，当地各方政治力量角力过程中，杜的对立派的重重一击，醉翁之意，在于竞选州长。

来自知情人士的消息，7月23日，杜崇烟被指令连夜赶赴长沙接受调查，次日即被湖南省纪委宣布“双规”；7月25日，湘西州纪委代表湖南省纪委紧急召开会议，宣布了查封杜崇烟办公室的决定。

消息透露，接受调查时，杜崇烟承认了北京那夜和小Y曾发生关系，但他坚称这个过程不存在强暴。

而采访时面对满嘴跑火车、别有用心的陈宝亮，只有手头拿到的证据最真实。记者前后拿到四段音频、一段视频、四份复印件，而最重要的，是找到了能对强奸侧面证实的人证。

在和小Y见面时，她曾提到，事件发生次日，曾打电话给两个老同学，告诉对方自己被强奸。第一篇新闻在7月20日发出后，获得的一个反馈令人啼笑皆非：一位小Y的老同学打电话给报社，说此前他在网上看到自述材料后，曾发短信给小Y问事件是否真实，当时得到的短信回复是肯定的。但当新闻出现后，小Y专门发短信给他，说自己的手机当时在别人手中，回信的并非本人。

如果和记者见面时，小Y自称的事发第二天就曾告知同学被强暴之事能够被证实，在那个时候，事件刚刚发生，没有他人关注，没有媒体介入，一切在最自然原始的状态，那么，她的主动告知，一定是出自她的本意吧。

此前陈宝亮曾告知小Y的两个同学的姓名和就读的学校。当时正值假期，去北京的高校找人是一个繁琐的过程，只能以老乡的名义，先在各校的教务处查出两个学生的院系，再去相关院系查询联系电话和宿舍。

找两人花了两天，第一天找到了其中一个学生的宿舍，却被告知对方从开学后便休学了一直未来，努力白费；第二天，7月23日，去了另一个学生的宿舍，但是没有人。幸好在她的学院问到了手机号码，打电话过去，没有人接。

后来收到回信，说是她已经回了湖南的老家，问有什么事情。我立刻让在湖南的同事张悦用当地座机打电话去问，对方在电话中证实，2007年1月23日，她曾接到小Y的电话，对方在电话中亲口说，自己被州长强奸。

丑闻［动机·三步走］

采访过程中，理顺四方（杜崇烟、陈宝亮、小Y、小Y父母）错综复杂的关系最为麻烦，尤其是在最开始时，只接触到事件的一方或者两方，很难判断。

两段最后公布的录音，杜崇烟和小Y的对话内容部分表明了两人存在的关系。一段超过半小时的电话录音中，杜崇烟在电话里大唱“桑植民歌”《马桑树儿搭灯台》，歌词包括“马桑树儿搭灯台，写封书信郎来带，你一年不来我一年等呐，你两年不来我两年待”，而紧接着，被杜崇烟着重突出的是：“哎，钥匙不到锁不开啊！”随后更调侃，“一把钥匙开一把锁啊”。

同一段录音中，杜崇烟更是提到“让我们又回到那种无拘无束的，那段美好的时光当中，我们该多幸福”。

另一段录音结尾告别，杜崇烟直言“吻你”。关系为何，听者自明。

而关于小Y与陈宝亮的关系，有北大学生发帖介绍：“2004年刚到北大时，她有一个年龄差不多的男友。到北大不久，就和一个大了她很多的有妇之夫交往。到大二时，老男人的妻子知道了，便来到北大，三个人进行了一番谈话。”

小Y同宿舍同学2006年4月的一篇博客也表明：“（小Y）你今天出门了，老头在楼下等了你一个小时。”

陈宝亮贴出的小Y写给他的情书则提到：“哪怕永远不能见阳光永远只能在夜里相会，我也足矣。”

另一份至今不为人知的记者手头的材料，则能表明陈宝亮挑起此事的利益诉求。这份材料，正是来自上述《保证书》。在写保证书时，因为没纸，便写在了陈宝亮一张用过的纸张背后。事后察看上面陈宝亮亲笔书写的文字，可以发现这样一段话：“三步走：1．取证；2．要钱；3．新闻、中纪委。”

另一段话则是这样：“出钱：1．有道才敢做；2．这次给下次呢；3．态度不认；4．承受力。”

两段话所指为何，观者自有结论。而记者只能因缘际会，以客观中立之态，历经琐碎艰苦的调查，还要冷静判断，遴选可信的材料和细节，还原事件本身。

在湖南的张悦证实，事发前小Y母亲已经从湘西下面的县城调动到州教育局。该局负责人称，工作调动出自杜崇烟的直接招呼。

这些错综复杂的关系，确定了事件发展的过程。最开始是，陈宝亮出于某些诉求，带着小Y，主动联系媒体；其间，小Y家庭得到州长的相关利益安排；而媒体报道后，在现实下，又有被称为小Y所写的声明发出，声称此前受到了陈宝亮的胁迫。

纪检部门的介入，则使得该事件最终水落石出。

尾声［禁令·中纪委约访］

事情得以完整勾勒，万事俱备，只等审慎的、有节制的报道了。

同事张悦称，他和州长夫人及其子已几经长谈，获知更多情况。而他进一步希望能见到小Y及其父母。虽然这篇文章信息量已经足够。

湖南的等待见面耗去了许多时间。最后，不让发表的通知还是在一个周三的晚上，不可避免地，突如其来。数月的努力就此搁置。

最后一点需要说明的是，8月12日，其时我在山东，有电话告知，由于只有我接触过发帖者陈宝亮，中纪委希望了解全过程。对方提出，可以飞往山东相见。

我给对方写了一份简略的采访经过，同时等待会面。当时，我还暗暗希望，可以在会面时，获悉更多当时尚未完全明了的杜崇烟一案的进展情况。但直到最后，面谈的电话还是没来。

等到的都将与祥云无干

□陈　江（南方周末新闻板块）

我接触上了一位当地人士，这里将其身份隐去，即便是当下，对其仍然太过危险。通过此人，我与该市除一把手外的几乎所有常委级人士有过一次非正式场合的娱乐交流。在这个充满了酒、肉及其他的场合中，有关治安、密保、宗教、统战、奇闻、轶事等等与奥运相关的各种政府内部信息，作为一个个谈资出现。

一

关于这个稿子的采写，还是倒着说容易说得清楚。2008年7月底，应是7月30日这一期，在周三这天，编辑张捷打电话给我，电话中她声音平稳，我感觉可能其中还有点快乐或是嘲弄的成分，她这个调此前我已经隐约有所领教。反正她跟我聊了聊这个稿子（这时候按理稿子已经上版了，她听起来很轻松的样子），她说她觉得挺满意，其中几点怎么怎么好，好像我们二人还礼节性地互相恭维了一番，交谈的气氛就像周末内部一直以来的那种礼节性的、职业的、略带距离感的互相正面阐述。反正聊着聊着，这一礼节性的电话行将结束时，她又顺口说了一句，几乎没什么语气上的着重或是转折："这个稿子被拿下了。就不发了……"我记得我当时还在同时和她说着什么，过了一会儿才注意到这句，她后面说的什么就记不清了，这应是被雷中后的短路现象。

二

整个采写计划始于一个月前，7月2日？大约就是这天前后。

我来到陕西咸阳。按照设想，我会在这个小城市观看转过天来举行的火炬传递仪式，观察这个小城市整体的运转，让自己有个大致的了解。说白了，对于这个庞大事件的写作，我和编辑都同意先拿一个城市热身，有了概念之后，再拿附近另一个类似的城市作标本写作，这也符合规律。起初的计划是咸阳热身，以敦煌作标本，最终的稿子将是对敦煌这个小小的绿洲城市进行火炬传递的一次深入解剖。而之所以选择敦煌，首先是因为城市规模小，容易看得清楚，另外还是我有些关系在这边，自认为有便利吧。

2007、2008年，在选择题目时有点喜欢上了现象叙事、群像描写，反正就是想写某种奇异的、不知从何开始也不知到哪结束的状态，或是一群人之间的纠结。自己希望能把一堆乱七八糟互无关系的素材嫁接到一起，描述一个存在、具化的现象或是气场。说不清，就是很有兴趣，试了几次，好坏参半，一直无法熟练，虽然中间请教过很多人。《再见，祥云》这个题材即因此而来。

转回到实际操作中。有点残酷的是，刚开始总感觉事情如此顺利的我，要在二十余天后，也就是那个月最后的几天，才知道之前所做的一切成了徒劳。

三

7月3日（这个时间不准确，就按照之前的顺延吧），就是转天，按照之前联系好的，我和媒体人王小山同学将搭伴在咸阳境内到处流窜。他接了网易的“奥运百城记”项目一站一站地“吟游”，熟悉之前的很多情况。我俩很久未见，便说好在咸阳聚头，他说要和我好好唠唠奥运这档子事，且喝酒。当时我等私下商定先把咸阳周边可能的传递路线摸一遍。这是个浩大的工程。3日下午，我们二人出现在武则天墓附近，试图在这个古老的地方寻找到奥运的蛛丝马迹，而这些将成为晚上网易主页的主打以及我今后可能用到的素材。

很快，编辑李梁的电话适时而来，大体意思是“周老虎案”开官方发布会，地点在西安。他希望我这就过去，把新的进展搞出来。当时假虎案正是最热的时候。咸阳与西安犹如广州与深圳，大约只有一小时的路程。而当时的情况是，李梁说整个西部地区刚巧只有我一个记者，再无他人，这使我没有理由推托。但接了“周老虎案”的题目，则意味着此前火炬传递稿的计划要彻底改变，因为火炬的传递速度很快，路线也在随时调整，用于“周老虎案”的两三天，相当于火炬已走过了至少3座城市。经与张捷商量沟通，决定先顾全更为热点的“周老虎案”，而火炬传递一事向后顺延。火炬题目首次显示出了操作的紧迫性。这种紧迫性在后来几乎成为折磨我的最首要的问题。

四

几天之后，我出现在辽宁省的本溪。这地方是火炬传递的第113站（大约），而此时的火炬正在甘肃，按计划大约8天后来到本溪。这段时间将是留给我的采访时间。

选择本溪是我与张捷临时商定的，基本上身在北京的她也只能同意我选择这个小城。实际情况是，本溪是7月份比较靠后的传递城市，留给我的采访时间会因此有所保证，后来有同事说我追了一个月火炬，这玩笑并不精确，其实应该是我整个月都拼命想赶在火炬的前头。众所周知，如果进入8月，随着奥运月的开始，一些稿件将无法正常刊载，而如果想继续操作这一选题，选择本溪已是必然。

在此要感谢前同事关军。由于关军本身是本溪人，而且也在写关于奥运的书，他两个月前就答应在我写祥云时提供帮助，这让时间资源并不充裕的我省了很多麻烦，且就此找到了能够打开本溪部分工矿企业的钥匙，不断有信息通过这一渠道汇聚过来，这皆是关军之功。加之一些我自己临时找到的渠道也幸运地提供了很多必不可少的细节，采访工作终能展开。

另外，维族人团体也给我的采访提供了很大的帮助。由于采访工作比较繁复，往往每天顾不上吃晚饭，我经常到凌晨时分到邻近的烧烤摊吃夜宵，就此认识了几位维族人。碰巧因我懂几句维语，且去过一些他们的圣地，这些人与我关系友好。其后参加整个本溪维族人的聚会时，通过他们在本溪的宗教、社会关系网（民族特性使然）拿到了不少相关的信息，也有机会因此直接接触到了负责监管以及安全保卫工作的系统，这让采访素材的层次感大大提高。

五

有阵子，我觉得采访工作面对的困境几乎是无解的。在后期，也就是祥云临城之前的几天，采访愈加艰难，这让我的工作几乎停顿。此时的各色人等都已进入角色，计划集中的已经开始封闭，人民群众整体“觉悟”也开始提升，他们紧张而恐惧。大多数人不愿意和陌生的外地人深谈，以免引发事端。谁都明白，在中国，奥运并不仅仅是简单的竞技活动。阴谋论甚嚣尘上，坊间传闻各种境内外敌对势力将本溪列为重点破坏目标，传闻中连拉登都看中了这个辽宁山城……

我的采访此时进入攻坚阶段，其实基本上是止步不前。

我手中的采访素材面临一大缺陷，就是政府以及该市高层的情况我一直没能了解到，得到的也仅仅是边角料，具体到最关键的问题，就是——本溪这样的小城到底要为火炬传递埋多少钱的单？得到这个数字，这稿子就成功了一半，而得不到，此稿将失去很大一部分意义。

现在想来，可能时至今日，这个问题仍然是一个秘密，不管是整个国家还是具体到一个如此偏远的小城。人们往往感叹：为了奥运，要不惜一切代价。可是，这个代价到底有多大？

关键时刻又是运气使然，我通过一个朋友接触上了本溪当地的一位人士，这里将其身份隐去，因为下面要说的，即便是当下，对其仍然太过危险。一番努力后，通过此人，我与该市除“一把手”外的几乎所有常委级人士有过一次非正式场合的娱乐交流。当然，是在他们并不知道我身份的情况下。

聚会中，所有人很放松地谈论着奥运，核心事实可以说俯拾即是，在这个充满了酒、肉及其他的场合中，有关治安、密保、宗教、统战、奇闻、轶事等等与奥运相关的各种政府内部信息，作为一个个谈资出现。由于都是一把手，这些谈资要素全面，分析明了，重点准确。这让我更为全面地把握到了本溪此时的状态。最终，那个最关键的问题，本溪分管财政局的副市长答案是，5600万元。

此时，我知道，采访已经基本完成。

六

最终本溪被取消传递资格这一消息出乎所有人的意料，也包括我在内。在来到本溪后的很长一段时间里，我心中的稿件形态仅仅是类似“一个小城的祥云梦”的样子而已，没人能够预料到这梦有破碎的可能。

在即将传递祥云的前两天，我在中午吃饭时首次得知此事。此时大部分政府官员仍然完全不知情，这让我也无法判断此消息的真伪。本溪仍然按照原计划在准备。我只能与张捷商量是否错后一期，因为觉得为了这个暂时无法证实的消息抢发，风险有点大，而且如能确认此消息为真，由于是独家，只会增强此稿的可读性，等7天既安全又划算。出版日期因此从23日延后为30日（周四），也就是8月前的最后一期。过于乐观的我，此时已经在想象此稿刊后的反响。

消息得到最终的确认，是在火炬传递之前一日。祥云真的不来了，这让所有人感到遗憾与不解，也确实在客观上增加了此稿的戏剧性与曲折性——当一个小城为了祥云而陷入癫狂时，祥云却抛弃了他们，而且原因不详。

为了将这种戏剧性以及整个城市对于祥云乃至奥运的期待记录下来，3天时间内我将文章琢磨再三，又因奥运兹事体大，我等不敢怠慢，几乎一个细节一个细节地核对、校正。自采的文字素材接近3万字，而相关资料已经超过10万字。我们的想法是，在奥运来临之前的一期，做出可能是整个奥运期间比较有分量的一篇报道。

时间迅速地滑过，不知实情的本溪市民在焦急地等待着祥云，不明真相的我与张捷也在等待着，等祥云稿的过关。而我们所有人要在几天后才知道，等到的东西都将与祥云无干。

很快，就像大家知道的，这篇稿件被拿掉了。它的名字仅仅出现在本报年终未发稿名单之中。

就完了。

附

为了“祥云”，本溪全城都动了起来：古老的城区被全面整治，临街楼房被清洗粉刷，违章建筑被拆除，道路封闭计划出台，娱乐场所停业，居住区严密安保……

然后，“祥云”不来了。

再见，祥云

□陈　江

日历翻入7月，中国的每一个角落都弥漫着奥林匹克的气息。按照半年前就拟定的计划，这个月的18日将是火炬“祥云”来到辽宁省山城本溪的日子。对于小城本身而言，大半年的精心准备与艰苦付出，终于能够看到成果。

在中国境内祥云经过的128个城市中，本溪并非声名卓著。这个仅仅150万人口的小城，坐落在辽东的山坳中，长久以来默默无闻，而“祥云”的到来，则能让这个城市的面貌、政府执政能力得到成功展示，而高层将知道这里的基层官员们长久以来的努力。

“现代奥运之父”顾拜旦曾经说：对奥林匹克而言，最重要的不是胜利，而是战斗。但显然，在中国，如果有选择，没什么人愿意成为战斗后的失败者。

长时间的准备强化了成功的重要性。“祥云”的意义当然不言而喻，甚至这里每个人的生活都多少因其发生改变，半年来，人们学会了和它和谐共处，并抛开一切，真诚地为它欢呼喝彩。正因它是如此的特殊，小城里的人们从未计较因此而来的不便，它恢弘的意义，让人们认识到——这怎么说也是好事。

7月13日，最后120小时，所有的准备都箭在弦上，犹如拉满的硬弓，微小的调整都能听到弓弦的震颤，小城的气氛变得凝重。中国有句俗话：开弓没有回头箭。

但很快，一个不幸的消息扩散开来："祥云"不来了。

小城风云

4天前，7月9日。接近中午，李冬悬在半空。他卖力地洗刷着一座高层建筑的污浊外壁。从地面看，相比于这些亟待清洁的庞然大物，他的身影渺小又孤单。距离当天的中午饭还有大约半个小时，由于工长严格执行作息时间，他感觉快被晒到虚脱。按照工期，他和他的伙伴们应在傍晚之前将这里搞掂——把前进路上的这座临街的高层彻底粉饰一新，配合整个项目进入扫尾。在此前几个月，他们曾参与清洗、粉刷了很多临街的楼房，这给本溪带来了前所未见的明快颜色。

本溪城区构建在大山之中，作为依托本钢而兴建的城市，这里遍布重工业，密集的烟囱昭示着这个城市曾经的辉煌。同时，作为代价，长年沉积的粉尘令城里的建筑往往灰暗不明，人们早已默认了与这种工业色调的共存。而如今，五彩的"祥云"要来了。

半年来，这个城市所有临街建筑的外墙，包括可以从楼缝中看到的任何一块墙体，都得到政府的粉刷。水果般靓丽的色彩簇拥着本溪的主要干道，曾经老旧的居民楼展现了非比寻常的朝气与活力。距离"祥云"驾临还剩最后8天。本溪犹如一座崭新之城。

早在火炬传递城市申报阶段，为得"祥云"眷顾，小城本溪的执政者就绞尽脑汁，尽一切努力让梦成真，但据说邻近城市的执政者们并不认为这位小邻居有资格与他们竞争。当小城最终入选时，本溪人都真心振奋。繁杂巨大的准备工作随之开始了，它超出了很多人的想象。

很早，"祥云"的传递路线就被确定。最初的想法是："祥云"将穿越本溪最繁华的闹市区，途经粉刷一新的本溪火车站，路过那里的奥运倒计时牌，而最终照亮整个城市。

为了"祥云"，老城焕发了青春。每一个职能部门都为此倾尽全力。市政设施部门承担了大部分工作，他们提出"兵分多路，马不停蹄，昼夜施工"的口号，对古老的城区进行全面的整治，路面乃至人行道上的每块砖往往在一夜之间焕然一新，这让本溪市民惊异不已。据报道，工人们从6月3日起就没有休息。

与此同时，综合执法部门在整个行动中起着至关重要的作用。早在6月4日，市中心的解放路以及延长线上的66处建筑的业主就得到关照，他们收到了《限期自行拆除临时建筑、违章建筑通知书》。

为了保证和谐奥运、平安本溪的实现，6月25日，该部门“按照法定程序”，对尚未自行拆除的业主实施了强制手段。而稍早之前，这个部门已经提前拆除了这条路线上的131块户外广告、牌匾，正如之前的传递城市兄弟部门所做的一样。整治过后，在这条路的尽头，电子屏幕立了起来。夜晚，借着屏幕闪烁的灯光，附近的妇女们聚在这里跳起了慢节奏的迪斯科。大屏幕恪尽职守地反复闪烁着，时刻向人们讲解平安奥运与平安本溪之间的必然关系。

小城的政府不时发出一个政令，每个部门都在快速响应，全城都动起来。整个系统开始展现超强的调度能力与超高的效率。预算如期增加。

转眼间，进入第二季度，不少工矿企业收到了奥运期间生产运行的注意事项。不少依靠按摩、老虎机为生的娱乐场所选择停业，坚持营业的也很有节制。它们放弃了营业的黄金时段，开始在午夜12点之前清场。没有消费者为此纠缠。

解放路北端的东芬客运站旁，一家网吧高悬停业字样，上面没有复业时间。此处是火炬可能的经过之处。在解放路南端的南地二马路，工人冯建某天晚上曾被叫住查验证件，并要求说出身旁女友姓名，他答对了，被允许离开。后来他发现，这条聚集了大量足疗店、发廊的热闹街市冷清了，大半门面挂出了“出兑”、“急兑”的招牌。据说，这里的老板们都知道了“祥云”的重要性。公安机关为此做了很多工作，“祥云”得到所有人的理解。

很快，道路两侧的新路灯竖立起来，它们每盏都价格不菲，在“祥云”驾临之前，这里会是一条光明大道。夜晚，小城宁静而安详。本溪就快准备好了。

不久，先期拟定的市中心路线遭到上级机构的否决，原因没有对外公布。

火炬快跑

近4个月来，“祥云”飞快地传递于各个准备好的城市，每个城市或好或坏的表现则更快地由内部管道传递开来，经验多多，教训也如是。如今，曾经远在天边的“祥云”已经进入陕西，留给本溪的时间所剩无几。

不夸张地说，火炬“祥云”的传递是一个浩大的工程。早在“祥云”传递之初，为了提高效率，“祥云”团队即被切分为两支队伍：暗中的运营团队负责先期准备和后勤保障，而圣火团队顾名思义则是伴随火种露面。大部分团队成员来自两个系统——奥组委和赞助商，两大系统互相合作又各自为政，乃至每个城市的吃住费用都各自埋单。为了让工作快速顺利开展，“祥云”团队发扬实用主义作风，更注重雇用专业人士，比如抽调各著名旅行社人员负责食宿，借调有经验和专业技术的媒体工作者负责宣传……

在责任到人的实际操作中，暗中的运营团队再次被细分为A、B两组，每组近200人，以蛙跳形式跃进：在一组保障正在传递省份各项工作时，另一组前往下一个传递省份提前开始准备，周而复始。此外，每个组内部又各有两支先遣队，在省内的不同传递城市进行类似的蛙跳跃进。

对于小城本溪预先制定的几套方案，“祥云”团队和辽宁省更倾向于一条附近没有什么建筑的线路。这是一条市区边沿的滨河路，3公里左右。这条从体育馆到殡仪馆的路线上，一侧是太子河，另一侧只有两个小区，此外根本没什么人。除了几个山包外，此处完美地符合安保的需要。

团队决策者自有他们的理由。几个月来，外界的人们知道得更多的是每个城市的盛况与喜悦，并没人知道这个团队为此历经的千辛万苦。当然，在内部，所有曾经的遭遇都将成为团队指导下一个城市的经验，乃至必须达到的硬性要求。越接近尾声，庞大的保障团队对于安全的诉求则越高，每个人都希望尽快圆满完成任务，考虑和要求自然与早期不同。

“祥云”的先遣团队入驻本溪后，小城很快街知巷闻。对团队来说，没有什么比安全更令他们关心，所有人都不希望冒什么风险，尤其是在这个地形复杂的山地地区。这里曾经是60年前朝鲜战争的重要咽喉要道，进退自如。

由于国家从来没有举办过如此规模的传递活动，没有经验可供借鉴。唯一能倚仗的，是之前百余个城市的经历，它们被汇总成一个庞大的“中国模式”。至于本溪，它要做的是：尽快将自己套入到这个模式中。很快，先遣团居住的宾馆附近，开始涂鸦一座鸟巢。

每一个城市的先期准备，需要精确到米，而类似本溪这样毫无经验的城市比比皆是，这就要求所有工作都需要运营团队的先遣人员与当地政府当局配合布置。之前城市的经验，将得到下一个城市的重视。没有什么城市希望成为需要吸取的教训，或是因此向它们的上级检讨什么过失。

5月31日武汉站的传递成了很多团队成员的心病。“太热情了，武汉人民自发地跟着圣火车队，走到哪儿跟到哪儿。”某个团队成员回忆当时的处境，“到处是人，那么长的长江大桥上憋满了人，人们拥上来，围着车，疯狂地跺脚，喊着，加油！万岁！”他当时躲在车里，被群情激昂的民众堵在桥中央，后来有人提醒他，两个小时他们几无寸进。

“在起点黄鹤楼下面，第二棒的时候，就很难传下去了。”该地传递第183、184棒时，发生了踩踏事故，据了解有人被踩死。

为了解决类似的问题，“祥云”团队在不停地改变着策略。轮到本溪，安保一跃成了最重要的环节，阻拦措施从最初的警戒线升级成儿童胳臂粗的铁栏杆。武汉之后，自发的围观者也换成经过精心挑选的观众。

汶川地震给“祥云”带来了改变。按照高层的指示，灾难之后，传递活动要尽量缩短时间，减小规模。这要求团队的组织更有效率，传递城市更快进入角色。规模和时间的控制，最终体现于传递本身。火炬手的传递距离从最开始的200米，逐渐缩短为六七十米，直至后期经常出现的十几米。一些传递城市的取消也给之后的城市带来压力，火炬手人数在局部曾经迅速膨胀，每天208棒的吉祥数字时而无法保证，临时的变化也让火炬手折返于不同的城市，兰州曾创纪录地达到296棒。“嘉峪关那条路上，火炬手一个挨一个，挺密的。”一个7月6日在那里传递的火炬手回忆说。

如今，已经是7月中旬。圣火从开始传递已近4个月。“祥云”真的要来了。

看不见的云

7月3日早7点30分，本溪有点微风，薄雾还弥漫着。迄今为止最正式的一次演习开始了。

相比于之前几次演习，此次演习要求完全按照15天以后那个日子的标准。包括预先选出的欢迎群众在内，所有人员全部到位。安检门尽责地将打火机之类的物品拦在场外，安保人员护卫着现场的安全。主持人出场，领导讲话，气氛热烈又有序。火炬手举着仿制的火炬来回奔跑。所有临街建筑都被勒令关上窗户。“除了火炬是假的，一切都按真的来。”一位参加者如此形容。有官员对记者透露，为了“祥云”，本溪市财政至少已经投入了5600万元。

本溪最大的企业本钢指派了400名员工作为夹道欢迎的群众。他们统一着装，面带微笑，训练有素地高喊口号，彩旗在他们手中翻舞，与此前电视上其他城市的转播画面如出一辙。事实上，早在几个月前，这些员工都已通过了政审和备案，被挑选为此次盛事的参与者。虽然分工各有不同，但每个夹道欢迎的群众都发放了胸卡，被指引到规定区域。

很多本溪市内被当局信任的单位都能参与这次活动，数千人的群众队伍就从这些单位提前挑选组成，选拔条件严格且谨慎，是否中共党员也是标准之一。辽宁科技学院选拔了1000人，主要由学生干部和优秀分子组成。全市范围内，即便只是在著名的“蚁力神”诈骗案中遭到欺骗的普通市民也是无一入选。

火炬传递的起点设在滨河路尽头的本溪体育馆，艳红色的点火台早已准备完毕，背景展板提前印上了“辽宁·本溪 2008.7.18”的字样，主持人适度又到位地点燃着人们的激情，观众不时举起“祖国万岁，中国加油”的字板，每一道活动程序都精确有序，分秒无差。会场的气氛按照计划达到了高潮，一位漂亮的礼仪小姐却计划外地晕倒了，她身旁的人没有一个敢离开岗位帮助她，没有指令让他们这么做。很快，她被另外赶来的人扶走。计划照常执行。

会场对面的大峪社区是一个有6000人的居住区，临街的鹏程小区是安保的重点。早在年初，大峪社区居委会的工作人员就开始宣传讲解，对临街住户逐个做通思想工作。按照省公安厅所划定的安保职责，火炬传递路线100米以内为一线，至关重要；100~200米为二线，重要性其次，而所有这些区域都在封闭范围内。鹏程小区是重中之重。

整个社区是火炬传递路线上唯一的人口密集区，安保工作非常繁重，他们实行了保安、经警、安全志愿者、联防队、110民警五位一体的防控措施，安保人员总计数百人。

该社区居民委员会赵主任告诉南方周末记者，按照上级的指示，火炬传递期间，临街的居民住户就不能开窗户了，主要是为了安保的需要，届时每户会指派一个安保人员——主要是警察和政府公务员——入户监督。为此，他们做了很多工作。“住户们对不许开窗都表示理解，都支持我们工作，”赵主任很感谢居民们的谅解，“虽然原则上不让看，但这是百年盛事，估计到时从窗户里扒头看看应该没什么问题。”事实上，也有居民对赵主任的这种说法表示怀疑，他们被明令：不许扒头。沿线一些居民区同样存在这种情况，有些小区的政府管理者还为被入户监督的家庭准备了一个西瓜以示友好。

演习当天凌晨，4点多，安保入户人员全体准时到位。沿线的赵先生家被敲开，安保人员表达了入户的要求，赵先生希望对方给全家一定的时间洗漱，裹着衣服的女主人递给对方一个板凳，说："要不您先外面坐会？"安保人员接受了这个提议。

由于道路封锁已经延伸到与圣火传递路线平行或交错的几条路，司机们纷纷避让，选择其他道路。大量长途大巴停运，入站交通被封锁。因为传递路线与殡仪馆到火葬场间的路途重合，殡葬车辆有专用指定线路供其绕路行驶。当地电台每天都在实时滚动传达这些有用的信息。

司机董先生3日（演习当天）一早6点开车回家，他住在本钢宾馆旁边的一个小区内（火炬团队住在这家宾馆）。警察问他要干什么，他说回家吃早饭，被拒绝进入。"哪儿不能吃啊？凑什么热闹！"他回忆当时警察对他的劝告。董先生听从了劝告，又开了几公里，在一个路边小店解决了自己的需求。

事实上，大多数本溪市民都希望一睹"祥云"的风采，但没有胸卡，无法通过距离滨河路尚有数百米的封锁线，那里被与城区完全地隔离了。很多人对此感到遗憾与愤慨。

距离"祥云"驾临，还有15天。

最后的准备

时间进入最后一周，重要的环节——火炬手棒次安排上出现了分歧。省里希望由辽宁省的一位奥运冠军担纲本次本溪站传递的第一棒。而在这个问题上，本溪有自己的考虑，市里更希望由自己的火炬手执头棒。毕竟头棒和尾棒比较重要。省市开始就此问题进行磋商。类似的问题在其他省份也会经常出现，圣火团队往往也是传递前一天晚上才会知道一些具体的安排。

奥运的气氛已很浓烈，市民们此时在热切地盼望着"祥云"。人们以最大的宽容和耐心等待着，等待着也许始终只能在电视中看到的圣火。对于很多人来说，"圣火能来咱这儿，就是成功"，第一棒是谁并不是特别重要。

经过本溪市政府的筛选，24名本地火炬手和他们的替补火炬手被选出。他们都是各行业的领军人物，其中有多次立功的工作标兵，也有替夫还债的道德楷模。政府认为，他们的出现将更能体现本溪人的性格和风貌。因此在有限的自由裁量权范围内，市里希望他们都能在重要棒次出场。他们每人都有10米的距离表现本溪的精神风貌。

长期以来，火炬手的选择遵循三条独立的主线：省市政府自选、奥组委自选、赞助商自选，因此会出现不同机构在同一城市选择各自火炬手的情况，尤其省市之间的协调非常重要和复杂，选拔条件也较为严格。

本溪市民、曾经的残障人全运会射箭亚军姚革就曾经通过不同的路径尝试成为火炬手。由于条件与政府路径的选拔不符——一个主管市长希望挑选一个只是缺少一只左手而能够自己奔跑的残障人火炬手，他们最终找到了——双腿残疾的他只能转而尝试赞助商路径。而最终他竟然成功了。“这边不成功，可我还想参与，我没放弃，就在三星公司的网站上上传了我的简历、照片，由网友投票决定。真没想到，真成了。”幸运的姚革以五千多票高票当选了三星公司在辽宁地区的火炬手，作为本溪人的他被指派到鞍山市传递。

作为奥运顶级赞助商，联想、三星、可口可乐这样的公司手中有大量的名额，除了赠给合作伙伴外，几家公司都通过网络进行公开选拔。对于很多人来说，这样几率反而更大。这一选拔早在2007年就已开始，不少人因此当选。

不同路径选拔的火炬手，由不同机构各自组织，互不统属。与政府挑选的火炬手不同，类似姚革这样的火炬手要在这几天自行前往传递城市，交通白费用随后报销。他17日就要去进行火炬手培训，这是最后的准备，而目前最大的问题是，他要考虑一个自己的特色动作，比如那些已经出现的夸张pose。

为了保证在很短的传递距离内尽量展示自我，团队允许火炬手自行设计一定的交接动作。他们需要找到自己的前一棒和后一棒，提前讲好自己的想法，而因为时间的问题，动作不能过于复杂。

火炬手也会被同时告知，不要做过于古怪的动作。团队摄影则要求，无论做什么动作，“请面朝摄影车，面带微笑”。“很多火炬手由于过于兴奋，跑完自己的距离后，超过摄影车就过去了，叫都叫不回来。”一位专职摄影师还记得曾经闹过的笑话。火炬手的服装被设计成没有任何口袋的样式（火炬在法国传递时，一位当地火炬手奔跑时竟从口袋里拿出了计划外的标语条幅——“让世界更美好”，此后服装有所改变），紧急的联系方式可以掖在袜子里，以备万一走散后与团队取得联系。

在民间，随着日期临近，最后的准备也进入了攻坚阶段。在本溪市比较繁华的地段，安保工作已经深入到每一个摊点。火炬手们可能不知道，为了保证整个活动的顺利进行，相关部门在幕后做了很多不为人知的工作。

随着最后准备工作的日趋紧张，各单位开始进行安全教育。在本溪出租车行业惯常的每月治安例会上，一项执行细则被临时普及，主持会议的警方人员警告司机们：奥运期间，一旦出现打架、嫖娼、阻挡车队、劝阻不服等等违法行为的，警方暂时不会进行处理，会先行羁押，等奥运会之后再依法处理。交通肇事也照此办理。对于不能私了的，相关车辆将被拖往停车场等待奥运结束。这个期限，包括残奥会在内可能需要大约两个月时间。

与此同时，司机小刘在沈阳的一个远房亲戚最近劳教期满，但被"建议"过段时间再"回归社会"，他接受了。

时间在繁忙的准备中分秒过去，"祥云"的到来开始用小时计算，所有人都期待着那一时刻。

再见，祥云

13日，消息传来，本溪市的火炬传递资格被取消了。

没人愿意相信。

最初一两天，人们都当这是个笑话。13日，《体育画报》记者关军采访本溪火炬手李妮娜，问她是否听说自己的家乡被取消了传递资格。这位冬奥冠军质问道："谁说的？我咋没听说？在正式消息没发布前，一切都是谣言！"这位记者道歉说："那太抱歉了，影响你的心情了。"

13日下午，城管人员来到了残疾人火炬手姚革的小打印店，要求把临街门面上的所有广告贴字全都铲掉，配合"祥云"的到来。他被告知，不止是他一家，整条街上的店面都要这样清理干净。姚革此时早已得到消息，他告诉城管火炬不传了，本溪的火炬手会去鞍山传递。"你别造谣啊！"城管的领导警告他。姚革表明了自己火炬手的身份。领导进屋来，小声地问："真的？""可不咋的？"姚革出示了火炬手的身份文件。领导考虑再三，"那也不成，也得扯，你要不方便，我让人帮你。"

这时，各机关单位私下都开始流传这个"谣言"，反常的是，政府一直没有公开对外"辟谣"。有人说，这是为了不伤害本溪人民感情。

人民大众开始自发地辟谣，很多人寻找各种迹象证伪。直到13日傍晚，还有人看到接待奥组委的宾馆附近的墙上，有人在画鸟巢和祥云。"我去的时候，人还在本溪那两个字上画云彩呢，咋能不传呢？不能！"很多附近的人都去看云彩。

有网友在本溪贴吧留言说，自己举着打火机在家里跑了两圈，支持本溪传递。有人问，要是上街举蜡烛跑跑，犯不犯法？有人提醒，为了环保，他得弄个烛台。

很快，扩散的消息有了一个非正式的答案。坊间传言：一些单位内部传达，本溪确实被取消资格了，但原因不明。人们都表示难以理解。

司机张川一边开车，一边用结婚来形容这个他不能接受的事实："聘礼也下定了，是吧？七大姑八大姨也都通知到了，酒席也交完钱了，老丈人都磕了头了，完了新娘子跟人跑了，这叫咋回事？这不白忙活了吗？太栽面了。"这时，有辆车从他右侧违章超车，晃了他，他很不爽，摇开车窗大骂："抢！抢什么抢！"

慢慢地，连最坚定的人都开始动摇了。7月14日，有人带着家人跑到起点处的火炬纪念碑拍照留念，碑座上刻着字，"2008年北京奥运会火炬传递本溪纪念，本溪市人民政府 2008年7月21日立"，人们纷纷与它合影。（注：这是最开始制定的传递时间，由于汶川地震，提前为后来的18日。）

18日当天，按计划本应满城欢腾的小城平静依然。还是没有任何官方说法传出，但人们已经心照不宣。解放路上，中国人保本溪公司的一支队伍引人注目，很多人在远处观望他们。这支100人的队伍整齐有序，斗志昂扬，反映了本溪人真实的精神面貌以及心理状态。他们每人手里举着用纸卷成的"祥云"，有节奏地高喊："本溪加油！……"路过的人纷纷快步走开。

前一天上午11时刚过，曾经还存有一丝希望的市民老金尚没有放弃，他时刻关注着省城沈阳站的传递，收音机里解说着火炬手的简历，他最喜欢的喜剧演员赵本山也是其中之一，之后他听到主持人说，下一站是大连……

他恼怒地关上收音机，打开电视。辽宁卫视正在播放赵本山2008年春晚上的一个小品，大致情节是，赵本山陪老婆竞选火炬手，精心准备的老婆落选了……他狠狠地关上了电视。

7月20日，"祥云"离开了辽宁。

（陈铁、关军、胡贲、王小山、陈宇以及所有希望匿名者在内的受访人，都对本文帮助极大，在此表示感谢）

与中国首富孤独厮战

□苏　岭（南方周末新闻板块）

现在一有负面新闻，碧桂园首先就会想到我，大概是因为我成了“首富的头号敌人”。

2007年11月14日晚8点多，碧桂园公关部一位经理突然致电给我，说他们省外的第一个项目湖南长沙威尼斯花园交楼时出现问题，房柱和墙有裂缝，希望我有事多跟他们沟通。其实此事我全然不知，简直就像给我报料。一有负面新闻，碧桂园首先就会想到我，大概是因为我之前的一篇报道成了“首富的头号敌人”（同事语）。

瞄准

针对地产商囤地的现象，编辑部想弄清楚土地转让的秘密流程和内幕。在与广州地产专家黎文江交流后，我开始锁定碧桂园，因为黎侧面印证了我从地产业内听来的说法——“碧桂园一直协议拿地”。“8・31大限”要求土地转让必须通过招拍挂，碧桂园不经过招标而通过协议直接拿地显然值得调查，何况其老板又是当时的中国首富，更具有了新闻价值。

但碧桂园一向封闭、低调，鲜有报道，只能从其公开资料分析。把碧桂园上市后所拿土地资料汇集，我发现了其囤地有三种形态：一是别墅类，典型为湖南张家界；二是一次拿地超过50公顷，典型为安徽和县；三是批量拿地，典型为辽宁沈阳，碧桂园在那里所拿的土地占其全部土地储备的28.11%。2005年，国家已经禁批别墅用地，碧桂园如何绕开政策？土地法早就明文规定超过50公顷的土地须报经国务院批准，国务院会轻易批准？沈阳市政府欲将城市化交由市场运作？这些地只是数据，它们到底处于怎样的位置？价值如何？

我在选题会上说："最底限，到当地看到这些地，有感性的描述。再通过相关部门的公开资料，知道手续如何办理，也就是用什么办法规避国家政策。如果这个底限对读者有价值，就能做了。"选题获得通过。

"你应该去看看张家界那块地，太美了，像世外桃源。"碧桂园老总杨国强之前的一个手下听说我想了解碧桂园在全国的发展模式，强烈推荐张家界。

一听，我马上感觉分析成立了。

"幸运"是我的女神

同事总说我幸运，但到了张家界，我却觉得两眼一抹黑。2007年11月3日上午，之前联络好了的碧桂园的湖南承建商赵彬和张家界国土交易中心主任黄祖平，均"不在"。

我上MSN、QQ，打电话，通过朋友、同事和陌生人，寻找任何可能在张家界有资源的人。乱了半天，一个从未谋面的网友给了一份中央级媒体驻湖南记者的名单。我通过一家中央媒体驻湖南的记者，找到张家界国土局局长高建国。在京出差的高建国让我找他的司机，这才联络上张家界永定区国土局局长赵云海。

赵云海很热情，马上安排带我去罗家岗，看碧桂园所拿的那块地。对于我想了解所有关于这块地的细节性问题，赵云海尽可能告知。

"我从来不怕记者，因为没有问题，他想做负面报道都做不了。"近一个半小时的采访后，赵云海要赶去参加单位的篮球赛，临了说。

这位31岁的年轻局长有过媒体采访的历练，虽然了解《南方周末》的气质，但绝没料到12天后，碧桂园的报道会那么有"爆炸性"，以致他"都不敢接电话"。

永定区国土局副局长余英陪同采访，说她老公龚朝明是永定区商务局局长，当初陪同过杨国强看地。赵云海未参与，这一部分的细节便由龚朝明来补足。

周一上午龚朝明开会，我便赶往张家界国土交易中心，采访主任黄祖平，了解挂牌转让公告的细节。

“很多人打电话问，但来现场看的只有一个福建地产商。”黄祖平说。

永定区国土局局长赵云海说只有碧桂园参与挂牌，这个福建地产商为何没发现罗家岗的价值？我来了兴趣。没想到，绝密的内幕将就此徐徐揭开。

从知情人士那里，我了解到那位福建商人“很愤怒”。

下午采访永定区商务局局长龚朝明。碧桂园张家界凤凰酒店项目办设在张家界市五中校园内。看起来，这里是龚的长期办公地点。龚朝明透露，2006年8月14日，杨国强由湖南省粮食局的一位领导带来，张家界市原市长作全地陪。

当我问永定区是否在罗家岗地块挂牌转让前有协议明确归属碧桂园时，龚朝明信誓旦旦：“没有。中博会的协议只是一个框架协议，他愿意来投资，我们表示欢迎。一切都按规定程序走。”

随后，我又到永定区国土局。这是一幢感觉摇摇欲坠的旧楼，墙和地面有很多裂缝，时间和污垢将它变成煤灰色。若它有魂灵，多半会惊诧自己居然有朝一日成为新闻的策源地。

赵云海同样否认了挂牌转让的猫腻。

回到酒店，我即刻致电那位福建商人。

“它事先注册了一家叫高骏的公司，由高骏来签协议。分明是为了‘零地价’而搞的动作。等于大儿子投资，二儿子拿地，最后都是老子受益。我算过，各种优惠加起来，土地转让金的96%要返回碧桂园。这种情况，让我怎么去举牌？从1个亿飙到50个亿，他也不怕我啊。卖50个亿，高骏得48亿，我怎么跟他玩？”过去了近半年，他仍然怒火难消。

这份地下协议，他在挂牌截止两天前从张家界政府内部人士处获得，只能选择放弃。

他虽然不了解南方周末，却表示愿意接受采访，给我地下协议，不过事先需要确认我的身份。

随后，他又打来电话，提醒我次日一定要到张家界工商局查实高骏的资料，担心“他们会销毁所有档案”，并要我万分小心，因为碧桂园与当地政府各方面关系皆好。

我担心无法取证，专门电询擅长查工商资料的同事丁补之：如果工商局不给查该怎么办？所幸次日查档案仅费了点时间，找律师帮查等招全用不上。早上8点，我便来到张家界工商局。信息处打印出高骏的简单注册信息，果然是如那位福建商人所言的“杨继东和欧光毅”。此前，我查过公开资料，他们均为碧桂园内部员工。而且，在碧桂园凤凰酒店项目办获得的联络表中，他们位于投资方栏目下。

档案室在工商局的地下室，从七楼信息处到负一楼，我上上下下跑了几趟，折腾到10点多，均不见管档案的人。了解到此人下午一般不上班，我向信息处的小伙陈情，晚上我即离开张家界，希望帮忙。几经周折，了解到管档案的人正在8楼参加单位关于十七大的学习会。领导在讲话，小伙不敢去叫。我只好跑到8楼，等一个当官模样的人从洗手间出来准备进会议室时，委托他去叫。

啊，档案里居然有碧桂园开具的杨继东和欧光毅为其单位员工的证明！刚好，管档案的人离开，我几乎是屏住呼吸地逐页将所有资料拍了下来，重要的还拍了两遍，害怕自己的摄影技术出问题。

"要复印吗？"管档案的人又回来了。

我抱着档案重回七楼，只复印了杨继东和欧光毅的身份证，怕给人瞧出我的目的。

交了两百块钱，小伙让我自行归还到档案室。回到酒店，我赶紧将照片存入电脑，复印资料藏入行李箱的衣服中。

由于到罗家岗采访时间紧凑，加之身为文字记者，没有摄影习惯，我忘了拍罗家岗地块情况。龚朝明答应让人找，我又赶到五中。

本来想拿到杨国强在罗家岗看地的照片，不料商务局的女孩警惕性很高，看都不给看，表示"外传出去，杨主席会生气"。

"照片不要用于负面报道啊。"女孩给了我一些现场照片。

下午，我一边四处找安徽和县的相关人士，一边强烈感觉到应该马上去厦门。晚上8点多，那位福建商人突然来电，反悔了："你不必来厦门。这样太麻烦。协议我可以寄给你。"之前，他刚应允我去厦门，而他从K地到厦门见我。

"我刚退完票，买好明早厦门的票，您怎么这么折腾我？我从厦门回广州很方便的，跟我从张家界回去没什么两样。我可以直接到K地找您，等到您方便时，不必您上厦门。"我说。

稍犹豫，他再度同意，让我到厦门机场时打电话给他。

拿到地下协议

"我走不开，你直接到K地。"

在厦门机场，听到那位福建商人的声音，我稍微安心。早上张家界的飞机晚点，差点赶不上长沙飞厦门的航班，害我忧心如焚。在见到人拿到协议前，他仍有可能变卦。我照样心无宁绪。

延宕至晚上9点多，他终于现身在他指定的酒店西餐厅，陪同的还有他的女友。

翻看了一下我的工作证，他将两份协议递给我："你要保证不能提协议来源自我。毕竟我们同在一个圈子，博鳌还一起开过会。人家大，我们小。我不想惹事。"

"如果都按这种潜规则拿地，像你们这样的，永远没有长大的可能。碧桂园也是从千把万的规模发展起来的。"我一边承诺，一边晓以大义。

他说这两份协议在永定区政府和湖南省国土资源厅可以查到。7月，湖南省国土资源厅打电话问他为何没有退出，然后让他将协议传真了过去。

二十余分钟后，他返N地，那是他的公司所在地。我回到房间，锁好房门，将协议逐页拍照，存入电脑。简单看了协议，果如他所言，96.25%的土地转让金都得返回高骏公司。然后，即刻打电话告知编辑部。

几个人在MSN上见到我，问我在哪儿、做什么，我一概避而不答。因为中午在厦门，我接到碧桂园公关部的电话，催我发采访传真。之前我曾经想找杨国强做一个专访，设法联络了碧桂园公关部。我怕他们知道我的行踪，然后推测到我们的报道方向。这年月，谁知道谁跟谁有利益关系啊？人家又是首富，完全可以将报道公关掉，不得不防。同时，我也后悔为了要查资料的发票，据实填了单位名。下回该引以为戒。采访与刑侦真有很多相似处，只是我们记者无法利用国家机器，一切全靠自己的智谋和资源，对工作中的缜密性要求更高。

不可以跟陌生人吃饭

11月15日，报道出来。早上8:30，我将昨晚11点拟好的采访函，分别传给永定区政府、湖南省国土资源厅和碧桂园，希望它们就地下协议之事进行回应。

这一天，我未接到一个"骚扰"电话。千里之外，父母正担心我的安危，他们觉得首富是惹不起的。

但碧桂园内部却沸反盈天。据说老总盛怒，立即召开紧急会议。

碧桂园只见过地产记者，拿了红包，叫怎么写就怎么写。过去如果出了中性报道，出现了“杨国强”三个字，负责跟媒体打交道的人都“可能被炒”。它根本无法理解世界上居然有像我这样的记者，从无过节却大爆负面。

刚收了碧桂园数百万广告费的某门户网站，删掉了《南方周末》的报道。其他的网站紧随其后。

碧桂园公关负责人致电报社，非常委屈：“跟南方报业集团关系这么好，还出事。”在我出发前，她刚来报社拜访了报社负责人，以为我们不会发任何负面报道。其实报社负责人跟他们谈了一个多小时，专门讲媒体之责——对任何事实，客观、公正。

这一天，碧桂园发布公告，称“由于金融市场情况不稳定”，原定的优先票据发行计划将推迟。之前，碧桂园宣布将向海外发行一次性还款的优先票据，以用于开发新项目和偿还中国银行（香港）有限公司的15亿港元短期借款。有人戏称我的这篇报道价值15亿港元。

11月16日中午，永定区政府副区长王章钊（协议里代表政府方的主要签字人）致电报社，决定于下午5：30与我沟通，让我届时打永定区商务局局长龚朝明的手机。

电话采访时，王章钊表明他既以区政府的身份，也以个人身份与我交流。他首先承认了两份地下协议的存在，但认为这“是公开、透明的，一是任何想竞得者都可拿到，二是因为土地储备公开招标了”，再就是在一份“6月5日签订的重要补充协议里规定扣除7000多万的土地储备金，收益的8%归高骏，其余全进入区财政账户，分文未动”。如此，他认为不能说是“零地价”。

我问协议公开在哪里，王章钊便让永定区国土局局长赵云海来回答。赵仅答曰挂牌公告是格式文本，不能作为附件公开。

高骏因何在协议里显得强势？王章钊、龚朝明和赵云海相继解释，用不同方式说明是为了让高骏确知挂牌能够成功，不然高骏就会认为是白白投入。听得我冒火，忍不住大声质问，但听筒那边照旧和气。

沟通结束前，王章钊承诺次日上午将土地储备招标广告、招标结果通知和补充协议传真给我。

一个半小时的采访之后，我惊愕地发现碧桂园公关部的一个女孩竟然在陪伴我，同事们都已相继离开办公室。这天我带了儿子来报社，她已跟他玩得很熟。她说是来“认识我，见个面的”。

因为要告诉领导刚才采访的情况，我请她离开。于是，她出了办公室门。

等我收拾东西，准备走时，她又出现了，希望“可以一起吃个饭”。

“你见到我了，也认识了。够了。饭就免啦。”我说。她只好往电梯去。

我忘了录音笔，又折回去拿。可到了楼下，又见到她。

“你没开车吧？我们送送你。”她说。

我回绝了，拉着儿子去打车。

“为什么不跟那个姐姐吃饭？”六岁的儿子不明白。

“不可以跟陌生人吃饭。”我简单回答。

“鸿门宴”

周六上午10点，我去报社收传真。碧桂园公关经理致电，请我下午去碧桂园：“杨主席今天去北京出差，本来我也要去的，他专门让我留下来。为了认识您，我们总裁专程从新加坡赶回来。”

但永定区政府却只发过来两份文件，不见补充协议。王章钊的手机“停机”，龚朝明不接电话。赵云海倒是接了，却称自己在乡下，无法联系上王，只能等到周一。

怕我一人赴“鸿门宴”有危险，同事李红平和林楚方自告奋勇当保镖。

周六下午见了一番碧桂园集团各部门的忙碌景象后，我们前往国华中学。这是杨国强个人投资的慈善学校，专门招收全国学业优秀的寒门子弟，条件是成绩在当地排前列的初中毕业生。碧桂园负责其在此高中三年和以后上大学，读硕、博的全部费用。

杨国强的亲家陈华（碧桂园副总裁）陪同参观。2003年，他与杨国强结识。2007年，他辞去黑龙江省扶贫办主任之职，加盟碧桂园。

碧桂园安排了学生代表与我们座谈，其中有来自云南的学生（之前，碧桂园公关部人员打听到我家在云南）。

学生代表们显得拘谨，但都有远大志向，想当律师、外交官、医生等。没有想当记者的，“对记者印象不好”。

等学生走后，陈华突然激动地说：“苏记者，我觉得你的报道有点不负责任……我们杨主席是个好人……我们在张家界连土地转让款1. 18亿，加土地储备的7000多万，总共投了1. 8亿多。一分也未返还……”

此时，总裁等我们入席的电话打来，陈华的诘难被中断。

“刚才杨主席专门打电话给我，让我转告您，他对您的报道没有任何意见。”在车上，公关部负责人急着解释。

然后，她用白话跟手下嘀咕：“他（指陈华）怎么这样，拦都拦不住。都说好了不提的。”事先她曾问我们是否能听懂白话，我们都说听不懂。

碧桂园总裁崔健波在他们的五星级宾馆门口等候。他2003年加盟碧桂园，之前在顺德沥滘镇税务局工作。这天宾馆有婚宴举行，我们像是不给红包的蹭饭者，鱼贯而入。

因为是“认识一下，聊聊天”，双方都不提报道的事，十足“王顾左右而言他”。我们谈媒体责任，碧桂园谈自己的发展。

“我们在天津塘沽也是‘零地价’。天津方面逐年分期返还给我们土地转让款。”当我们谈及地方政府的投资冲动时，崔健波说。

听得我们一惊。这样的话，他都能脱口而出？

崔介绍他们会组织各省的政府驻穗办事处到碧桂园参观，省外拿地多半由这些人促成，包括张家界。

“独角戏”

碧桂园方面当然不会天真到以为吃一顿饭就搞掂了我们。它马上在同城的其他媒体上投广告，上软文。一家门户网站在撤下我们报道后，专门为它做专题，在里面连线碧桂园相关负责人。完全是“我们报道，他人获益”。

当时，《南方周末》关于碧桂园的报道仅网易“深度报道”栏目转载，《财经》杂志在有关碧桂园推迟优先票据发行的网文里提及。但网友评论却非常多，称“看到网易的良心”，有的说“马上要订《南方周末》了”。

11月28日，一家报纸竟然在它的财经叠头版头条发文《碧桂园首度回应“零地价”》，引用碧桂园在其官网上的言论，“集团从未收受过，并也无任何依据收受张家界永定区政府任何有关该项目的返还款”。读起来，仿佛我做了一篇不实报道。

我简直气不打一处来，认为碧桂园在进攻。之前同事鞠靖在长沙采访，被派到张家界跟进调查，我刚好要把我俩的再调查整合成一篇稿。于是，我把陈华和崔健波的话放进报道。

就算其他媒体全被收买，南方周末也要唱好这台独角戏，捍卫自己的名誉和品质。

而有关部门始终不就碧桂园张家界事件发言。在他们关于土地百日执法检查的新闻发布会上，当媒体记者问及时，相关负责人称“事情太大，不好说”。为我们解读两份协议的国土资源部中国土地勘测院地政研究中心副主任唐健在报道出来后没有受到任何压力，不过却担心“国家因此内乱”。

11月29日，我们依然坚持把第二篇报道《碧桂园拿地再调查》发出来，碧桂园公关经理不得不再度致电报社，问“到底要干什么”。

同一天，我收到新华社徐兆荣的短信：你们是有良知的、勇敢的。向你们致敬。他在我们第一篇报道出来后，写了篇新华时评，要求严惩碧桂园。

下午2点，张家界永定区委副书记刘泽友带着副区长全有军（他曾在协议上签字）、龚朝明来到报社。刘此前为湖南省桑植县县长，刚到张家界上任20天。

刘泽友首先声明：“（报道）总体实事求是，个别地方有出入。有关职能部门已经前往张家界调查。”他谈了三点：一、不是“零地价”，1.18亿元中剩下的4000余万元仍在财政账上。二、张家界招商引资难，想引进大老板，提升品位，增强旅游吸引力。三、罗家岗地块是不毛之地，虽然出让价格较低，但在张家界算较高。

全有军跟着吐苦水，说43万人口的永定区年财政收入仅1.1亿元，1.1万人吃财政饭，支出总额达到1.5亿～1.6亿元，他本人月工资才1100元。而拥有张家界风景区的武陵源区仅4万人，年财政收入2亿多元。相比较，市政府所在的永定区算是贫困区。

兴许是受到网友压力，有网站转载了我们的第二次报道，还做了客观的专题。一家门户网站的房产频道也转载了。碧桂园要求删掉报道，被频道主编拒绝：“你们怎么有那么多负面？”

有读者致电报社，问“你们跟××报同属一个集团，为何报道完全不同”。这个问题看来值得新闻界反思。在政府的控制下，媒体的报道空间一再收窄，到了被西方媒体认为“失去公信力的地步”（关于沈阳蚁力神报道）。再在类似碧桂园这样的首富的金钱公关下，众多媒体今后恐怕只能发出哼哼唧唧的虫鸣，然后被公众抛弃。

有关法规则明确规定采编和经营分开，否则会导致新闻不客观，或失实，莫非众媒体不知此头上戒律？

在厦门PX和打假华南虎所呈现出的网民力量越来越不容小觑的今天，媒体该当何为，恐怕这不该是我个人的杞人忧天。

（相关报道：《两份“秘密协议”引发悬疑　碧桂园被指“零地价拿地”》，2007年11月15日《南方周末》；《碧桂园拿地再调查》，2007年11月29日《南方周末》）

自焚者唐福珍的最后6小时

□叶伟民（南方周末新闻板块）

2009年11月29日晚11时23分，拆迁自焚者唐福珍在成都军区陆军总医院结束了16天的弥留时光。一个多小时后，她被装进一个蓝色尸袋，推出重症监护室。

这引来骚动，原本散布在走廊的数十名亲属纷纷奔跑起来，将遗体簇拥在一个转角处。人们表达着悲伤和愤怒，有人浑身颤抖，有人拉扯担架车，也有人晕过去……

我站在人群中，用力握着失声痛哭的唐福珍二哥唐福明的手。6天后，我又同样握住了自称"处在人生最委屈、最艰难时光"的拆迁指挥者、成都金牛区城管局局长钟昌林的手。事件发生以来，双方誓不两立，又曾两败俱伤——前者痛失至亲，后者一度被停职调查。

这场恩怨并不复杂：成都女企业家唐福珍抗议政府强拆其房子现场自焚，事后家属和政府互称对方"暴力"执（抗）法。

作为第一个且唯一一个采访到双方的记者，我是幸运的，但问题随之而来：越接近核心，疑问就越深

作为第一个且唯一一个采访到双方的记者，我越接近核心，疑问就越深重。"正义阿姨"是我此行最难忘和最神秘的采访对象。唐福珍出事后，她一度准备动用"上面的关系"召开新闻发布会。我多次询问她的真实身份，但她只是每天换着号码给我提供线索。

重，而且这显然不仅仅是由简单的“各执一词”所造成的。

要充分表达这种感觉是困难的，我只能确信我看见了一堵长期被遮蔽的厚重的“墙”，它由天然偏见、官民逻辑、阶层分化、矛盾积怨和信任危机等复杂因素构成，它无处不在，坚固且顽固，以至于僵化的条例和空洞的口号在它面前多少只是隔靴搔痒。

19时：流言纷飞的夜晚

接到唐福珍病危的消息是在2009年11月29日晚7时，当时我刚结束一天的采访，准备进一家烧烤店吃当天的第一顿正餐。

短信突然如潮水般涌来，发短信的人大多是已经接触了的“线人”和采访对象。在过去两天时间里，他们帮助我还原了大部分事实，并尝试打点医院内部的关系让我见唐福珍一面。但现在，他们却争相告诉我——唐福珍就要死了。

我拦了一辆出租车，不断催促司机加速并承诺支付罚单。我从直觉上认为唐的死可能会使她成为另一个影响中国法治进程的“孙志刚”。

路上仍短信不断，有的说现场聚集了上百名警察，有的说唐已经死了，有的说官方已下令抢尸体……我给同样在路上的唐福珍二哥唐福明打了电话，他说到了现场再说，然后安排一个亲属出来接我，称我“表弟”。

晚上7时30分左右，我赶到成都军区陆军总医院烧伤整形外科，源源不断赶来的亲属挤满狭窄的空间，数十名穿警服的人员则在两旁戒备。我向“接头人”求证短信所说的情况，他指着前方说：“唐福珍在最尽头的病房里，过去看看吧。”

我开始进入“表弟”的角色，步履零碎，神情哀伤，事实上却很紧张，我那蹩脚的四川话和对唐福珍有限的了解，使得只要一个简单的盘问就能让我原形毕露。

这些天我已经习惯了这样的忐忑：刚下飞机，一个当地朋友就提醒我，市内所有警察都已被通知加班；还有同行说，一家中央媒体的记者采访时，被不明身份者强行扣留了一个多小时……于是，采访中我不时换电话卡和住处，还装扮成爱打台球的农村青年在事发地附近闲荡，我把已取得的证据资料存放在成都记者站里，并打算完成采访后直接赶往邻市重庆。

事实证明我这一次多虑了，我平安走到目的地。我使劲往前挤，不但没有换来疑问和反感，一些人还为我让路，仿佛我真的是那个“表弟”。后来我才得知，家属间已经通过短信相互通气，都知道我的身份。

我的跟前出现了一个被高举的掌上型摄像机，镜头贴着房门上方的一块透明玻璃对着屋内拍摄，屏幕上隐约摇晃着一个全身焦黑的人，旁边的人告诉我那就是唐福珍。

20时许："把门砸了"

我在墙角的阴暗处见到了老A，唐福珍的邻居。事发时，他用手机拍下了唐自焚的全过程，成为最关键的目击证人之一。采访的时候，他的机警挑战了我的耐性，他曾领着我闲逛了大半个小时，最后才敲开了一扇卷闸门，在一间被窗帘遮得严实的房间里给我看现场录像。

老A透过人群向我点了点头，示意我到一旁楼梯口吸烟。烟雾缭绕中，他压低声音告诉我，医院内部亲属透露，唐福珍已经死了，刚才她的前夫胡昌明和儿子胡柯（两者正被拘留）已经被警察带来见最后一面，但走的是另一个通道。

"他们在拖时间而已。"老A朝门外努了努嘴。

我回到摄像机旁。画面中，唐福珍身上插着很多管子，一个医生不时给她做心肺复苏，似乎抢救仍有条不紊，但一个新短信告诉我——"唐福珍已经死了。"

显然，越来越多的家属也接到同样的消息，人们开始拍门，要求见唐福珍。一个医务人员从里面用背部抵住门把手，说不要相信谣言。这显然是一场互不信任的谈判，现场一度紧张。"把门砸了。"有人喊道。

唐福珍的"存亡"问题成为现场争论的焦点，病房大门也被双方推攘，以夸张的幅度张合。晚上8时多，为缓和局面，院方答应让三名家属代表进房查证。一个领导模样的男人环视了一周，指着高出一截的我说："你，进去。"

我的心顿时提到了嗓子眼。

这个动议被当值医生否决，认为会让病人感染。几个男家属为我解围，要求到会议室和区政府代表商谈。四十多分钟后，他们出来说，双方已谈妥，一旦发生不测，唐福珍的遗体由家属带走，并让其前夫儿子回来办理后事。

对峙获得暂时的平息。老A带着几个年轻人拎回一袋蛋糕和水，走廊里马上响起了凌乱的咂吧声，很多人都累得蹲在地上。

21时30分："当我们是傻子吗？"

唐福珍仍然安静地躺在摄像机的画面里，身旁雪白的床单显得尤为扎眼。小摄像机的焦段和画质有限，同时也避免了让人们看到病人那扭曲恐怖的五官。

此刻人们只想知道，唐福珍是否还活着。

一名医生侧身出来，立即被包围，直至警察上前才将他带出。

家属要求第二次谈判，一些年轻人喊起来："人是不是死了？总得告诉一声吧？"良久没有回应。此时，很多警察已钻进空置的病房歇息，原本负责接洽的政府代表也不见踪影。被抛弃和愚弄感弥漫于家属群体，他们对着空气抗议："当我们是傻子吗？"

晚上9时30分，二哥唐福明终于从宜宾赶到，他是个风风火火的生意人，离老远就听到他骂骂咧咧的声音。人们倒是振奋起来，用老A的话说，就是"他是这里唯一能拍板的人"。

唐福明刚到就掏出电话，故意提高声调"报告"现场情况，听语气应该是打给记者的。人们显然找到了主心骨，在一旁应和助威，大姐唐福秀更哭倒在轮椅上，她控诉拆迁时受到的暴力对待，然后怀念妹妹的好。怕她过度激动，一些人上前掐她的人中。

唐福明搬来一张椅子，站上去，以居高临下之势向院方要求公布唐福珍现况。他声如洪钟，响彻整个回廊。

23时23分：被讨论的遗体

直至晚上近11时，还有不少人陆续赶来。听老A说，唐福珍做生意这么多年，赚了不少钱，也帮过不少人，还收养过一个失聪的女婴，名声还是不错的。

但时间在推移，希望也在流失，人们最后只剩下等待，等待死讯到来的那一刻。唐福明中途离开了一会，说是去谈判，回来时红着眼，失去了刚才咄咄逼人的气势。

沉默在晚上11时30分左右戛然而止，凄厉的哭声从走廊一端响起。唐福秀失控般向前扑倒，更多的女人跟着哭起来。消息以链式反应传播——唐福珍死了。

死亡时间为11月29日晚11时23分。

现场情绪被推至高潮，人们宣泄着仅余的力量和眼泪，并控诉惩治“凶手”。唐福明要求带走妹妹遗体，但区政府的意见是“需要研究一下”。

直至次日凌晨1时，亲属已耗尽最后一丝耐性。一些人留守病房外守护遗体，另一些人到区政府临时办公点施压，其中唐福秀推开门就跪了下来，“怎么人死了还要遭罪哇？……”

家属几出几入，终于在凌晨1时30分左右与区政府达成协议，可以带走唐福珍的遗体。唐福明带着等候多时的殡仪人员进入病房，老A也跟了进去。出来的时候，他脸色发白，双腿颤抖，说场面太恐怖了。

而唐福明，一直到妹妹被装进尸袋推出来时才失声痛哭。十多分钟后，灵车开动，钻进黑暗中。

与城管局长过招

次日赶到唐家时，灵堂已连夜搭起。我从家属和村民处了解到更多唐福珍其人和事件的细节。

唐福珍和前夫胡昌明早年白手兴家，从个体户熬成了一方“致富带头人”，单靠物业出租每年就能获利近百万。她穿着名牌，做千元一次的美容，还在脸内植入金丝以葆青春。

但她的婚姻却结出恶果。2004年，因为钱财分歧和一些不便明说的原因，唐秘密离婚，房子归前夫所有，且此事几乎无人得知。

我感到不解，那她为什么还要为前夫的房子而死呢？

“老唐傻啊！”这是唐生前在北京的挚友（她自称“正义阿姨”）在采访中多次发出的慨叹。“正义阿姨”是我此行最难忘和最神秘的采访对象。她和唐福珍原本是生意伙伴，后结为至交。唐福珍出事后，她收留了唐家唯一逃脱的亲历者魏娇（唐的外甥媳妇），两赴成都，还一度准备动用“上面的关系”召开新闻发布会。

这个女人对朋友的仗义和对舆论战的理解让我吃惊，我多次询问她的真实身份，但她只是每天换着号码给我提供线索。

按照“正义阿姨”的说法，唐福珍婚姻不幸，却在关键时刻以一个女人的痴情和念旧，为一个爱过的男人付出生命。

此外，魏娇和几个从北京赶来的志愿律师也为我提供了一些关键的现场及文件证据。

要追寻唐福珍事件的真相，关键是要弄清以下几个环节：一、究竟哪方动手打人了？二、唐福珍的房子是否“违法建设”？三、引致拆迁的“金新路”是否存在唐福珍及其前夫所指控的“以征代租”等猫腻？四、唐福珍及其前夫是否曾遭遇其所称的被不明身份者恐吓、扣押等事情？

对此，家属方描述的版本为：拆迁人员凌晨5点突袭，用挖掘机捣毁了铁门和围墙，然后入院撬门、砸玻璃、用钢管打人，还泼不明液体，3名家属因伤入院。

这些说法得到了部分目击村民和魏娇的证实，同时他们认为这极大地刺激了唐福珍的情绪，最终导致自焚事件的发生。家属方还称，在强拆前的大半年时间里，唐福珍一家一直过着被监视和跟踪的生活，前夫胡昌明还一度被扣押。

官方的回应则截然相反：拆迁人员文明执法，无一动手，反而遭到唐福珍及其亲属用瓦片和燃烧瓶恶意袭击。唐还在楼道和防盗门上洒满汽油，这是有预谋、有准备的暴力抗法。

后来金牛区政府还公布了部分视频，称唐福珍自焚时，其家属见死不救，还暴力阻挠执法人员救援。有媒体要求公布全部录像，无果。

唐福珍的房子是1996年以金华村“招商引资项目”的名义建成的，夫妇俩共投资400万元，当时村委会许诺“统一协调办理房地产手续”。但此后证件问题一直悬而不决。直到2004年4月金牛区规划办公室到现场考察后，在规划平面图上画上红线规划区域（即唐的房子），并在上面签字“同意在红线内补办手续”，后再无下文。家属方认为是职能部门长期不作为之故。

问题继续被拖至2005年，一个吊诡的转折出现。天回镇被纳入城市规划，土地由“集体所有”变成“国有”。政府开始修路并停办所有规划沿线的房屋产权手续。这一系列变更导致唐福珍的工厂被定性为“无证企业”，房子被定性为“违法建设”。

可以说，这是调查中最棘手的一个环节。由于存在相当的历史跨度和政策演变，唐的房子问题既涉及《土地管理法》与《城市规划法》的横向关系，也涉及两法纵向时间效力的关系，性质认定非常复杂。说到底，就是一个“违建”还是“被违建”的问题。

为追本溯源，我尝试寻找当年经手此事的老村干、规划国土人员等，但他们不是杳无踪影就是噤若寒蝉。一位村民告诫我：你这样刨根问底，有人会让你好看的。

我最终只得把所有问题带至金牛区政府，但我只拿到一份代表政府意见的书面材料，三页A4纸阐述了事件经过，并将其行为正式定性为暴力抗法。

按照取得的证据和双方意见，本已足够做一篇安全的平衡报道，但肯定不够精彩。尤其在12月3日金牛区政府召开首场新闻通气会，并将该区城管局局长钟昌林停职调查后，我们感觉还能做很多文章。

不出所料，钟昌林立即激起民愤，成为众矢之的。网民对他进行人肉搜索，转载他的照片并附上非常恶毒的话。我和编辑认为，他会“有话想说”。

这获得报社的支持，并由报社出面跟成都联系。12月4日，编辑部传来好消息——成都同意南方周末独家采访钟昌林。我和编辑傅剑锋、赵凌共同设计了一套极其详尽的提问，涵盖基本事实、执法逻辑、职业伦理和个人思考等。与此同时，我从当地一个政府内部人员那里获悉，当地宣传部门也已组织人员商讨方案，应对任何可能的提问。

我想，这应该是一场集体智慧的较量。

12月5日，一个阳光明媚的下午，我在金牛区政府一个宽敞的会议室见到了钟昌林。他抱着一大堆材料，沉默地跟在一行人员的最后。握过手，他背着阳光坐下来。

我欲以闲聊的方式来缓和气氛，但钟昌林对这样的寒暄不感兴趣，他毫不掩饰地说：“我感到委屈。”直率，直白。

钟昌林向我阐述了他的基本观点：一、唐福珍的悲剧是一个法盲的悲剧；二、执法人员无一动手；三、唐的房子是违法建设；四、城管局长最苦最累却最不被理解。

我说：“那就按你想说的说。”我没有像某些人希望的那样义愤填膺或咄咄逼人，我认为这没必要也不应该。要充分读懂一个人的思维和逻辑，就需要进入而非对抗他的世界，甚至在某一刻，你应视其为平等的朋友，但这只关乎倾听姿态，无关乎价值认同。

适当适时的质问和追问也是必不可少的，它使对话关系张弛有度，可持续进行。就这样，我们原本约定的一个小时的采访被不断加码至两个小时，很多细节的获取效果也出乎意料地好。在关于职业伦理的交锋中，钟的情绪明显被调动起来，还谈起了青年时代的理想。

时至现在，我仍能清晰记得钟昌林一些让人印象深刻的话——

“执法人员文明执法，没有一个动手。”

“唐福珍家属身上的伤是他们扔石头碰到执法人员的板凳反弹自伤。”

“之所以没有在唐福珍点火前喷水是怕把她冲倒，这是保护她。”

“我和她（唐福珍）没有可比性，我是国家公务员，我的法律意识是很强的。”

…………

客观地说，白皙斯文的钟昌林并非如网友渲染的那样面目狰狞。他给人的第一印象甚至是儒雅、谨慎，有激情和见地，他的单位连年被评为先进，他已身兼区长助理。现在，现实的巨大落差让他难以接受，他时常摸着额头，陷入沉思。

临结束的时候，他以一个委屈者的姿态对我说，他相信组织，相信法律，相信公正的评判。这启发了我问最后一个问题：“你对唐福珍有歉意吗？”钟说：“不存在，在法律面前不应该有歉意。”

于是，在回去的路上，我想了一个自认为精准的文章标题——“城管局长钟昌林：唐福珍的死，我痛惜，我委屈，但我不抱歉”。

当晚，一个抢先目睹了采访记录的编辑评价说，钟昌林把一个当事官员的独特逻辑表现得淋漓尽致。

一些消息灵通的同行也纷纷打电话来，对独家拿到这样的采访机会表示羡慕。

但这样的局面维持了不到一天。次日下午，我在一家快餐店刚点了一份烤鸡，就连续接到编辑部两个电话，说稿子不能发了。

这意味着，半个月的努力付诸东流。更多的安慰和同情的电话打进来，我有点失态地敲着身旁的大幅钢化玻璃，然后更失态地吐着脏字。

在决定离开这个城市前，我给“正义阿姨”发了短信，请她代向家属说明实情并转达歉意。良久，“正义阿姨”转发了一条短信，说唐福珍自焚前夜留在人间的最后一条短信是——“我会尽量保护好自己的，等我们都退休的时候，好好享受生活。我以有你们这样的好姐妹为荣！”

发送时间为2009年11月12日晚11时45分，也就是说，这个仍憧憬未来的女人，却在仅仅8个小时后亲手用汽油和火焰葬送了所有的一切。

对我来说，这将是一个永远无解的谜。

（编者注：钟昌林事后职务未受影响，至本书付印时仍为成都市金牛区城管局局长）

共产党人玩摇滚

□平　客（南方周末文化板块）

张北在河北省西北部，离内蒙古不远。听说要在那里的草原上搞摇滚音乐节，阵容不错，聚集了不少国内一线摇滚乐队，甚至还请来了国际大牌Tricky，我们就觉得这个选题可以做。编辑袁蕾从广州飞到北京和我会合，我们的朋友作家全勇先也挺想去看看，有他开车，省去了不少劳顿颠簸，他还带上了他那只漂亮的哈士奇“全小狼”。

聊着聊着，一个鸡冠头青年从车窗外经过，县委书记指着他说：“瞧！那是朋克！”

那是2009年8月的事。那年夏天，北方雨水并不多，在张北的荒郊野地，草地上的草没见多茂盛，风沙倒是不小，这也成为后来乐迷们的抱怨——这哪里是草原音乐节，简直是吃土大派对。

音乐节现场　　平客/摄

进入2009年，中国的音乐节多了起来，不少地方都在搞。我去过一些音乐节，但在草原上参加音乐节还是头一回。

到达现场的时候，我就有点high了。辽阔的草原上，星星点点的帐篷与三个舞台一下子就能让人进入兴奋点。和城里的音乐节完全不同，这里没有障碍物，视野开阔，大有在天地间摇滚的感觉。更何况，没有扰民问题，音响尽可以开足马力。

显然，全勇先家的那只哈士奇全小狼也感受到了这一点，它像是与摇滚通灵，舞台上一有动静，这家伙就兴奋地摇摆狂奔，那劲头儿一点也不比疯狂的乐迷差。音乐节三天，哈士奇成了全场最亮的明星，谁看到它都会过来和它亲密一番。

但是，对这个题目到底往哪个方向做，我们心里还没谱儿，我想，比较常规的做法可能就是写些现场感的东西，顺带分析一下越来越复杂的音乐节市场。

去张北前几天，在北京曾和主办方的负责人聊了聊，得知这个音乐节当地政府也投入了大量人力物力，圈出一块草地搭舞台，据说还花力气改善了周边设施，双方达成共识，准备长期合作，把这个音乐节搞上十届八届的。我询问主办方是否能请张北县的负责人和我们聊聊，因为我记得很清楚，张北是个贫困县，有一年大地震后，国家领导人还在春节去那里和老百姓一起包饺子。这样一个贫困县，政府如此大力度地操办起摇滚音乐节，我有点好奇。

主办方一口答应了下来，但直到第三天，也没能抓到县里的负责人。据说是谁也没想到三天竟然来了近十万人次，县里的接待能力受到了严重挑战。

第三天下午的演出开始不久，终于来了准信儿，县委书记一会儿就来现场，可以接受我们的采访。采访是在一辆急救车上进行的，副县长和负责宣传的干部陪同，县公安局的头儿在旁边打着吊瓶。据说筹备音乐节那些天，县里的干部们昼夜连轴转，不少人都虚脱了。

有点出乎意料的是，县委书记很能聊，对摇滚乐不仅不排斥，还非常理解年轻人对它的狂热。他告诉我们，这几天在现场时，他也恨不得能挤进人群跟着年轻人一起互相冲撞。他坦率地告诉我们，对于参加音乐节的摇滚乐队，他也是因为要搞这次活动才听说。同时，他强调，音乐节的内容都是经过文化部门审批过的，政治上没有问题。

聊着聊着，一个鸡冠头青年从车窗外经过，县委书记指着他说："瞧！那是朋克！"这位县委书记告诉我们，他还和北京一支摇滚乐队一起唱了音乐节的主题歌《欢迎来到草原》，那是一首地地道道扯着嗓子喊的摇滚歌曲，和嘹亮昂扬的《走进新时代》完全不是一回事。

张北草原音乐节前不久，张北县曾和中央电视台搞过"心连心"晚会，来了不少明星，在县里也引起了轰动，在同一个场地，前来观看的当地百姓甚至挤翻了护栏。但县委书记却告诉我们，相比之下，这次音乐节的阵势完全不同，观众大都是从北京、天津甚至南方城市来的，其中还有不少老外。在他的印象中，张北县头回来了这么多外地人、外国人。

共产党人曾经视摇滚乐为洪水猛兽、糖衣炮弹。现在的情况似乎是，他们中的一些已经对洪水猛兽张开了怀抱，拆掉炮弹吃了糖衣，并希望用炮弹打出绚烂的礼花。

那绚烂的礼花背后显然是一笔经济账，这个贫困县希望能借助摇滚音乐节扩大张北的知名度，打出一副旅游经济牌。

对张北县委书记的采访结束后，夜幕降临，我们往舞台方向赶，我边走边对袁蕾说："题目有了，就叫'一个贫困县的摇滚音乐节'？""这个好，这个好。"袁蕾的回答让我吃了定心丸，我们也和在车外等候的"全氏父女"会合了。全小狼又跳又叫，我们一起挤到了舞台边上。

那天，还有一个画面让我印象深刻，中午到县城吃饭时，看到打扮很时髦的当地年轻人骑着摩托车走出家门赶着去听摇滚。我在想，这样一个音乐节，对这些年轻人会有着怎样的深远影响。

即便是仲夏，张北的草原依然夜凉如水，与燥热的北京泾渭分明。大批观众准备不足，无法买到御寒的衣服，在场地里哆哆嗦嗦地摇摆身体。短裤T恤的全勇先抱着全小狼取暖。县城里最豪华的酒店设施还不错，可一把钥匙竟然能打开每个房间的房门。场地附近的烤馒头片几元钱一串，有观众抱怨实在是抢钱。场地所在地离县城尚有一段距离，公共交通也成了问题，以至于最后一晚许多观众不得不提前离场回京，错过了压轴的国际摇滚巨星，即便如此，留下来的观众还是有不少人在退场时没办法找到公共汽车离开……

在采访时，县委书记也曾对这些问题作出了回应，说这些都是经验不足导致的，他们会在第二年时力求改进。

入夜，点点篝火在帐篷区的一个个帐篷间闪烁，远处的几个舞台上，摇滚明星们掀翻了全情投入的观众。英国巨星Tricky在后台接受了我们的独家专访，他上台时已经是子夜一点，Tricky激情四溢地"跳水"，观众举着他，他在观众中爬行。他还邀请观众到舞台上和他一起狂舞，现场达到了沸点。此时，天边挂着一轮明月，草原夜色中，现场忽然静了下来，Tricky把麦克风贴近自己的胸膛，大地上传来Tricky的心跳声……

全勇先十分感慨，他说他此前并没有听过Tricky的音乐，但被他的现场震撼了。

音乐节即将结束，随摇滚节奏闹腾了一天的全小狼，趴在主人肩头睡着了　　薛涛/摄

全小狼在Tricky的表演过程中，一直就没消停，它应该是张北音乐节最特殊的一位观众。

后来，老全告诉我们，回京后，全小狼倒在地上，整整睡了一天两夜。而袁蕾则马不停蹄地回到了广州，我们分头开始了发稿倒计时的苦战。

《一个贫困县的摇滚音乐节》刊出后，引起了较大的反响。那个时候，张北音乐节已经成为乐迷热议的焦点，有人痛斥当地接待工作缺失带来的诸多不愉快经历，也有人主张应宽容对待。《一个贫困县的摇滚音乐节》被许多网友转载，大多数人都认为文章从一个迥然不同的角度报道了这次音乐节，比较客观。而我从北京主办方那里得知，这篇文章引起了河北省的重视，张北草原音乐节已经不再只是这个贫困县的事了。

如果张北草原音乐节是张北旅游经济多米诺骨牌的第一张牌，我想知道的是，在接下来的时间里，它何时能传递到最终端，让当地老百姓切实感受到一个摇滚音乐节给他们带来的甜头。

对于张北县委书记这位共产党人而言，玩摇滚要真能玩出名堂，显然还有许多工作要做。

（相关报道：《一个贫困县的摇滚音乐节》，2009年8月13日《南方周末》）

“邓玉娇事件”中的手

□黄秀丽（南方周末新闻板块）

“邓玉娇事件”是2009年最热门的公共事件之一。作为两次前往巴东采访的记者，我的经历相当惊心动魄。事隔半年，朋友们见到我，还会问当时的情况。随着时间的推移，以及更多的细节被我获悉，我越发坚信这起事件背后的那双手既强大又虚弱，既狡猾又愚蠢。

官方为了“邓玉娇事件”，花掉的钱几乎是天文数字，我感到，把“邓玉娇案件”往“邓玉娇事件”转化的“手”写出来，比这个案子更重要。

一

第一次去采访大约是在2009年5月19日，我先后去了恩施、野三关以及巴东。去之前，案件主角邓玉娇、邓贵大的形象在互联网上基本上已经定格，可以概括为“民女抗暴”。邓玉娇是玉女、烈女、英雄，邓贵大、黄德智等人是贪官恶吏。这是网民根据先前媒体的报道以及警方模糊的公布刻画出来的。

我到野三关后，接触了邓玉娇的朋友，邓贵大、黄德智和邓中佳的朋友，两方人物性格渐渐清晰起来。邓、黄的人事档案显示，二人并没有什么社会背景，四十多岁了还在镇上当芝麻小官。只有黄有一个哥哥在南京一家银行当法律顾问。

而邓玉娇的家人和朋友，尤其是她的那帮朋友，塑造出来的“她”真的是很不可爱：脾气暴躁，动不动就跟人发火；曾经买过一把水果刀，被她妈妈搜走。事后我想过，他们为什么这么讲？记得邓玉娇的朋友曾经说过一句话：不知道说什么才能帮到她。我又听一个镇上的人说，邓玉娇以前在一家打字店工作过，性格是有点“癫”，意思是你说一句，她会顶你噎你。事情尘埃落定后我才有了一个判断：不排除邓玉娇的朋友为了帮她，借助她的失眠症往精神病上靠。这可能是邓家和警方合谋的结果，一方想保命，一方想掩盖一些虽然谈不上是黑幕但上不得台面的事项，所以才会有拘留手续、住院手续疑点颇多的情况。

当时，南方都市报的记者龙志、成都商报的记者龙灿和我曾有多次讨论，感觉这是一起简单的刑事案件，杀人者、被害人、证人、现场都很清楚，真的是抗暴杀人吗？正是因为存在这样的看法，龙志才写了那篇《致命邂逅》，试图展现案件主人公的真实面目。应该说，稿件里的情况是基本真实的，但这种文学化的笔法激起了网民的愤怒，也激起了当事人的愤怒，导致邓贵大老婆不再接受任何媒体的采访。

我第一次成稿是在5月26日——邓玉娇以前的律师夏霖和夏楠刚刚被解聘，新律师刚被政府聘任。基本的新闻事实都被各路媒体挖掘一空，新闻增量不多了。这时候我考虑，稿子应该重点展现两部分内容，一是控辩双方对案情出现的争议，二是辩方权利被严重侵犯的事实。

有趣的是，当时在场的媒体也分成两派，一是挺夏派，二是倒夏派。第一派以广州日报为代表，文字很有倾向性。第二派以成都商报的龙灿为代表，他坚信公安的信息是确切的，律师这边有问题。这在他的文章《邓玉娇案，拔出萝卜带出泥》中有充分体现。这篇报道也差点被网络唾沫淹死。

本来我是最有可能成为挺夏派的，因为我跟两位夏律师的熟悉和信任度要超过其他记者，但是作为一个记者，履行职务行为时要对任何一个信息源提供的信息保持警惕。我不能像西南政法大学高一飞教授坚持的那样，认为警方就是对的；也不能像大多数网友一样，坚信律师一方。我必须承认这是一个案情争议，因为从刑事司法侦查的角度来说，其中有太多的细节无法为一个记者所掌握。我能呈现的就是这样一个争议，而不是结论性意见。

第二部分，就是辩方的权利被一步步蚕食、侵吞的内容。为什么考虑做这些内容？是因为我发现在律师爆出性侵犯情节之后，案件的调查已经偏离了方向。事件不仅仅是邓玉娇案了，已经开始向“邓玉娇事件”转化了。

两位夏律师从看守所会见出来，喊了几句“丧尽天良，灭绝人性”，然后失声痛哭，被很多人认为是失态。律师继而向外界求助，希望能提取到邓玉娇内衣裤上的指纹、汗渍等物证。之后，两位律师求见巴东县委书记李洪敏未果，向巴东警方报案，请求封存证据，但是警方没有答应。

夏霖律师事后向我披露了他当时的推理过程：从警方公布的案情来看，他判断出邓玉娇可能遭受性侵犯。鉴于媒体报道她可能疑似精神病，他准备了三套方案，一套就是把她作为精神病人来对待。结果进看守所之后，他发现这个女娃子记忆力惊人，逻辑清晰。他详细问了当时在水疗室的细节，这让他确信了黄德智等人有强烈的性企图：黄锁上门后，试图脱掉邓玉娇的衣服，将邓玉娇按倒在床，手还伸进邓玉娇的内裤里乱摸。虽然邓玉娇逃出水疗室，逃到人多的休息室，但邓黄二人仍然不放过她，把她逼到沙发角落里进行威逼。从法律上来说，黄的行为构成强奸（未遂），邓贵大是共同犯罪，所以邓玉娇具有无限防卫权。

中午吃饭之前，夏霖偷偷告诉我，这个案子他们赢了。但我对为什么赢的内情毫不知晓。

吃饭时，邓玉娇的妈妈张树梅突然说，野三关派出所的所长谭静叫她回去一趟。夏霖很不高兴，不让她走，因为律师会见她女儿，是人命关天的大事，她应该在场。但张树梅说，她要和谭静碰个面，否则太不给人面子了（张树梅在派出所帮忙做饭）。夏霖反复叮嘱她不要走，但下午夏霖进看守所之前，张给他发了一个短信，说“我回野三关了”。下午会见出来，夏霖四处张望，没找到张树梅，觉得他的想法得到了印证。他认为，上午会见时，警方应该是有监听的。虽然《律师法》规定律师会见不许监听，但在中国的司法环境下，刑事辩护律师以其残酷的经验，对警方保持高度警惕。所以，警方很可能同时获悉了邓玉娇被性侵犯的细节，意识到办案有重大疏忽。为了掩盖这个错误，他们可能会将张树梅叫回家，对证据做手脚。果然张树梅就被叫走了，而且第二天，果然张树梅就把衣服洗了！

夏霖事后对我说，他的第一个念头，就是他被张树梅卖了！他知道她女儿是冤的，拼死要救她女儿，她却跟警察一伙！那时候他完全控制不了情绪。加上下午会见时，邓玉娇告诉他她在精神病院被打被停药的情况，他心中悲愤，更难克制，所以失声痛哭。

张树梅回去到底干什么去了？当时湖北省公安厅副厅长尚武告诉媒体，派出所警察陪她一起去拿邓玉娇的失眠药，拍了照的。夏霖告诉我，这是假话，因为案发后，药就作为物证放在了派出所。后来成都电视台的记者罗英姿向我叙述，张树梅的邻居告诉他们，张树梅带着警察回去拿衣服去了。

第二天，恩施警方封存了毫无用处的物证——邓玉娇的5件衣物：案发时穿的胸罩、内衣、T恤、长裤和两只颜色不一样的袜子。只有内裤洗了，其他的都没洗，真是离奇啊，在场的记者没有人觉得是巧合。

封存行动在武装部的一个宾馆进行，警察、张树梅和夏霖在宾馆里，一堆记者在外面守着不准进。我们以为封存完了能见到张树梅，但张树梅被警方叫去做笔录了。夏霖本来要跟她走的，也被警察拦住。夏霖见不到张树梅，记者也见不到了，我们与一个重要的信息源隔绝了。我每天都会给她很多电话，但她大部分时候都不开机，或者不接。本来张树梅跟记者的关系很融洽，现在她对记者也失去了信任感。后来，我的线人告诉我，张树梅被软禁在恩施市军方的一个招待所，政府在加紧做邓玉娇爷爷邓正兰的工作。

到了第三天，张树梅有意想解雇夏霖他们，结果巴东政府提前一天发了声明，稿子居然由省委宣传部审核。我当时想，这个控方也太厉害了。联想到高莺莺案和杨佳案里北京律师的遭遇，我感到，把操纵邓玉娇案往“邓玉娇事件”转化的“手”写出来，比这个案子更重要。而且，不管邓玉娇的形象如何，她沦为犯罪嫌疑人之后，无法得到公正公开的审理是看得见的事实。

稿子写完了，却因为意外的原因没有发表。直到6月14日，邓玉娇案开庭，我再次去了巴东。

二

案件演变为“事件”，政府跳出法律轨道办事，是最主要的原因。

首先，官方对案情的掩盖激怒了网民。据我后来了解，此案的可疑之处有三：其一，邓玉娇杀人后，县公安局刑警队迟迟没有出警，当晚邓玉娇是在野三关派出所度过的。雄风宾馆老板赵雄托人找她瞒下宾馆提供色情服务这一事实。这是警方第二次通报中将黄德智的行为淡化为索要“异性洗浴”的原因。

其二，官方对邓贵大、黄德智、邓中佳身份的隐瞒。这是官方下意识的行为，虽然三人连官员都算不上，但毕竟是政府的人，出了这种事官方脸面不好看。所以第二次通报比第一次通报更含糊，据说是县委领导在常委会上定下来的。

其三，官方对外地律师的高度警惕。这种“维稳”心态在各地很普遍，政府未必是要对谁动粗，但他们害怕别人来搞事儿，“阶级斗争”这根弦绷得太紧，所以出现安排人跟踪律师、在精神病院放窃听器等行为。有一位当地的小伙子跟律师接触后，第二天警察就上门来打招呼。这样的行为在任何人眼里都会被解读为恶意的。

正因为这种担心，官方试图将律师的行为置于自己的掌握中。夏霖曾经告诉我，他获悉性侵犯没有发生在上半身后，故意东拉西扯地说胸罩，其意是提防警方监听。然而事情居然如此巧合：张树梅洗的就是内裤，而不是胸罩！这是让夏霖悲愤难当的原因之一——他猜想监听律师的警官是一个懂得刑事侦查技术的高级警官，绝不是看守所的警察。所以，他相信背后有一双手在操纵这个案子。

夏霖说，他求见巴东县的领导，本意是不将此事公诸媒体，而是和政府沟通。站在委托人的利益上，他的考虑是合适的。但是当时的情况是，地方政府不肯“低头”谈判，对夏霖提出的封存证据的要求不接受，使律师、网民和在场媒体丧失了对地方政府最后一点信任。向媒体公布性侵犯细节，是夏霖和北京的律师，也即他的团队集体决议的结果。因为对于弱势的辩方来讲，他们已经无路可走，公布真相是最后的武器。

虽然公布案情在官方人士看来是“挑事”和“挑战”，但是这种“挑事”和“挑战”，是辩方在权利一再被剥夺下的最后一搏。在中国现有的刑事司法制度下，律师的辩护权利被人为地分割成三个时间段：侦查、起诉和庭审阶段，在侦查阶段律师没有调查取证权，不可以披露案情，发布信息的权利完全掌握在控方手中，律师的作用在侦查阶段基本上就是探亲的作用。我在邓玉娇案落幕后，又写了一篇报道《邓玉娇案中被冷落的程序疑点》，讲述了中国刑事辩护律师的这一困境。大部分刑辩律师不接侦查阶段的案子，即使接了，也极为小心翼翼，绝不会调查取证，因为那面临着坐牢的危险。

相对来讲，控方是极为强大的，随时可能膨胀为一级政府。其实，无论从人力物力上来讲，没有任何人可能跟政府抗衡，控方完全无须担心局势失控。

从5月25日、26日起，巴东开始封城，以开会的名义派大批的干部进驻旅馆，以防外来人员特别是记者入住。宜昌到巴东的航线停运。在野三关，宾馆的网络被掐断了，外来人员中记者模样的，都会遭到盘问。搭载过记者的司机被拘留。政府动员各部门人员维稳，资金充足，此时已完全顾不得如何平衡当年的财政开支了。当地的媒体发稿后，因为有与警方公布案情不一致的地方，遭到警方否认；他们一度抵制宣传部发的通稿，直到省委宣传部下令，才开始发稿。后来的稿件全都经过地方高层领导亲自审阅。

6月14日至6月19日期间，我在巴东度过的日子不再惊心动魄，却意味深长。一个站得住脚的判断是，惯性思维使地方为了掩盖当初的小错（即掩盖雄风宾馆是卖淫场所，以致人的官员身份。至于有人猜测邓贵大是给来野三关投资的大老板买欢，现有的证据太少，不好这么判断），不断地错下去，以致酿成大错，即所谓官僚机器的“罪错递增机制”。

按照这样的判断，我应该可以在当地政坛找到突破口。我和一位线人联系上后，获得的信息基本和我的判断一致，然而采访时遇到的高度信息封锁完全出乎我的意料。好几个采访对象都对政府的做法持不同意见，公检法三家中，后两家不愿意和公安拴在一条船上，即便是公安局内部，对县委的处理也颇有异议。经过百般说服，他们刚开始同意见面，临到头都变卦了。

6月19日，邓玉娇案宣判，有罪免罚。判决结果出来了，但是此案的真相已经被湮灭了，控方和邓玉娇的前任律师对案情的看法各执一词。

当天的庭审据说是“公开”审判，我是第一个到巴东的记者，但也没有拿到旁听证。下午，我到巴东县法院采访，没想到的是，连大门都没能进去，还和法警发生了肢体冲突。当我在烈日下坐在法院大门口的水泥地上失声痛哭的时候，心里一片灰暗。这双看不见的手操纵了一切，我也是被它们操纵的木偶。

三

2009年年底，我重新回到恩施、野三关和巴东，回访“邓玉娇事件”。已获得自由的邓玉娇事实上处于政府的“保护”状态。我经过百般周折，才获得政府的同意，见到邓玉娇本人。我仍能感到官方的紧张心理，他们出于本能想封锁邓玉娇的信息，虽然并没有实际恶意。我了解到，官方为了“邓玉娇事件”，花掉的钱几乎是天文数字，而这个二十出头的单纯小姑娘，完全不知晓，她的一次冲动居然可以在中国掀起这么大的风浪。

“邓玉娇事件”在法律圈和新闻圈引发的震荡是巨大的。我一直在思考两个问题，一是形成“罪错递增”的制度基础是什么，二是在这样的社会背景下，我们以前持有的新闻职业伦理是否有偏颇。当我们强调客观中立，强调给予控方和辩方同样的话语权时，却忽视了中国特有的刑事司法制度。中国的刑事诉讼法在现实中无法保障律师的辩护权利。这部法律纳入修订议程已经多年，但在一些部门的阻挠下，一直无法出来。在这样的情况下，辩方除了媒体虚无缥缈的话语权外，没有任何与控方抗辩的能力。我们的平衡，会不会事实上造成不平衡？如果新闻界不站在批判刑事司法制度的角度，一味追求话语权对等，会带来什么恶果？媒体是否丧失了社会进步的推动者这一责任？

季羡林：烫手山芋？“最伟大的僧人”？

□朝格图（南方周末新闻板块）

在众多的名教授发言中，有一位的戏谑之词是：张衡，横；钱文忠，钱；季承（季羡林之子），继承；北大，背。

一、字画门

去世前一年的“季老”被绑在了一根晦暗的拔河绳索上。就是所谓的“字画门”。

2008年岁尾“字画门”炽烈上演之时我跟着掺和。起初呈现在舆论场中的景象令人伤感——国宝级大师季羡林辗转向外界发出了呼告：他的一些字画被盗了，而且他本人遭到虐待，处境悲苦，还可怜巴巴地给总理写过求救信。

而2009年7月他去世后的《新闻联播》上，却看不到相关领导人的身影。据说领导人在葬礼期间特意叮嘱央视不要播出自己的画面。这个细节，从另一个角度佐证了此前我曾反复核实的两个信息：不仅不存在季羡林向总理求救的SOS信件，而且因为“字画门”等纷争，人民已经对作为和谐符号的季老颇有看法啦。

“门”内可以找到很多角色：自命为季羡林老友的画贩兼书贩张衡，号称自己从黑市上买到了季羡林所藏珍贵字画，且获得了多份季羡林的授权委托。他通过新华社名记者、《我钻进了金字塔》等畅销书的作者唐师曾与媒体取得了联系，“季羡林字画丢失”见诸报端大波轩然。

随后，以季羡林“关门弟子”之名行世的复旦大学副教授、《百家讲坛》红人钱文忠，明确将矛头指向北京大学，成为质疑北大“保护大师”的中坚。指控通过媒体跨过季羡林的秘书，直指北大。

此前有媒体写过各个角色对季羡林的抢夺，稿子中恰如其分地把季羡林比喻成人人觊觎的唐僧肉，但稿子本身让人失望。

写季羡林或“字画门”，我不赞成套用便利的利益分析法。原因在于，通过观察来描述上述多人的行为显得不够，而通过调查来还原他们的逐利动机，因缺乏证据而无法穿透。

各种角色在记者面前长袖善舞，媒体还特容易被利用。我一个极端的观点是，如果处理不当，让他们的名字出现在报纸上都是危险的。

我的前一篇稿子得出了一个有限的结论：之前媒体公布的季老字画被盗的所有证据，都站不住脚。

二、“我被季羡林骗了”

以下细节或许能增加外界对“季老保护者”的理解。

张衡，当他被质疑得最激烈的时候，我的录音笔录下了他高亢的声音：“我被季羡林骗了！”他还悄悄跟我说，之所以去医院探望季老，是因为：“我让季老题‘孔子文化研修学院’，因为季老写的‘究’字我有了，我把题来的‘修’抠掉，换上原来的‘究’就行了。”“将来对外可以叫孔子学院、孔子研究院、孔子文化学院，办学多些方便。”

对于钱文忠，记得住的细节是，8月5日他突然发短信给我，让我转告接受同事张英专访的季羡林全集主编柴剑虹，大意是“柴剑虹……指鹿为马，栽赃陷害”。

因为季老，钱文忠攻击过很多人，但在季羡林的八宝山遗体告别仪式上，有人看到向来以季老维护者（有人说他是季羡林的新闻发言人）身份面对外界的钱文忠，往来于名流之中，忙于与部长高官们打招呼。这场规模盛大的追悼会之后，他也未能幸免于别人的攻击。

跟他一样，唐师曾的崇拜者众多。在2008年11月，几个记者跟他无聊地聊了一会，准备各自散去，突然，唐师曾对北京青年报的年轻记者说：“今

孤独季羡林

季羡林的最后六年

天我的车尾号禁行骑自行车来的，唐师曾遵纪守法啊，赶紧给我拍几张照片传到网上吧。”看那个记者一脸窘迫，我上前打圆场：您违反北京单双号禁行规定开车出来才是新闻呢。

三、烫手山芋

另一个角色是北大。

去年12月，在北大法学楼举办了一个季羡林“字画门”研讨会，罩在一个宏大的主题名下：言论自由与公共理性。在众多的名教授发言中，有一位的戏谑之词是：张衡，横；钱文忠，钱；季承（季羡林之子），继承；北大，背。

类似的维护北大的言论，当时在校内比比皆是。事实上，“字画门”事件本身可以解读为，一个机构没能照顾好没有子嗣在身边的孤寡老人，或者说把他照顾得太好了，住中国最好的医院，福寿禄齐了。

有教授在北大内部批评说，悲剧在于北大对“属于组织”的季羡林造神，这更值得北大反思。

仅就事论事，不仅“字画门”是假的，后来扣在北大头上的所谓“隔绝季羡林父子相见”也是子虚乌有（季羡林父子不和，多年前在北大已是人所共知的事实）。在这个意义上，北大被公众指责确实冤枉。

北大教授们在研讨会上对媒体的批评大多所言不虚。但在整个“字画门”这场争夺言论的拔河比赛中，北大失败得一塌糊涂。

追根溯源，学校的管理层中没人愿意承担责任，季老变成了北大的烫手山芋。

四、制造权威

综观季羡林“字画门”，“中国最大学者”季羡林成了橡皮泥，而对季老权威的附庸却比比皆是。

媒体之所以能够发出“字画门”的第一篇报道，依赖于张衡手中所谓

“季羡林手迹”、“季羡林录像”的一级权威和钱文忠、唐师曾的二级权威。媒体迷恋于指控另一个权威——北京大学。

那些站出来保护季羡林的面孔也大抵如此，获得季老垂青，意味着在权威之光的温暖中占据了言论高地。道理非常简单，无论保护还是指控，都来自对权威不同形式的依赖。

吊诡的是权威本身是不可靠的。由此不难理解，在一个更大尺度上，制造出来的权威为什么像季羡林一样，要么死了，要么在医院中即将死去。

争夺季羡林的核心在于对他的阐释。“字画门”爆发后，我所看到的北大的人、国家的人、社会的人等各色面孔，对季老的描述迥然有异。一千个哈姆雷特，一千个季羡林。

争夺者之间一个根本的分歧在于，即将百岁的季老神志是否清楚，他们各自解读以便于以季老之名发出有利于自身的声音。

2008年12月，我去医院见过季羡林一次，当时他正在吃一碗被切成小碎块的黄色西瓜瓤。

自报家门后，他说，南方周末在广州吧。——季老身边的人不允许记者发问，无从深入采访，能够作出的唯一判断是，老人没完全糊涂。确切地说，你无法判断季羡林的真实意志。

回顾一下20世纪80年代以来季羡林是怎么进入媒体视野的，看看媒体用什么思路、腔调和文体来刻画他，80年代的官方媒体和90年代中后期新兴媒体有什么不同，找不同的新闻人聊聊，是很有意思的事儿。

“学术大牛”季老属于造神和毁神、塑造和解构的产物，两种力相互猛烈作用的时间轴，从改革开放至今。一些事只可能发生在特定年月。季老还给南方高科做过广告呢，不成功，后来被章子怡取代了。

五、最伟大的僧人

在我所见的出版物和媒体报道中，对季羡林的赞美几乎是绝对的，差不多都是这样的逻辑——宇宙啊真理啊智慧啊，严丝合缝地显现在他的每一个行为上，并映照出美德之光，跟上帝啊雷锋啊什么的很像。

20世纪80年代季羡林所在的北大东语系的一个学生，后来因为无法忍受北大跑到美国，并在学术上颇有建树。他在一篇文章中说：“玄奘的弟子们想方设法要把他们的老师塑造成为最伟大的僧人，而玄奘本人也有这个动机，他的传记是很不可信的，所以学术的责任是要揭示这个层面，否则就不是诚实的历史学研究者。”

这话搁在北大出版社《季羡林与20世纪中国学术》的书上特别合适。它典雅厚重，是我见过关于季羡林的书中最学术的一本。

历史学的事儿，新闻或许可以做一点吧，在《孤独季羡林》一文中我想尝试一下，尽早穿越附庸言论的遮蔽，让历史人物能够尽早获得一份真实，追溯季羡林巨大荣耀之所来，描摹时代景观不容回避之所在。

解构身为时代学术符号的季羡林，还要说说这种权威的获得和树立。

接触季羡林纷争中的核心当事人并不困难，尤其是在老人死后，他们谈得更多更开放也更有见地。跟他们沟通所获得的素材不多，主要是想加强或修正已有的对一些事实的判断。

六、活着，但已死了

后来比较注意的是，不能让利益相关者因为我的报道再次挑起纷争，或者让谁获得哪怕一丁点权威，因此我在引语上相当小心。即便是季羡林的儿子季承，也绝不允许他以季羡林新闻发言人的身份出现。

在离开自己的父亲13年后，他借助“字画门”从北大手中夺回了对季羡林的控制权，而且还极有可能继承财产。众所周知的是，季承用阴谋论指控过很多人，他还专门写过一本书来描述自己的家庭，其中充满了对季羡林的严苛指责。

季承的不孝事迹流传甚广，而我恰好不是一个血缘主义者。当我问及他是否不孝时，季承厉声反驳：我是天下最大的孝子！

“有些人死了，但他还活着。有些人活着，但他已经死了。”这一人们耳熟能详的句子，被广泛解读为“没为国家民族做了什么事儿的人，就等于没活着”。

里边的“有些人”似乎可以替换成很多东西，季羡林是非常不错的一个选项。而这诗的作者臧克家恰好是季羡林的老朋友。时间轴的一个魔力在于，部分名望单凭苍老者长寿这一事实就能得到。

他一生孤独他功业伟大他老当益壮他徒有虚名，都来自媒体和操控媒体的力量，来自一种或多种需求。裹挟之力有时是红色的，有时是金色的，骨子里是什么颜色？

本体的季羡林到底是什么样子，我不想知道也不大可能知道。眼下值得争夺的季老死了，值得认真对待的季羡林，则属于时间轴未来和未知的那端。

（相关报道：《孤独季羡林》，2009年7月30日《南方周末》）

“海龟”冲垮财政局网站

□黄　河（南方周末经济板块）

薪尽火传

2008年10月中旬的一天，时任经济部主任的马克给我打来电话，说部门公共邮箱里收到一封读者来信，是对深圳市2008年政府预算的点评。

在我的印象中，普通公民对于政府预算的关注度似乎也不高，更不用说进行点评了。我在电话里跟马克开玩笑，说是不是哪位财政部门的退休老干部要发挥余热了——这就是我当时对公民关注政府预算的理解。

然而在细读邮箱里的评读文本后，我的第一印象顿时改观：文本的作者不仅是一群有着海外留学背景的专业财务人士，而且对于政府预算的研究并非“心血来潮”。他们向北京、上海等十几个城市和财政部、卫生部等近十个部委发出了公开预算的申请，而深圳市政府则是至当时为止唯一向他们公开预算的政府部门。

读完邮件后，我的心中冒出许多疑问：一群学有所成的财务专家，为什么去研究政府预算这么冷僻的问题？研究也就罢了，为什么要向从中央到地方的一

吴君亮跟我开玩笑说，如果公开信没有回应，明天“两会”他会带上几百封打印稿，向代表们亲手递交。晚上10点左右，吴君亮突然打通我电话，说门外有人在敲门，自称是警察……

大堆政府部门申请公开预算？在申请过程中，他们为什么在屡遭拒绝后还要继续申请？深圳市政府又为什么能向他们公开预算？

带着一连串的问题，我打通了评读文本的第一作者吴君亮的电话。一位操着“川普”（四川普通话）口音的男士在听了我的自我介绍和采访意向后，爽快地约我周六下午到公司聊聊。

当我依约来到公司时，一位微胖的中年男人迎了出来，寒暄几句后，我才知道眼前的吴君亮，就是这家投资管理公司的CEO，而在评读文本上署名的其他几位作者，也都是他公司的职员。

在吴君亮的办公室内坐下后，我乘着他去泡茶的机会打量了一下办公室里的装饰：墙上挂着几幅现代派绘画，书柜和茶几上摆放着各类中英文书籍，主要是涉及现代艺术和政府预算。后来我才知道，吴君亮不仅是个专业的现代艺术鉴赏家，还在美国拥有自己的画廊。而给我留下最深刻印象的，则是堆放在沙发上、高达半米的香港政府预算复印资料。

在其后三四个小时的聊天中，吴君亮向我介绍了自己的经历、对于政府预算改革的理解、关注国内预算改革的过程以及“公共预算观察志愿者”团队的组成和工作情况。

如果说此前我还只是对事件本身感兴趣，那么在聊了几个小时后，我的新闻野心与激情都陡然膨胀了起来。这个团队的素质、资源和潜力都远远超乎我的预期，他们在操作过程中的种种经历也使得报道本身具备足够的丰富性和趣味性。

2008年11月6日，《深圳公民的“公共预算之旅”》在《南方周末》正式发表，从个人而言，虽然知道报道在文本上有许多不足，但关注的几个主题基本得到了体现，如政府预算与公民社会的关系、预算公开的意义所在、公民参与的价值，等等。

或许是因为对事件价值本身抱着很高的期待，因此在报道发表前后，我内心颇有些忐忑不安，生怕自己的“拙笔”破坏了志愿者们此前的一番努力与心血。

聊可告慰的是，此后媒体和社会舆论的巨大反响，甚至出乎我和吴君亮的意料：不仅国内各大主流媒体纷纷跟进报道与评论，而且此后几个月中，吴君亮和他的“公共预算观察志愿者”团队还当选了《南方人物周刊》、《南风窗》和《经济观察报》等媒体的“年度人物”。对此，吴君亮也坦率地向我表示，媒体和公众所赞扬的并不是自己，而是自己努力尝试推动的那项事业，自己只是在“适当的时间做了恰当的事情”。

在有关媒体的报道和评论中，有一篇给我留下了深刻的印象，那是中国青年报的前辈李大同先生的一篇评论。他写道：“近日，笔者在报道中看到，中国竟然还有一种志愿者，按他们自己的称呼，叫做‘公共预算观察志愿者’，他们的目标和行为，远远超出了笔者的经验。”

作为一名新闻业的后辈，当年的中国青年报及其中的一批“名编”、“名记”，曾经是我的“职业偶像”。一位昔日代表着自己新闻理想的“偶像”，注意到了自己所报道的事件，而且不吝赞赏之辞——那一刻我只想到一个词：“薪尽火传”。

小风波

报道发表几个月后的深圳“两会”前夕，吴君亮打来电话，说他通过媒体记者拿到了2009年的深圳市市级部门预算，发现不仅预算总额超过2008年，而且原来应该公开的一些信息，也在预算报告中消失了。

随后吴君亮发来了他们整理的相关问题，并在当地媒体采访时公开表达了自己的观点。就在深圳“两会”召开前一天下午，他再次打来电话，说他接受媒体访问的内容在网上被删除了，并表示他通过深圳市人大的官方网站，向各位人大代表的电子邮箱发出了一封公开信，提醒代表们在审议政府预算时应该注意的几个问题。这封公开信也同时贴在了“中国预算网”的首页上。

当时已是下午5点多，吴君亮在电话中还跟我开玩笑说，如果公开信没有回应，明天“两会”审议政府预算时，他会带上几百封打印稿，到会场门口向代表们亲手递交。

到了晚上10点左右，吴君亮突然又打来电话，他的声音有些紧张，说门外有人在敲门，自称是警察，可能会把他带到公安局去，随即挂断了电话。

十几分钟后，一位女士再度拨通我的手机，说她是吴君亮的夫人，吴君亮刚刚被公安机关的人带走。对方出示了证件和传唤证明，据说要将吴君亮带到某公安分局去。我问传唤证上的理由是什么，她说似乎是“涉嫌扰乱单位秩序”——我此前闻所未闻的一个罪名。

我立刻打电话通知自己的一位律师朋友，请他跟我一起到公安局去查查是否确有此事。在某公安分局门口碰面后，我简单地向他介绍了情况，并向他展示了我随身带去的一些有关吴君亮的报道。

这位律师朋友听完我的介绍后，表示自己也从未听说过“扰乱单位秩序”这种罪名，并推测可能是“扰乱公共秩序罪”下边的某些条款规定。他觉得此事“内情不简单”，即便是涉嫌扰乱公共秩序，也不应该半夜将人从家中拘走，完全可以等到第二天。

我们两人来到公安分局的接待处查询时，一位工作人员先表示刚才是有一位跟我们形容的身材样貌相似的人被带到楼上去了，但我们如果要见人，必须先向值班领导请示。

我们来到旁边的值班窗口叫了几声，才有一位值班科长过来，问了情况后打电话请示了一番，表示人是在这里，但是今晚不能见。

几番交涉失败后，我的情绪有些激动，拿出有关吴君亮的报道表示，这是一个在为社会做好事的公民，而且刚从海外回来不久，你们这么搞下去是在制造“国际丑闻”！但依然没有办法见到吴君亮本人。

我们在门外等了一会儿之后，只能决定先回家，明天再来。就在这位律师朋友开车送我回到家后不久，我突然接到吴君亮的电话，他的语气低沉，表示自己因为有些不舒服，现正在北大医院治疗，问我有没有时间过去。

我立刻打电话叫上刚回到家里的律师朋友，再次来到北大医院，一进急诊病房就看见吴君亮正躺在床上，一位中年女士陪伴在他身边，后来得知这就是他的夫人，也是刚刚赶到。

我们冲到床前，刚聊了两句便被一位精壮的中年人请出病房。在病房外，他向我们亮明了身份，原来是某公安分局刑警大队的副大队长，这次是带着一支四五个人的小队来监护吴君亮的治疗的。原来在传唤期间，吴君亮由于情绪激动导致原有的心血管疾病复发，被送到医院抢救。

在病房门外，我再次向这位副大队长和其他警察介绍吴君亮的事迹，其他几名警察颇感兴趣地看着我带去的报纸。副大队长则向我们表示，当天晚上就是他带人去将吴君亮“请”到公安分局的，在去之前他已经在网上查看到了一些有关吴君亮的事迹。

在谈话过程中，这位副大队长突然说了一句，“你们放心，我以我的性命担保吴先生的安全”，让我们听后颇为感动。而据吴君亮事后介绍，在他留院观察期间，这些看守他的警察“简直比医生还要紧张”，而且在他们的职责范围内，充分地向吴君亮表达了他们的善意。

直到第二天中午，吴君亮才得以解除“留院观察”的被监护状态。而在此前后又发生了一段小插曲：一位公安分局的负责人拿着传唤证明，要吴君亮签名表示接受传唤结束，吴君亮坚决不签，说你们当初不明不白地把我抓进去，现在又不清不楚地把我放出来，总得给我一个说法。

无奈之下，这位负责人出门打电话请示一番后，回到病房表示，他们已经尽到了对吴的告知义务，现在正式结束传唤，随即撤出了所有的警察。

在事后说起这段经历时，吴君亮笑着向我表示，自己早就预感到他们在次日中午就会放人。我奇怪地问为什么，他说，第二天上午正是人大审议政府预算的议程，到了中午预算顺利通过后，“还扣着我干什么？”

然而这段经历确实给吴君亮及其家人带来了很大的刺激，以致他的夫人一度劝他结束在中国的业务，回美国发展（吴君亮夫妇均为持美国绿卡的中国公民）。但最终吴君亮还是选择了留下，除了对推动公共预算改革的使命感外，他的想法也很直接，“这么大的坎我都过来了，后边还能再遇上什么了不得的风波？”

此事过了一段时间后，那位律师朋友突然打来电话，说公安分局的一位负责人打电话想约他“谈谈”，当时他在市区外开会，这位负责人又专程开车一个多小时去见他。一番寒暄之后，该人士请他向吴君亮传句话，大意是事情本来是场误会，请吴先生不要计较，尤其不要受“海外反动势力”的利用，向海外媒体发表意见。

当时我就在电话里大笑——如果真要向“海外媒体”披露事件真相，吴君亮哪用等到今天？

这位朋友也在电话里笑着说，过去都是身为律师的自己上门求见相关官员，这次居然遇上“这么大的官”专程来拜访自己，受宠若惊之余不免也觉得“倍儿有面子”。

广州的突破

在此后的近一年时间里，我依然继续跟吴君亮和志愿者团队联系，并参加过几次他们的讨论。在这期间，不断得知有新的志愿者希望加入，其中既有政府部门的工作人员，也有从事金融证券业务的专业人士，还有退休的教授，当然最多的还是来自各地的大学生。

随着希望加入的志愿者数量增加，我们也曾探讨过是否申请注册成立非营利性研究机构或民间社团。但吴君亮感觉当时的社会环境仍未足够成熟与开放，因此提出了一种他称之为“观念共同体”的合作模式，即各地的志愿者可以根据自己的关注和兴趣，向当地政府部门申请政府预算公开的内容，并通过“中国预算网”等网络平台进行交流与沟通，吴君亮的团队则可在必要时向志愿者们提供相应的知识和技术帮助。

就我的感觉而言，2009年在政府预算公开的历程中，是一个“理念传播与普及”的阶段。在这一阶段中，越来越多的普通公民和社会舆论开始关注政府预算公开的意义，各类政务公开申请也开始在全国各地不断涌现。

而对于原“公共预算观察志愿者”团队而言，由于公司新业务的开展，以及某些政府部门在开放预算态度上的犹豫甚至后退，在新的预算公开申请中反而进展不大。

这一僵持状态直到“十一”国庆后才出现真正的突破。2009年10月19日上午，吴君亮突然打来电话，兴奋地表示，在他们国庆后展开的新一轮政府预算公开申请中，负责广州市预算公开申请的李德涛10月16日（周五）下午收到了广州方面的肯定回复，而且对方表示他们将把所有部门预算内容在财政局的网站上公开。

因为当时是周末，所以李德涛到了周一上班时才告知吴君亮，而兴奋的吴在第一时间便给我打了电话。

对我而言，这是个极具诱惑力的选题，唯一的难处是当时已是周一中午，短短两天时间能否采访到重要的当事人，尤其是政府方面，我心里一点把握都没有。因为此前跟深圳市财政局联系采访时，基本是电话、采访提纲反复沟通几个星期，最终依然无疾而终。

因此我在给经济部主任马克报上这个选题时，也提到了前述困难，并表示能否把选题放到下周，以便有更充分的时间安排采访。

但马克的判断很清晰，他认为这是一个时效性极强的事件，财政局的预算内容已经挂到了网上，如果我们不能及时报道，那么其他的日报和都市报一定会在本周内报道出来。而事件本身并没有太多的深度背景需要挖掘，如果其他媒体抢先，我们将陷于尴尬的处境。

我决定先试着跟广州市财政局联系。当天晚上联系上了财政局的庄先生，他表示确有此事，但因为有些资料不在手边，希望我第二天上班时再给他电话。

有了这个回复，我的心里便基本有底了，当晚给马克发了条短信，说稿件本周内应该可以出来，他立刻回复三个字：“太好了！”

第二天依约打通庄先生的电话，他向我详细介绍了广州市政府2009年在政务公开方面所做的一系列推进，如成立政务公开办公室，各部门内设立政务公开专员等等，他自己就是财政局内的政务公开专员。

他同时强调，即使有了这样的背景，最终作出公开预算的决策，还是来自“一把手”的决定。

政府方面的采访完成后，其他方面的内容便顺理成章：由于过去一年的接触，我对吴君亮团队的动态基本上了如指掌，而在此前我又向李德涛详细询问了申请及收到回复的种种细节，并且拷贝了申请过程中的大量往来电邮。

在查看往来电邮时，我发现一个有趣的细节，那就是上海市政府在2009年拒绝预算公开申请的回复中，所引用的条款是《上海市政府信息公开规定》第十二条第一款所规定的国家秘密，但对于这一“国家秘密”的范围和性质，未作任何说明与界定，也没有说明是由哪级政府部门认定的。

而在广州市2008年拒绝预算公开申请的回复中，则明确说明了财政局在收到申请后，“向本局政务公开部门及同级保密部门进行了请示，而相关部门认定其为密级内容的依据条款则是根据国保发〔1997〕5号文件第三条第（二）点第19款”。

从我个人的感受而言，我觉得上海市财政局2009年的回复基本上是一种“公式化的拒绝”，反映了政府部门没有任何内部动力去推动预算公开；而广州市2008年的回复则显示出，当时的财政局有关部门确实进行了预算公开的努力尝试，并且遇上了无法逾越的政策障碍。

我在对庄先生的电话采访中还专门问了一句，2008年你们遇到了政策阻碍，2009年有关政策并没有取消，为什么你们又能决定公开？

对此庄先生的回答也很有意思，他说，领导认为政策总是要为人民服务的，预算公开是大势所趋，只要把握这个尺度就够了。

由于对相关保密法规的政策背景缺乏了解，我又打电话给本报的法制记者赵凌请教有关问题，在她的提示下，我才发现原来本报在2009年5月21日发表的报道《政府信息公开条例实施已逾一周年 破解政府“财务机密”仍是难题》中，对于相关法规的冲突已经有了深入的讨论。

最终在马克的提示下，我又在报道主文之外，写了一篇综述性质的《当预算公开遭遇“国家秘密”》，把事件背后的政策与制度冲突进行了简单梳理。

报道发表后不久，上海市政府新闻发言人公开承认，政府预算不是“国家秘密”，并表示上海正在推进政府预算公开的进程。但直到几个月后写这篇回顾时，我依然未能看见上海市公开的政府预算。

报道发表后的舆论反应果然如马克所料，在短短两天时间里，各大媒体纷纷展开“重磅轰炸”。想到如果我们错失了报道的时机，其后果不禁令人心有余悸。

此后出现的一个小插曲是，随着媒体报道引来公众蜂拥而上广州市财政局网站，欲一睹政府所晒之“账本”，财政局网站访问量激增，一度陷入瘫痪。

当时负责稿件编辑的肖华同志于是充分展示“标题党”之风范，在经济部的内部网上危言耸听曰：黄河冲垮了广州财政局网站……

严格说来，冲垮财政局网站的，不是我，是吴君亮他们。

（相关报道：《深圳公民的“公共预算之旅”》，2008年11月6日《南方周末》；《广州政府网上“晒”账本》、《当预算公开遭遇“国家秘密”》，2009年10月22日《南方周末》）

校园政治

□**何海宁**（南方周末新闻板块）

2008年11月12日，中山大学学生会主席直选活动尘埃落定，我做了《学生会主席直选全记录》报道。这篇报道引发的争议超乎我的预料——尽管在我看来，这样的争议只是伪命题。重新回顾采访经历，无关争议和回应，与初期的报道一样，我只是想做平静的记录。

2008年11月初，我在广州媒体上看到了中大将采取直选的方式产生学生会主席的消息。尽管这只是校园选举，只是一场自上而下式的选举改革，不过，在大学氛围之内，我预期应该会相对纯净和封闭，能在一定范围内做一个直选观察。

我和编辑朱红军商量之后，开始介入采访。

当时，我的兴奋点在于，它是一个很棒的特稿题材，广度和深度都足矣，就看获得的“料”够不够成就特稿的品质：展现事件的特质，在一堆火爆劲辣、光怪陆离的报道中，呈现出特稿所独有的优雅气质。

采访伊始平淡无奇，直至出现了谷禹，候选人蓝国瑜随之进入采访视野。

谷禹当时是中大大二学生，曾在本报实习。恰好有一天他问朱红军：有没有活儿干？朱红军细问后发现，谷禹宿舍距离蓝国瑜的很近，很适合做贴身随行采

听完之后，我倒抽一口气：如此谋略，竟出自一名大三学生之口。这已远远不是挂几幅宣传海报，在网络上打几句嘴仗，在校道旁喊几声“请支持蓝国瑜”那么简单，它是一场政治，是民主选举的校园版，不是缩略版，而是完整版。

南方周末

美国式民主，责还是不责？

学生会主席直选全记录

G20，中国的角色

为法国作战的中国人

访。

谷禹的出现改变了整个采访的态势，他和本报另一名前实习生郭丽萍的前线出击，突破了学校相对保守、封闭的宣传环境，使得报道如同小鸡孵蛋一样，自内而外挣破坚硬的外壳。

谷禹当晚就去找了蓝国瑜。当时，相对另一名强势候选人陈夏而言，他仍处于劣势。谷禹坦诚地跟他说，他现在在帮南方周末做事，希望能参加他的竞选团队，贴身采访。蓝国瑜很爽快地答应了，而且邀请他隔天一起去珠海校区，拜会那里的学生精英。

很好的开局。谷禹跟我介绍情况时，我叮嘱他一定要贴身记录，莫放过一个好细节。

有一个画外音要交代一下。在4名候选人集体亮相媒体之后，学校收紧了对外宣传环境，已不可能正面约请采访，甚至记者接触候选人都很敏感。

我和蓝国瑜第一次见面，是路演前一个星期，在大学城校区一家餐厅里。当时他正在筹备竞选纲领，准备第一次路演活动。

在平静的校园竞争之外，他讲述了许多背后的故事：他为何参选，他如何看待候选人实力、划分选区势力，他在参选之前如何暗战，如何说服潜在竞争对手弃权。更厉害的是，他期许以未来的权力位置，化敌为友，组成有效、庞大的竞选团队，扩大自己的票仓，一步一步蚕食竞争对手陈夏的选票。

听完之后，我倒抽一口气——准确来说，是替其他候选人倒抽一口气：如此谋略，竟出自一名大三学生之口。这已远远不是在校园里挂几幅宣传海报，在网络上打几句嘴仗，在校道旁喊几声“请支持蓝国瑜”那么简单，它是一场政治，是民主选举的校园版，不是缩略版，而是完整版。

事实上，谷禹第一次跟我说时，已简单转述了上述内容。后来多次出现这种情形。只不过，从新闻专业主义角度出发，记者永远要对第二手资料存疑，与被采访者的面对面交流，才能成为新闻报道的可靠来源。

我想起在贵州兴仁县采访县长一家被灭门案的时候。当时是2006年，我找到了犯罪嫌疑人以前在新疆的一名狱友。他透露说，嫌疑人被抓之前和他保持着联系，其实嫌疑人是被杀县长私底下的保镖。面对如此重大的信息，我跟编辑商量，最后的抉择是：放弃，因为没有得到第二个，或者更可靠的消息来源来进行验证。

言归正传。另一个问题随之凸显：我们该如何看待这些竞选背后的故事？在中国特色的政治环境中，这些内容一般被认为是不宜报道的。如实报道，无疑要冒风险。

不过，如果将之作为一场公开、公正、透明的民主选举，这种担忧只是瞎操心。策略运用、权力安排、合纵连横，等等，本应该是竞选的合理合法组成部分，原本就应该阳光化操作，选民应被赋予知情权。

我与朱红军商量的结果是，我们应当尽可能地呈现这场选战生态，忠实于专业主义的要求。

后续的采访如同报道呈现的一样，蓝国瑜成立竞选团队、路演、公布竞选纲领、拜票……蓝国瑜的活力似乎永无止境，我与他每次见面，他都热情洋溢，充满激情地讲述他的每一步策略。

我记得有一次见面是在他第一次路演之后，中午，在他的宿舍里。当时他正穿着睡衣，估摸准备午休，下午4点多还有一场路演。他和我在宿舍门口的走廊里谈了许久：为何要抢在陈夏之前路演；最近有人要加入他的团队，他不得不重新布置未来的学生会权力架构；他几乎不跟舍友谈论竞选，只谈些风花雪月。后来，我不得不打断他的话，为他留点休息时间。

还有一次是在北校区，与陈夏路演PK之后。他背着书包，与竞选团队告别后，我们在真功夫餐厅吃饭。他谈到了与另一名候选人“结盟”的打算：后者要在蓝国瑜的票仓——大学城校区路演，需要蓝人手支援。蓝国瑜有些犹豫，这可以分散陈夏的选票，但也可能给自己带来小麻烦。最后，他选择了结盟。

不得不说，蓝国瑜的竞选之路要远比我文章呈现的波澜壮阔，其背后的斗争我也只能言十分之一二。每次聊完，我对他能力的认可都会增加一些。只不过等到报道发表，他在网上贴了一篇攻击我捏造事实的声明之后，我才感受到他的另一面。

归根结底，这终究是一场政治秀。

实际上，在采访过程中，我也很奇怪他为何愿意如此畅谈。有一次从大学城校区一家餐厅出来，临别时我问他：你为什么愿意跟我讲这些？他说，这都是很正常的事情，这也是他一贯的性格，对谈得来的朋友，无话不说。

谷禹也曾苦恼地问我，他这样做是不是在出卖朋友。我鼓励他说，我们已经表明身份和目的，录音、笔记都是当面进行的，并非偷偷摸摸，无须自责。

谷禹的身份遭到过质疑，他非正式记者，也参与到蓝国瑜竞选的宣传活动之中。从某种程度而言，他更像是一名竞选团队的被采访者。后来，有同事提出：谷禹在报道中的身份和他撰写的配文，存在新闻专业操作上的瑕疵，有失偏颇。我和朱红军讨论过，这可能是发表前考虑欠妥之处。

到了辩论会期间，候选人进入了疯狂忙碌的阶段：3天辗转4个校区进行4场辩论。校方采取了严格的安保措施，非中大学生不得进入会场。大学城校区那场，我"借"了一个学生证，想混进去，结果在第二道关卡被认了出来，学生干部礼貌地把我领到了记者休息室。

我不可能干等着校方前来发布"外交辞令"，就去了蓝国瑜的宿舍。我想，在蓝国瑜竞选最紧张的时刻，他的舍友会干什么，这可能会是有意思的细节。果不其然，他的舍友没有一人去捧场，谁都没觉得这是一件事关自身权益的大事。

这也是这场选战的特点之一，剃头挑子一头热。大部分的学生更愿意将之当作是一场秀，尽管学生会权力产生方式改革了，但从更大范畴看，权力架构并没有变动。

竞选静默期，也就是最后几天，校方规定所有竞选活动必须停止，等待最后投票。我的心情却很紧张：由于其他候选人拒绝了采访，我把所有筹码都押在了蓝国瑜身上，如果他顺利当选，这将是一篇成功的报道；如果落选，报道的影响力将要打折扣。

此前，我就跟蓝国瑜开玩笑：你是"赌徒"。其实我们也在赌，赌他会赢。

11月11日晚上，我一边写稿，一边不停地收到谷禹、郭丽萍的消息，一会说蓝国瑜的选票落后了，一会说又超前了。我不得不打了两套腹稿，以应对蓝国瑜落选的情况。

最后有惊无险，蓝国瑜顺利当选。

报道出街第一天，来自中大学生和校方的非议扑面而来，包括蓝国瑜的网上声明、《羊城晚报》的一篇后续报道。第二天，蓝国瑜告知我，他受到了很大的压力。而我们也受制于宣传禁令，无法及时反击他的那篇谬论。

时至今日，再重提采访录音和笔记的话，意义已不大。我想，有个常识应当说明一下：报道所呈现的选战生态无关抹黑，也并非猎奇，它就应当是如此，我们关注的不仅仅应该是竞选的"秀"部分，更应该关注它的权力生态。新闻专业主义要求记者的，也正是如此，逼近真相，呈现事实。

（相关报道：《学生会主席直选全记录》，2008年11月13日《南方周末》）

附

有辱形象还是不负“国父”？

——一场校园选举“贴身”观察引发的风波

□谷　禹（南方周末新闻部原实习生）

2008年11月9日，中山大学珠海校区，中大学生会主席选举最后一场候选人辩论。提问环节，一位同学提了个尖锐却让全场爆笑的问题：“蓝国瑜同学，你说自己会俯首甘为孺子牛，但是前面还有一句——横眉冷对千夫指。假如你当选了，是不是也会横眉冷对同学们的千夫指呢？”

蓝国瑜的回答并不精彩，我早已忘记，那位同学极富前瞻性的问题却让我印象极深。后来蓝国瑜的做法，也确实像这位同学预测的一样。

我作为中山大学的一名学生，能近距离观察这样一场不说绝后也算空前的三万人微型民主实践，觉得十分幸运。随后蓝国瑜针对《南方周末》文章的表态，则着实让我身处一场“茶杯里的风波”，体验了一回众口铄金的网络语言暴力。文章见报后在中大校园引起的反响之强烈、争论之多，是我没有想到的。

他为什么只对南方周末说

事情始于2008年10月底。实习生总喜欢从编辑那里“找活儿”，在报上中大选举的题目后，编辑朱红军老师让我先找蓝国瑜聊聊，搞清基本情况。我和蓝国瑜住在同一层楼，但我之前并不认识他，更谈不上是后来女候选人陈夏说的什么“竞选总策划人”。陈夏曾接受美国之音记者的采访（陈夏称美国之音记者歪曲了自己的话）并在学校引起了不大不小的关注，各个候选人对媒体已经非常警觉，蓝国瑜婉拒了至少两家媒体，而另外两位候选人秦磊和杨俊伟都用老到的官腔拒绝了我。

那天已经很晚，我看到蓝国瑜在楼道一直不停地打电话。一个小时之后，他如释重负地放下电话，我才试探性地过去和他交流："我是南方周末的实习记者谷禹。南方周末想就中大选举做一篇稿子，我想先和你聊聊。"

出乎意料，蓝国瑜早就认识我，并对我极其坦诚地倾吐了这次直选的来龙去脉及上层对各个候选人的倾向。蓝国瑜坦言陈夏有相当大的优势，向我分析了他们的优劣之处及未来策略，一幅胜选路线图早就了然于胸。他虽然不占优势，但自信满满。谈话进行到次日凌晨将近两点，依然不尽兴。蓝国瑜邀请我隔天和他去中大珠海校区摸清基本情况，为接下来的路演做准备。

第二天，在珠海，蓝国瑜着实让人佩服不已，让我见识到了什么叫做政治。面对一个满嘴官话套话的学生小官僚，蓝国瑜施展了其应付不同人的本领。在这个小官僚的带领下，我们基本上与那里所有关键的学生干部都见了面。后来蓝国瑜告诉我，他其实非常讨厌官僚尤其是学生官僚的那一套，但不得不应付。我逐渐觉得，这是个极其务实和聪明的人。

蓝国瑜对我的毫无保留和对其他媒体的拒绝让我十分诧异。在之后他和南方周末记者的数次会面中，我甚至觉得他对记者说得太多了，作为一个同学，我还提醒他少说一些。《南方周末》有多大的影响力，蓝国瑜不会不清楚。何海宁分析，蓝国瑜也许希望用《南方周末》巩固他的影响力。我们也就乐见其成。记得去接来东校区商讨结盟及压制陈夏的秦磊时，我和蓝国瑜在路上聊到出名的事，蓝国瑜脸上露出有节制的笑容，说了一句："呵呵，要出名了，我要出名了。"

之后蓝国瑜胜选的大致过程已经见诸报端，不再赘述。正如其崇拜的密室政治高手李登辉，大三的蓝国瑜通过不断的合纵连横、远交近攻，一点点削弱其他候选人的优势，笑到了最后。

茶杯里的风波

如果关于这次选举的新闻到此为止，估计不会有这篇文章的诞生，我也可以圆满地在《南方周末》的功劳簿上记下自己的微薄一笔。然而，报纸上街之后，这篇新闻报道反而成为了新闻。11月13日星期四早上9点多，蓝国瑜发来短信，说他一大早被领导叫到了办公室，"你这篇稿子给我惹了很大麻烦，我要告诉你，一切事情都是你的，我和你不熟"，并打电话给我，语气中透着慌张。

由于文中披露了很多竞选的细节，并有很多蓝国瑜向我和何海宁描述其内心活动的话，更有类似"潮汕帮"或"输给女人"之类的表述碰到了同学们心中“政治正确”的底线，之后一整天，学校论坛和我的校内网被彻底引爆。报纸甫一上街就洛阳纸贵，更有一两年不看《南方周末》的同学为了此篇报道去买报纸，发现报纸已经是3块钱一份，还以为是报亭借机哄抬价格。论坛上纷纷责骂蓝国瑜，说其道貌岸然。

作为一个学政治的学生，我总觉得中大同学对于民主选举的想法过于简单。有人给我留言，说本来光明正大的民主选举，让你们搞成了这样塑造个人形象的明争暗斗——同学们总对民主抱着玫瑰色的幻想，认为民主应该没有台下的利益交换，应该一团和气。

实际上，民主选举同样存在着谋略和各方利益的博弈。2000年的戈尔、小布什选票案、2004年针对克里的快艇老兵真相广告都告诉我们，政治选举不是过家家。就像丘吉尔所说，“民主是个不好的制度，但它是所有被尝试过的政府形式中最不坏的一种”，将台下的权斗拿上台来置于选举规则之下，增强其合法性，减少权力交接的成本，无可厚非。不管蓝国瑜承认与否，站在政治学的角度，我觉得他在选举中的做法毋庸置疑。

回到中大选举，比如蓝国瑜和潮汕人势力接触的事情。天下皆知潮汕人因团结和吃苦耐劳，号称“东方犹太人”。可中大同学看到类似表述，却认为《南方周末》玷污潮汕人，拉帮结派。事实上，记者何海宁也是潮汕人，文章只是如实转述，何来“玷污”？

同学的议论越来越多，蓝国瑜本人受到了极大压力。批评的火力主要出自陈夏阵营的人：选举结束后还有几天的公示期，结果还存在被颠覆的可能性。只一个下午，针对蓝国瑜和《南方周末》的各种质疑就铺天盖地占满了学校的BBS。我给陈夏发短信试图安慰她，短信却被她发到校园网上当作证据。后来蓝国瑜给陈夏发短信，骂我“混蛋”，并声称“不认识我”，试图和我撇清关系，短信也被陈夏一并发到网上。对陈夏的此种行为，我也只能一声长叹。在政治的角斗场上，只有赢家和输家之分，并无道德优劣之分。

晚上，蓝国瑜在其校内网发布了一篇声明，通篇是对《南方周末》文章的攻击，称《南方周末》捏造事实，保留向《南方周末》讨说法的权利。当晚有同学给我的主页留言：如果我是蓝国瑜，我不会这么做，我会用政治常识说服同学，告诉他们民主是怎么样的。

然而，这篇声明似乎已经给《南方周末》定了性：胡说八道。南方周末记者远在天边，而谷禹就住在学校里，许多同学出不了气，通通把矛头对准我，谩骂者有之，质疑者有之。有人建议我退学；有人说我扬“家丑”，影响了中大形象；有人问我，南方周末不是一直宣扬普世价值吗，为什么好不容易有了一次校园民主选举却要抹黑……更有甚者，批判理由竟然是“文章太真实，一看就是假的，因为没人可以了解得这么细致，尤其对蓝国瑜的心理活动”，荒唐得仿佛小时候听过的一个故事：辣椒因为太辣而卖不出去。

最让人哭笑不得的是，候选人之一的杨俊伟在校内网给我留言，说我“为了博出位，竟然写出这样不负责任的报道”。《羊城晚报》也凑热闹，用半个版来报道《南方周末》“假新闻”风波。文中写道：“南方周末做这样的文章，让人很惊讶很失望。”“另一位同学则直接批评谷禹缺乏基本的学校荣誉感，不管是他提供的线索还是他亲自撰写的《蓝国瑜竞选团队成员讲述何以‘夏不掩瑜’》，都让同学‘很反感’。”最后查实，作者是我们学校的学生。且不说该文通篇都是道听途说，这位同学连基本的新闻平衡都没有做到，从没采访过当事另一方的记者或我。再后来，听说这位同学2009年又向南方报业传媒集团投递了简历，参加了笔试。

批评同学中也不乏有见地者。有人批驳，作为一个实习记者，我不应参与到竞选中。之后和几个在外国媒体工作的朋友吃饭，他们也提出了同样的意见。朋友告诉我，美国记者过去甚至不可以在总统大选中投票。尽管想口号、写演讲稿都是蓝国瑜要求做的，但无论如何，我接受这些批评。这也是这篇稿子唯一的硬伤。

我曾试图在校内网上逐条回复同学留言，后来发现这基本上是一个不可能完成的任务——他们不可能仅仅因为几句话就相信你，更何况批判我的人中有不少是陈夏的同学和师弟师妹。每条回复都被他们截图，当作攻击我的炮弹。把网络语言暴力当回事儿的时候，你的生活会大受影响，每个人都可以毫无成本地攻击你，你却要独自承担。

面对同学们的攻击，最让我郁闷的是，为什么许多中大同学那么缺乏独立思考的能力。陈夏以一副受害者的面目出现时，舆论一窝蜂地同情陈夏，攻击蓝国瑜。蓝国瑜发表声明后，又一窝蜂地支持蓝国瑜，指责我，反对南方周末。也许是和担心学校的形象受损有关。对我的言辞都十分激烈。我索性不反驳，拔掉网线自己看电影。我看的是一部写CBS电视台制片人的电影，叫做《局内人》（*The insider*），讲的是一个烟草公司的CEO由于说真话受到威胁，被电视台保护起来的故事。看的时候，我确实有点感同身受。

后来，由于某种原因，蓝国瑜和陈夏的人都噤声了。蓝营竞选用的QQ群上，传出了这样的话：“师兄说对那篇文章（指陈夏阵营质疑蓝国瑜的文章）的批驳点到为止，不要太过火。”

再后来，蓝国瑜顺利地接任了学生会主席，在学生代表大会上的表情一如其宣传画一样阳光。只是在楼道里数次碰面，他都远远地避开我，每天晚上再也见不到他在楼道里压低声音打电话。经历了这场风波，相信“孺子牛”一定会更加谨小慎微。

两个世界的人

2009年寒假回家乡北京，恰逢南方周末25周年庆，我到周末北京站和读者们一起给南方周末过生日。有人得知我是中大学生时，第一句话就是：“你们学校那个学生会选举可真棒！我那小子也上大三呢，还挺羡慕你们学校的。”之后又围上来四五个读者，都是同一看法。

事实上，这场微型校园民主实践，除了在诞生地争议不断，在全国范围内，由于《南方周末》的影响力和这场选举的积极意义，人们都赞赏有加。路透社和日本《产经新闻》就选举发过新闻稿，一些地方的组织部和宣传部还组织学习过中大直选经验。没人认为几个候选人“机关算尽”有什么错，没人认为这是伪民主。让我印象最深的评论是：中山大学终于没有辜负“国父”孙中山先生的名字，又一次开了风气之先。

风波结束后，我在QQ上问蓝国瑜：你没事情了吧？蓝国瑜很快回了我：我能有什么事情？你做记者的可不要胡思乱想呀。透过屏幕，我似乎能看到他自信的笑容，他一定已经没有当初被叫到领导办公室时的慌张了。我们最终都完成了各自的任务：我将一场民主游戏如实地从桌下端到了台面上，同学们有权知道真相。而作为学生会主席、未来的权力精英，蓝国瑜也走完了其胜选的路线图。

我回了一句“哦”，然后迅速地将其从QQ好友中删除。

我们终究是两个世界的人。

“弃婴”疑云

□杨继斌（南方周末新闻板块）

贵州镇远福利院“没收”的超生婴儿，她们在哪里？送往国外收养的“孤儿”们，是否真的是被父母遗弃的？

在从每个外国收养者那里收取了3000美元的“抚养费”后，78名贵州镇远县女婴被镇远福利院送到美国、西班牙、比利时等国收养。在福利院的登记表上，她们被统一标注为“弃婴”。

女婴中的相当一部分并非被遗弃的孤儿，而是超生婴儿。她们被当地福利系统以“抵消罚款”的理由从亲生父母家中抱走。在被打上“弃婴”标签后，从2001年起，这批婴儿通过一系列的正规程序，被陆续送到国外。

现在，一些失去女儿的镇远母亲开始寻找自己的骨肉；而异国的收养者，在意识到自己收养的孩子可能并非孤儿后，也开始寻找孩子的中国父母。当地计生部门则表示，已开始对这批“弃婴”的来历展开调查。

我国的国际收养制度始于1992年，中国的社会保障体系、孤儿和外国家庭都从中受益。《中华人民共和国收养法》明确规定了“被收养人”的条件：丧失父母的孤儿，查找不到生父母的弃婴和儿童，生父母有特殊困难无力抚养的子女，且均须不满14周岁。

弃婴，登记，申请，领养，交费——一切都合乎有关法律规定。除了源头那个巨大的疑问：她们真的是弃婴么？

至少镇远县农民杨水英并不承认。2003年，她的女儿在出生后不久被从家中抱到福利院，没有出生证明，没有照片，甚至没有名字。杨水英至今不知道女儿的真实下落，她怀疑：她的女儿，正是这批“弃婴”中的一个。

“抵消罚款”的婴儿

“我罚你款你也拿不出来，拿娃娃顶了算了。你抱着孩子跟我走。”

杨水英的女儿如今应该6岁半了。6年前，杨水英抱着她，跟着镇远县蕉溪镇的计生干部石光应走了大约10公里山路后，将她交给了镇远福利院，抵了超生罚款。在她之前，她的母亲杨水英已经有了三个女儿一个儿子。

2003年4月的一天，早上10点左右，杨水英正在做饭，女儿突然开始哭，哭声引来了石光应。

“当时我刚好路过他们家，”石光应回忆道，“其实从杨水英开始怀孕我们就注意到了。”

石光应进门后便问，你怎么又生了一个。杨水英答是。

石光应说，我罚你款你也拿不出来，拿娃娃顶了算了。你抱着孩子跟我走。杨水英哭着说，养这么大了我舍不得。

“其实，他们也愿意拿孩子顶罚款。”2009年4月18日，石光应在他位于蕉溪镇李树坳村家里的火塘旁，回忆着那一天的细节。那时，他是蕉溪镇计划生育股股长。

石光应的儿子在广东打工，把他上小学的孙子也带了过去，偶尔会给老石打个电话。老石说他很想念孙子。但那天，他却坚持要把杨水英的女儿抱走。“这是我的工作，我是按政策办的。”他笑着说。石光应介绍，依据政策，杨水英家得交两万左右的罚款。

杨水英家住在山顶，湿气很重，即使在4月间，家里也需要生着火塘子。她找了一个厚一些的包裹，裹在了女儿的身上，又给自己换了一身出门穿的衣服，然后跟着石光应从自己住的田溪村往镇上走。这个婴儿没有见到自己的父亲陆显德最后一面。陆显德当天赶集去了。

当天中午12点左右，杨水英抱着女儿来到镇政府。在镇政府大约逗留了一个多小时，没人搭理她。下午2点，一辆小轿车载着杨水英和石光应来到位于镇远县皮家院的县福利院。院方不让杨水英和石光应进去。铁门只开了一条缝，一个四十多岁的中年妇女拉开婴儿的襁褓看了一眼，问杨水英：“都养这么大了，你怎么舍得？”

杨水英说没钱交罚款，转身跟着石光应就往回走。铁门在身后合上。院方没有做任何登记。杨水英是一个半文盲，这是她第一次也是唯一一次来县城。她不知道当时缺少的这个登记，对她和她的女儿意味着什么。

“我送过来的都没有登记过，是福利院自己在里面登记的。”石光应说。看到杨水英有些伤心，石光应安慰她说，不用担心，娃娃养大了，福利院就会送出国去收养。

婴儿失踪了

唯一可以肯定的是，杨水英的女儿从镇远福利院失踪了。她会是被送到国外的78个女婴之一么？

从共和街中段右拐，进一个胡同，有大约30米的缓坡，上去就是镇远福利院。五百多平方米的一个院子，左侧是一排平房，右侧是一栋三层的办公楼。福利院和县老年办等几个机构一块儿在这儿上班。院里现在只有8个孩子，被8个家庭暂养着。而据石光应介绍，当年最多的时候，这里同时有四十多个孩子被照看。

杨水英女儿的最后信息来自石光应：“听说进福利院后全身长水泡，送到医院打了几针就没事了。”

2009年4月20日，南方周末记者在镇远福利院看到该院从2001年至今送养到国外的婴儿登记册。院方说，上面是院里全部弃婴的资料。满满6页，记录着80个女婴的生日、捡拾时间、捡拾地点、入院时间、健康状况、经办人、送养地点等15项信息。其中78个女婴被送到了美国、比利时、西班牙等国。

80个弃婴，都拥有“古城”系列的名字，比如古城惠、古城茜、古城梅、古城薇……古城是指镇远古城，它隐藏在云贵高原东部的大山中，曾是盛极一时的水陆都会，扼守着由湖广经贵州入云南乃至缅甸、老挝、泰国、印度的古驿道。

80个女婴，除了弱智的古城晴和先天性眼裂的古城茜，已经全部被外国收养，离开了这个古城。

负责福利院婴儿接收、送养工作的副院长姚福建把登记册翻到第三页，手指戳在古城茜的资料上：这就是杨水英的孩子，如果家属要，现在就可以领回去。

他喊了一声古城茜，一个穿着一件花衣服的女孩子在办公室门口往里看了一眼，来到了办公桌前。女童五六岁的样子，很清秀，眼睛很亮，当她看着你的时候，好像有什么东西要从她畸形的眼眶里挣扎出来。

她是杨水英的女儿吗？

编号43的古城茜资料显示，她出生于2004年4月16日，2004年6月8日，蕉溪镇田溪村陆显德在自家门口捡到她。入院经办人便是姚福建。

可是，出生时间和杨水英陆显德夫妇提供给记者的并不一样；而且，杨水英的女儿并无先天眼疾。最关键的是，陆显德从未捡到过女孩——他们家和村里另外几户单独住在山顶，即使有人要丢弃女婴，也没必要爬这么高的山。

“我不知道陆显德家女娃的下落，但肯定不是古城茜。”已经在福利院工作了近10年的夏宇（化名）说，10年来，福利院就接收过古城茜这一个眼睛有疾病的女婴，她印象非常深刻。古城茜是从镇远大街上捡来的，当时刚出生一两天。

2006年退休的前院长肖培炎说，他也不记得古城茜的来历。56岁的肖院长说，因为记忆原因，他无法对陆显德的亲生女儿变成“陆显德捡到的女婴”一事作出解释。

“因为这么多婴儿，不排除当时登记出错的可能。”肖培炎说。

唯一可以肯定的是，杨水英的女儿从镇远福利院失踪了。她会是被送到国外的78个女婴中的一个么？

制造“弃婴”的“黄金26天”

弃婴，登记，申请，领养，交费：一切都合乎有关法律规定。除了源头那个巨大的疑问：她们真的是弃婴么？

被国外收养的78个女婴中，到底有多少是“人造弃婴”，南方周末记者没有得到具体的数字，镇远县蕉溪镇计生干部石光应说有三四十个，镇远福利院工作人员夏宇说有一二十个。

记者发现，镇远福利院的送养登记手册显示，2003、2004、2005年，在全县26万总人口不变的前提下，这三年收养和送养女婴的数字，占了过去9年的三分之二强。

最高记录出现在2004年1月5日至25日之间，仅这“黄金20天”里，就有6名出生刚3天到半年的女婴被送到了镇远福利院。

南方周末记者联系到家住美国费城伯利恒的外科医生Windy。2005年5月24日，她在镇远福利院收养了一名名叫古城慧的女婴。而古城慧，就是在上述“黄金20天”中被羊坪镇政府送到镇远福利院的。

据Windy和镇远福利院副院长姚福建双方提供的信息：镇远福利院将自己收养孤儿的信息提供给CCAI（中国领养事务中心）；Windy也通过美国的中介公司将自己的收养申请提交给CCAI，然后由CCAI配对。“不是我选择了我的女儿（古城慧），而是CCAI选择了我们。”Windy说。

2005年5月25日，Windy到镇远福利院办理了法定的领养手续。福利院向Windy提供了古城慧的出生证明、遗失声明，以及她的收养证明。

遗失声明是镇远福利院通过贵州省民政厅于2004年3月6日刊登在《贵州都市报》上的。

弃婴，登记，申请，领养，交费：一切都合乎有关法律规定。除了源头那个巨大的疑问：她们真的是弃婴么？

4月17日，南方周末记者把当年的遗失声明拿给杨水英看，她死死地盯着上面的10张照片辨认了许久，沮丧地说，不记得了，认不得了。事实上，当年被抱走的婴儿已经长大，几乎没有父母能够再辨认出自己记忆中的孩子。

“把有父母的婴儿强行送到孤儿院，然后送养到国外的情况，经过我们调查，完全属实。”镇远县计划生育管理局纪检组组长唐剑说。据他介绍，镇远县计生局已经就此事展开了调查。他对于这三年出现弃婴异常现象的解释是，计生指标过高。

“我真不敢相信是真的。”对于这一切，主管镇远福利院的镇远县民政局黄副局长说。

“人造”弃婴

“生一个女儿，只是生儿子过程中的一个意外，如果能用孩子抵罚款，他们也不会反对。”

和杨水英女儿年龄相仿的女婴，福利院现在只剩下古城茜和古城晴。“当时不光是蕉溪镇往福利院送孩子，全县12个乡镇都在送，每个乡镇每年都要送两三个。”石光应回忆道。

2009年4月21日下午，古城晴在福利院的院子里游荡，乍看上去她和同龄的女孩并无异常。她细小的雀斑挤满了散兵坑一样的眼窝，眼神湿漉漉的能把整个世界融化了。她喊每一个碰到的男性“爸爸”。她的爸爸在哪里呢？

2004年的时候，曾经有一个蕉溪镇的父亲来福利院抢过自己的女儿。他先打探到暂养自己女儿的保姆处（每个月福利院给这些保姆支付500元钱），和保姆处熟之后，开始央求保姆允许他抱一抱孩子。刚开始，他每过几天来找保姆一次，看看女儿。有天，他突然抱起孩子就跑。

“四五个保姆马上围了过来，把孩子抢了回来。”福利院工作人员夏宇回忆道。

但并不是所有的父亲都会去福利院冒险。“我们这边，父母对于女儿的感情并不像外界想象的那么亲。”贵州省镇远县蕉溪镇田溪村阳坝组的张扬说。他大专毕业，是村里的文化人。“在许多家庭看来，生一个女儿，只是生儿子过程中的一个意外，并且这个意外会导致他们被政府罚款，所以如果能用孩子抵罚款，他们也不会反对。”

在前往蕉溪镇木溪村的山路口灌木丛里，摆放着几块一尺见方的“指路碑”，给来往的路人指路，除“上走镇远下走蕉溪”的指路文外，上面还写有“信士某某为子某某祈福，愿长命富贵，易养成人”的字样。据当地人说，这是贵州的风俗，家里人会在路口立碑指路积德，为儿子祈福。但没有一块指路碑是给女孩的。

事实上，在把女儿抱到福利院之后，杨水英陆显德夫妇从没有去福利院探望过。“偶尔会梦到女儿喊妈妈抱，但我看不清她的模样。”杨水英说。

“不去找自己的女儿，一方面是怕罚款，另一方面是因为当地重男轻女的思想。”张扬说。

收养法第四条规定，只有丧失父母的孤儿，查找不到生父母的弃婴和儿童，生父母有特殊困难无力抚养的子女（均须未满14周岁），才可以被收养。这是镇远福利院把陆显德的亲生女儿变成“陆显德捡到的女婴”的原因。

但南方周末记者了解到，前文提到的80个女婴的父母或者亲人中，至少有一部分，参与了把她们变成弃婴的过程。

镇远县福利院收养女婴登记册中，编号44、被蕉溪镇田溪村烂桥组李代武捡到的古城雯，实际上是李代武弟弟李泽吉的四女儿，生于2004年3月18日。她出生两天后，李泽吉就把女儿交给哥哥李代武照看。因为担心罚款，他赶紧带着妻子到浙江余姚打工。

4月20日，蕉溪镇副镇长田荣宝带工作组路过李代武家，听到婴儿哭，就问婴儿是哪来的。李代武的妻子唐碧珍担心说是弟弟生的会罚款，便撒谎说，是自己打鱼时在河边捡的。田副镇长就说，你不具备收养条件，捡到孩子必须交给福利院。于是当天下午孩子就被抱走了。

显而易见的是，正是陆显德和李泽吉们"不愿"或者"不敢"到镇远福利院寻找自己的女儿，才让福利院顺利地把这些"人造弃婴"送到了国外。

"其实那些声称是自己捡的孩子，我们都知道是他们的亲戚朋友自己生的。"石光应说。

但在此后长达两年的时间里，李泽吉从未到福利院去探望过自己的女儿。"我怕见了，他们找我要罚款。"李泽吉说。

木溪村天堂组的罗幸斌，也把刚出生的女儿交给妹妹养，结果遭遇和李泽吉一模一样。

李家对这一事件唯一的"报复"，来自李泽吉11岁的侄子李国民。2005年的时候，田荣宝乘李国民的船过河，被李国民晃到了河里，附近的人都看到了。

"我亲眼看到他把我妹妹抱走了。我恨他。"李国民告诉南方周末。

但在成年人中，南方周末记者感觉到一种对于女婴的普遍冷漠。田溪村前村长杨秀波说，农村重男轻女，主要是因为经济原因。"那家如果全是女儿，农活根本就干不了。"

在陆显德家，现在寻找女儿的动力也主要来自妻子杨水英。4月17日晚，陆显德告诉南方周末记者，即使现在找到了女儿，他也不愿意再领回来。

妈妈，我是不是这些中国女人生的？

只有某些生来铭刻于基因里的东西，偶尔显现。

杨水英觉得，她的女儿应该已经在国外了，并因此给镇远福利院换回了3000美元。而美国费城的收养母亲、外科医生Windy，也在试图找出她的养女古城慧的亲生母亲。

"我们当时给镇远福利院交了3000美元。" Windy说，她依然保存着当年的收据。

福利院副院长姚福建承认，78个孩子，每个都收取了领养者3000美元的"抚养费"。以2005年美元兑人民币的汇率计算，总计190万元人民币。

“这3000美元，是领养者付给我们的抚养费、医疗费等等，我们也都花在了婴儿身上。有一个女婴心脏有问题，我们看病就花了好几万。”福利院退休院长肖培炎说。

民政部《外国人在中华人民共和国收养子女登记办法》中，并无中国福利机构向外国收养者收取“抚养费”一说，只是在第15条提出：“国家鼓励外国收养人、外国收养组织向社会福利机构捐赠。受赠的社会福利机构必须将捐赠财物全部用于改善所抚养的弃婴和儿童的养育条件，不得挪作他用。”

作为对关注中国孤儿的国际援助组织要求的回应，中国的国际收养制度始于1992年。这看上去是一项多赢的举措，外国家庭、中国的社会保障体系以及中国孤儿们都从中获益。通行的惯例是，福利院向每个外国收养家庭收取3000美元的“捐助”。这是否“激励”了福利院工作人员“有意促成”更多的国际收养？这项惯例为福利院带来了总共多少收益？目前，并没有明确的国际收养统计数字。

在从美国一些中介了解到镇远福利院曾经把有父母的孩子送养到国外后，Windy开始感到忐忑。种种迹象让Windy开始怀疑自己的养女是否是真正的弃婴。两年前，Windy开始尝试寻找古城慧的亲生父母。

“如果我的女儿实际上是被某些福利系统人员‘制造’出来的，我会最大限度地找到她原来的家人，这有利于她的成长，并且我会和原家庭分享女儿的生活，比如寄照片、通信，或者每年假期时安排女儿探视他们一次。”Windy说。

“对于从中国收养孩子过程中可能的违法行为，美国普通民众完全没有意识。”Windy说，如果不是偶然在网上看到有关镇远福利院涉嫌“制造弃婴”的信息，她也至今一无所知。事实上，在美国和其他西方国家，存在有宗教背景的组织，它们成员众多，经济来源充足。对于从中国等第三世界国家收养孩子的政策，这些组织常常表达这样一种观点：为了“拯救孩子”，应该忽略收养计划中的任何非法性。

但Windy并不这样认为，她坚持找出自己是否“牵涉进了违法”。她整理了自己女儿的资料，还搜集了美国多个收养家庭的信息，连同照片一并发给了中国方面。但至今没有辨认出自己孩子的亲生父母出现。

6年前那些当事人的遗忘，已经是杨水英找到女儿，抑或Windy找到养女亲生父母的最大障碍。

2009年4月21日，南方周末记者依据镇远福利院的记录，找到当初捡到古城慧的羊坪镇社会事务办，工作人员称，已经不记得此事了。

幸运的是，古城慧——她已经很久不用这个名字了，据Windy说，现在在美国很快乐。6岁的她喜欢游泳，喜欢体操，和她的美国哥哥关系也很好。Windy曾经尝试让她接触一些中国的东西，比如学汉语、包饺子，但她兴趣不大。

只有某些生来铭刻于基因里的东西，偶尔显现。有两次，当偶然看到黑头发圆脸庞的亚洲女性时，Windy的养女——曾经的古城慧、可能的人造弃婴之一，突然问Windy：“妈妈，我是她们生的吗？”

附

最“丧心病狂”的一次采访

□杨继斌　口述　□陈军吉　采访整理

这篇报道源自一封举报信。写信的人叫张扬，贵州镇远县人，是个考学出去的大专生，现在在广东中山工作。他的侄女被计生干部从镇远蕉溪镇田溪村的亲生父母家抱走，送到了镇远县福利院。看到信，编辑曹筠武就叫我去看看。

我到了贵阳，和事先约好的两个贵阳晚报的记者碰了头，搭他们的车一起去镇远。

我们先去镇远田溪村，找张扬举报信里提到的亲属陆显德。田溪村距县城直线距离不到30公里，但在山里，路很难走。我们三个人坐车坐了两个多小时，又爬了一个多小时山，才到了山顶的陆家。

陆家基本上是赤贫，什么都没有，除去被抱走的女婴，家里还有三女一男。进门的时候，陆家十一二岁的大女儿在灶前烧火，母亲在做饭。七岁多的儿子在玩一个手电筒。其他两个孩子我没见到。村子里的情况也很让人绝望：贫困、偏僻，好多人一辈子没到过县城，生活在跟我们日常经验世界完全不同的一个时空。

“弃婴”路线图

当时是周六。通过跟陆显德夫妻聊，还原出了当年孩子被抱走的整个经过，并打听到参与这个事件的几个计生干部。我们又走访了几个孩子被抱到福利院的家庭，下午便去找其中的一个计生干部——家住李树坳村的镇干部石光应。他当年是镇计生股股长，现在已经没有管计生了。

我们花了十五六块钱，买了一个西瓜拎去。我说我是陆家外地的亲戚，他们托我回来找小女孩。我们愿意交罚款把女孩赎回来，不行的话，我们就想知道她的下落。如果孩子有比较好的去处，我们也就放弃了。

一个西瓜，打消了他对我的怀疑。在石光应家聊了大概两小时，核实了当天是他们把孩子抱走的，他们也知道这些孩子是从亲生父母身边抱走的；证实了因为计划生育，全县12个乡镇当年都往福利院抱孩子。但石光应告诉我，陆家这个孩子具体有没有到国外，他不能确定。

石光应并不觉得自己做错了什么，这让我们非常气愤，想把西瓜抱走。后来没有，是因为还要爬山路，山里刚下过雨又塌方，某些路段不比汶川地震后到映秀的那条路好走，抱个西瓜回去很辛苦。

周日上午，我们去镇远福利院，还是以家属的身份去的。福利院非常破烂，周末没人上班，我们只见到了雷阿姨，她在福利院做了10年保姆，人很善良，听说我们是找孩子的就非常热心。她向我们核实，有四十多个孩子因为计划生育被抱到了福利院，还提到一个非常关键的事实：先后有10个左右的孩子死在福利院。她说，其他孩子全被卖到国外去了。要不你们明天过来，我帮你们查查这些孩子的去处。

从雷阿姨那里还了解到，当年福利院的院长叫肖培炎，退休后住在县城东边一个水坝旁。她建议我们去找他打听。

下午我们又买了十几块钱的橘子和苹果，拎着去找肖培炎——打算还是按照老办法，说自己是家属。但走到半路，突然想到：雷阿姨没有太多社会经验，她会相信我们，但肖培炎毕竟当过院长，如果现在找他，他可能会识穿我们的身份，这样周一去福利院查资料的计划就会落空。

我们决定等去福利院查完资料再说。

周一上午9点，在福利院，我们见到了当年的登记表。登记表一共6页，每页密密麻麻，记录了80个女婴、5个男婴的资料。男婴不在我们这次调查之列，他们全部被卖到了国内。80个女婴，除了眼睛有问题的古城茜和弱智的古城晴，都到了国外。

雷阿姨很相信我们，已经帮我们跟管事的副院长姚福建说了很多好话。姚福建当时并没有怀疑我们。我们从他那里核实到：第一，院方是知情的，知道孩子是因为计划生育抱来的，不是真正的弃婴或孤儿；第二，80个孩子中78个被送去了国外，每个收了3000美元抚养费。78个孩子，按当年的汇率算就是190万元人民币，对他们来说是一笔不薄的收入了。后来对一些数据我们可能表现出了过分的热情，他开始有一些警觉。

下午，我们去找福利院当年的院长肖培炎。很奇怪的是，肖培炎很年轻，只有56岁。2006年，才53岁的他就提前退休了。我们怀疑这跟那190万元有关系。

“故伎”重施，我们带着头一天买的水果去肖家，说我们是陆家的家属。肖培炎赶集去了，只有他儿子在。他儿子是县上的一个公务员，一去就开始怀疑我们。中午12时30分到肖家，等了两个小时肖培炎才回来。

问肖培炎我们要找的这个小女孩的所有情况，他都说忘记了。再问古城茜到底从哪儿来的（因为十多年里福利院就这一个眼睛有问题的孩子），他也说不记得了。他只核实了两个情况：一些孩子因为计划生育被抱进来，这个属实。3000美元属实。但他说，钱基本上都给孩子看病了。我们没有得到太多想要的东西。

那时候，我相信他已经有五成的把握断定我们是记者了——后来得知，在我们见到他之前，他已经给福利院副院长姚福建打过一个电话。

通过前面的走访，当年孩子怎么被送走的基本线路已经绘制出来了。

背后那个人是谁？

实际上，这些女婴并没有从父母那里得到特别的关爱，她们的悲剧命运是在这里。比如说，田溪村村民李泽吉超生的女儿被抱走了，其嫂唐碧珍居然在长达一年半的时间里都没有告诉在外地的李泽吉，尽管李泽吉经常打电话回家。2006年春节李泽吉回家过年才知道。当地对女婴的漠视，由此可见一斑。所以当她们被抱走时，并没有出现太多让人揪心的场面。

我们走访几个家庭，被抱走的孩子都是第四或第五胎，一般会罚一万多元。计生罚款的数额是，第一次超生，3000～5000元；第二次，5000～8000元；第三次，8000～1.4万元；第四次，1.4万～1.8万元；第五次，1.5万～2万元。罚款大概就在这些区间内浮动，具体数额要看跟计生干部关系的好坏。

从肖培炎家出来，我们去了当地计划生育管理局和民政局。张扬给镇远县纪委也写过举报信，因此，当我把情况介绍给镇远县计生局纪检组组长唐剑后，他说："你获得的情况完全属实。"这就是他的第一句话。然后他说，原因他们内部也分析过，是因为那几年计生的指标设得非常高。2004年，镇远县的计生工作在贵州排最末，遭到省领导批评，于是镇远从2004年下半年开始狠抓，2005年就上来了。也正是在2004、2005年，全县非正常地出现了大量"弃婴"。

唐剑当时正在写有关的调查报告。见到他时，他们的调查刚刚结束——跟我们的完全一致。他说，相信县里面会严肃处理，这已经不只是违纪，是很严重的刑事犯罪。

民政局主要领导已经换届，现在的领导声称对当年情况不太了解，但他们也适度地表达了"惊愕"和"难以置信"，表示"这样的情况是绝对不允许的"。他们说，只有三种孩子可以进福利院：孤儿、弃婴、父母丧失抚养能力的孩子。

能把县福利院和全县12个乡镇动员起来，把78个女婴送到国外，背后必然有一个更大的人物来协调。只有某个负责计划生育的县领导，才有这么强大的动员能力。但采访到写作只有4天，具体是谁，我没能查出来。我估计县里会有一个文件来协调，不管是公开的还是半公开的。

贵阳晚报当时和我们说好同时发稿子，可是后来改变主意，想抢在我们前面发。不过因为事情太复杂敏感，他们也没有发成。

后来我还去了镇远羊坪镇。78个被送往国外的女婴中，有一个被美国人Windy收养，孩子就来自羊坪。（国外一个叫Search China的组织，已经做了很久中国贩婴到国外的调查。Windy意外得知这一信息后，开始怀疑自己的养女也是这样到美国的。她通过懂汉语的朋友发现了张扬的博客——一年多来，张扬一直在他的博客上发文寻找自己的侄女——联系上了张扬。通过张扬，我们联系上了Windy。）

羊坪社会事务办的人告诉我，"不记得"曾经送过孩子了。尽管他们在三个多月里，曾经送过3个孩子到镇远县福利院。

到村子里转了之后，我给编辑打电话，说这是我有史以来最莫名其妙、最"丧心病狂"的一个采访。如果我们的调查和报道是有力的，最终可能的结果，就是把一个现在已经是美国或比利时小姑娘的孩子，变回一个贵州村妇。

采访的时候，贵州正好传出习水官员嫖宿幼女事件。有个熟悉的记者朋友去那边采访，回来给我说，那里的情景真的是触目惊心，跟《索多玛120天》一样：官员吃完饭，相约去嫖幼女。后来我想，这些孩子出去真的挺好的，不然过五六年，她们可能就会出现在夜总会的橱窗里，谁知道呢？

现在想起来，我反而觉得福利院做了一件善事。

果敢：只需要两发子弹

□陈　江（南方周末新闻板块）

一

也正是我被催促要写这篇稿子的那段时间，接到了一位云南朋友打来的电话。寒暄了一番后，说他和四五个朋友打算到果敢去。“干什么去？”我随口一问。“上山打游击。”朋友答得轻快。

认识他是在2009年8月份的时候了。缘由是当时缅甸政府军集结了数万部队征讨紧邻中国边境的该国掸邦第一特区（果敢），这是一个武装自治地区，华人军阀控制，就是以前的金三角北部。双方密集交火，难民如潮。那是最近20年来罕有的发生于中国边境的军事冲突，我和同事王铁庶前去报道。

我的这位云南朋友是边境上一位年轻向导，20岁不到的样子，戴着墨镜，装扮上很像他的偶像刘德华，对丛林很熟悉。当时他的任务就是带领我这个没有正式过关手续的人偷越犬牙交错的各方控制线，前往对面的缅甸果敢地区首府老街。在那个时候，国境线对面的巷战惨况使得没人愿意干这种活，这个青年是我能找到的唯一一个，鉴于这是个刀口舔血的工

“只要不死，你就是南方周末历史上第一个战地记者了。”

作，自然，价格不菲。

接完电话，我的第一个印象是，这个年轻人有点冲动。这并不是一场你的战争，为何一定要置身其中呢？他说他无法认同国境对面的同胞被异族人统治，发誓要夺回尊严，等等。我有点为他担心，在战争里，如果你死了，你就是死了，满身弹孔，碎肉飞溅，很可能还会满嘴蛆虫，短时间内你的一切都会腐烂，包括你的尊严。回想2009年8月份的战斗以及直至现在的游击战，其主旨不过是对缅北某一块地盘的控制以及由此而引来的仇恨，不同的是之前那里的统治者是毒枭、赌王，而现在变成了缅甸军政府。

对于他的决定，我深有些不以为然。战争是个很真实的悲剧，在我们所生存的东亚大陆上，战争之血腥残酷在近百年来早已展现得无以复加，如果翻看历史，军民一体格杀甚至自种屠杀也是司空见惯的，而用道德去评判这些战争有时候会显得荒谬，直至今日某些仇恨仍然缠绕在地缘政治之中。现在日历终于翻入21世纪，在这个资讯如此快捷丰富的年头，我不认为还有任何理由值得人类再次互相杀戮。我问他，你的父母、老婆、女友或是情人会怎样？在留给他们无尽的伤痛之后，你还能带来什么?——你应该不是孑然一身吧。

电话的最后，我建议他不要去，他说去意已决，只是打个电话告别而已。

二

回头去写2009年8月的事情，真是一件困难的工作，而且是在你不能用“在很久很久之前……”这样的句式的情况下。

半年多前的那场战争，与如今的丛林游击战是完全不同的。当时发生在果敢的是正规军之间的战争，随着战争方式从阵地战向丛林战直至巷战的转变，战争的天平最终倾向于人多势众的政府军一方。由于内部的临阵倒戈，在派上大量的十几岁的少年之后，果敢自治武装最终走向了败亡，人们最后一次看到果敢王彭家声，是在靠近中国边境的杨龙寨后山，同盟军与政府军的最后一场较量中。该战斗以彭失败告终，山上留下许多尸体后，一代枭雄彭家声就此下落不明。

就在战斗打响之前的几天，果敢特区的老街市长彭家荣还站在通往中国的特区关口前，劝说人们不要走，这位特区主席的弟弟嘶哑着用四川话喊道：“放心吧，不会打仗，都已经谈妥了。”作为招商引资的成果，中国商人以及赌客是整个特区财政的源泉，毫无疑问，这些人的离开将提前宣告特区的死亡，使得接下来的战斗变得毫无意义。确实，你在捍卫什么呢？一座空城吗？

2004年，我曾经到过老街，当地和平安宁的景象让你无法将其和毒品王国联系在一起，由于军阀的有效治理，这里的犯罪率被控制在极低的水准，因为人人都知道此处的最高刑期只有6年，除了偷东西要砍手外就只有死刑，也就是说，死刑的门槛非常低。对那些饥不择食、慌不择路的罪犯而言，这意味着，在失去手之后，你的脚或是别的身体部位都不能再次帮你脱罪，子弹接管了后面的事情，简化了劳什子的法律……这可能是很多正常国家都无法做到的，你只能惊叹这是片更为神奇的土地了。而如今，曾经的平静已经荡然无存，你来我往的巷战在城市里打响，听着前方数百米外传来的各种武器的鸣叫，我终于发现，其实战争从来都没有走远，这里还是金三角。

关于金三角，想要完全说清是个很麻烦的事情，这实在是个太长的故事，如果这本《后台》完全让给我写，或许也要出两本才够。概括地说，在英国人和日本人离开后，几十年里，这里就像个战国乱世，天下被有枪者据之而分成若干个武力自治区块。如果你还能用Google，有关这个地区的历史是很容易得到的，因此不再赘述了。对于如今的战争，自从2005年缅甸军政府宣布向北迁都彬马纳以来，该国北方军阀就已经开始着手准备，因此打的并不是无准备之仗。毫无疑问，每个军阀都看得很清楚，抛开美国的威胁以及昂山素姬的因素不谈，哪怕是为了控制北方名义上的领土，由军人组成的缅甸中央政府也要在所谓的民主大选之前给自己增加筹码（比如领土的回归与实控），同时遏制少数民族武装政权的声势。

在缅甸这个拥有5000万人口、130余个民族的国家，由于军人当权，长年战乱，该国多数少数民族都拥有自己的武装，中央政府的管制还停留在分封朝贡状态（请别不相信），尤其是该国北部金三角地区，多支武装力量都是要人有人、要枪有枪、要钱有钱，长期致力于与军政府达成武力的恐怖平衡，而果敢就是这些武装中实力最为弱小的一支。但就是这样，这里的对决也并不含糊，不论是缅军还是同盟军，尸山血海并不是谁的专利。

我们的采访就是从这样的背景下开始的。

三

8月24日，战争开打。可能有人觉得这节奏也太快了，说打就打了。事实上，战争，尤其是亚洲的战争，往往推崇出其不意，以快打慢。先下战书，双方摆好了阵势你来我往互相逗弄的，那一般会出现在中国的足球界。

交火开始之后，中国国门随即关闭，一切交通都被禁绝，有果敢方面的难民在关口痛哭，在放下所有的辎重后被允许只身走入中国，这就是战争开始时的状况。

几日之内，中国方面的小镇南伞拥入了几乎所有果敢居民，当地政府虽然发出警告不得随意涨价，但是家庭旅馆的价格已经从20元炒到500元一天，还需要房贩子才能订到，大量烂尾楼、在建楼都住满了难民，矿泉水已经贵到20元每瓶。军队代替警察直接管制难民营，边陲小城如临大敌。

此刻前往果敢的路途都被封闭，巷战已经开打，交战的同盟军和缅军都默认了这样一个规则：不要过于靠近中国边境。可紧邻的国境并不是那么保险的，地图上红红绿绿的粗线在这里具化为一条窄窄的小街，激烈的巷战难以避免地波及中方一侧，而在之前的炮击中，一名中国边防武警已经死于迫击炮的误炸，边防的封锁变得更为严格了。

谈到我们的采访，当“榨干”了城内的难民资源后，我们只有两种选择，一是原地采访，二是偷渡过境。从我自己的经验来看，所谓原地采访估计是什么也采访不到的，因为没人知道对面现在怎么样了。这就如你去了伊拉克，却只是在巴格达郊外自由市场逛了一圈，问了一下青菜的价格以及买菜阿婆情绪是不是稳定，那就等于白来了。而如果偷渡过境，也是有风险的，首先是自身的安全，一发7.62毫米步枪弹就可以让我永远沉默，另外，如果去了却不能及时回来（向导只管送），稿子怎么发回来？

“如果你没法阻止战争，那就把战争的真相告诉世界”，这句话听上去很有力量，也确实是记者们的法典，但之后还是有很多现实问题需要考虑。我打电话和后方的编辑曹筠武商量了一下，他说这事太危险，安全上没保障，他做不了主，要和领导先商量一下。下午，编委邓科的电话来了，问我危险不危险。最终商量的结果是，先尝试过去，如果遇到危险就放弃，立即撤回。“只要不死，你就是南方周末历史上第一个战地记者了。”他说。我说，要是“杯具”了，你得追认我一个高级记者职称啊。他只是笑。

显然，这事连他也做不了主。

四

回想起来，在丛林中穿梭，有两个很重要的问题是需要特别注意的——杂草和日晒。这是我自己后来总结的。如果你有天突然回到了侏罗纪的原始草原，这经验可能会对你有用。

在东南亚丛林地区，2米左右高的大片杂草很常见，相对于人类柔弱的皮肤，这些杂草的边缘异常锋利，甚至有些品种的叶缘还会长出锯齿，当你穿梭其间，它们就像无数的刀锋掠过你的身体，很快你就会血迹斑斑，这个速度和你奔跑的速度成正比，所以短裤T恤是万万不能穿的。除非你想像我这样出点血，再招来一群的苍蝇。日晒也是个老问题了，这里的阳光令所有的防晒霜都失去作用，而且大量出汗的后果不是脱水就是晕厥，这在个人顾个人的丛林里是很危险的。小时候看到爱国电影里日本太君们奇异的帽子，都觉得难看无比，现在却发现那是日本陆军对付日晒最为聪明的设计。

我跟随向导在东南亚的丛林里跑跑停停了大约6公里，因为整个区域密布着中国边防武警、果敢同盟军、缅政府军、缅军敢死队、佤联军等多支武装力量，前进路线只能采取迂回方式，我后来想，在突如其来的遭遇下，可能并不是每个士兵都能淡定以对，因为战争状态下，首先开枪毙敌看起来是个不错的主意。

向导安慰我说，如果碰到中国边防武警，其实不用担心，因为只是会被罚站晒太阳，背诵边境管理条例；同盟军和佤联军也还好，因为大多都会说汉语，所谓果敢人其实就是汉人，只是缅甸政府规定用这个称呼而已；但如果遇到了“老缅”，可能就要自求多福了。“尽量不要做出激怒他们的举动，他们挺恨咱们的。尤其是你们记者。”他说。我心中哀叹，看来每个集中力量办大事的国家都不喜欢记者这号人呢。

这个偷渡团一共有4个人，向导兄弟二人，我，还有一个人身份不明，攀谈后知道他是广东人，至于在这边做什么，他没说，我也没再问。路上，向导兄弟快速地穿行于丛林之间，我很惊奇，这里根本是没有路的，前后左右都是草，他们又是怎样判断方向的呢？只是我也没有时间细想，因为想跟上他们的脚步就只能时刻盯着前面人的脚印，丝毫不能放松，一旦慢了两步，前方的草将彻底令你迷失方向。地雷也是需要担心的因素之一。说来令人奇怪，危机四伏的处境下，我竟莫名其妙地想到了之前看过的一部美国电影，说是一个机器把一家人变小，在自家的花园里迷了路并和超大个老鼠、青蛙等怪兽战斗的故事。我很想问问他们看过没有，可估计他们没这个心情理我吧。

就这样，我们4个人毫无声息地快速穿越着这片好似永远没有尽头的杂草。

五

我们运气不错。在路上，遇到的几次危险都被向导兄弟化解了。由于在草丛中人们只能听到附近人的动静，却没办法准确判断远近和方向，这时候就需要所有人趴在地上（怕对方紧张扫射），向导会趴着向对方喊话，表明自己没有敌意，之后便是各行各路。有些时候你并不知道对面的守军是谁，对方也不知道你来自何方，这时候交换情报是很重要的，对方会告诉你前面是不是能走，现在是哪一方在控制（战争的形势变化很快）。

这个偷渡团最危险的状况出现在即将接近果敢公路的时候。当我们急切地想闯出这片草地时，突然听到了拉枪栓的声音，向导马上打手势让我们都蹲在草丛里，接着公路上传来了一个快速且无法听懂的人声，他好像也很紧张地在说着什么。僵持了一段时间，向导兄弟二人举手出去，我听到他们快速交谈着我完全听不懂的话，但对话的腔调很不和谐。身旁的广东人躺在草丛里，大汗淋漓地急促喘息着，嘴里不停嘟囔着“丢老母、丢老母”，过了一会他打开手包，竟从一沓沓钱里摸出了一把手枪，他看了我一眼。我赶忙轻轻按住了他的枪，冲他摇头。私意以为，如果现在对方从我们其中任何一个人身上看到枪，这个事情就必定不能善罢，甚至有可能一时紧张擦枪走火。

向导很快喊我们出去。我让广东人把枪关了保险藏在我的电脑包里（里面有很多夹层口袋），尽量装作若无其事地举手走了出来。对方是4个人，都是20岁上下，身材并不高，手里有枪。他们紧张地看着我们，我也紧张地看着他们，我发现向导使劲跟我使眼色，我很快明白了，经过允许后从口袋里把过境前准备的两包中华烟拿了出来，给每人发了一根。“我们老家是南京的，行个方便吧。”向导笑着说（果敢人是当年跟随南明皇帝南逃的汉人，因此都自称是南京府人士）。他看了一下我的包：“不是毒品吧？”“毒品都往外面带，谁还带回来啊。”我笑着说。显然是香烟拉近了距离，他们和我们有一句没一句地聊着。

“守在这好多天了，仗都打起来了，也没人通知我该怎么做，等待战斗还不如让我去跟老缅干呢，等着的时候真的特别害怕。”一个年轻人承认自己很紧张，“实在不行明天我就往中国方向跑，都说脱了衣服缴了枪，中国就管饭，一个祖宗嘛，都是中国人。我在浙江还有亲戚。”他安慰自己说。

这个故事说明了，比战争更可怕的是等待战争，因为你实在不知道哪一天小便时，对面冲过来的是战友还是杀人狂魔。

六

很快，在即将进入老街城区的地方，向导示意自己已经送到了位置，再不能往前走了。前面太危险，他们不想玩命，而且还要趁着天黑前赶回南伞。我和他们结算了报酬，看着他们又没入了草丛中。

广东人很讲义气，他说和我算是共过患难，如果信得过，我晚上可以到他的地方住，吃饭睡觉都不成问题。我自然求之不得（他的枪还在我包里）。一路上我们说了很多关于广东最近的消息，他说自己很久没有回家乡了，很想回去看看，我趁机问他在这边是搞什么的。“赌场。”他神态自若地说。

出乎我意料，他是果敢地区一家大型赌场的老板，之前打仗他逃到了国内，这几天巷战开始后不放心自己的赌场，才偷偷跑回来想照看一下。“听说是白司令的部队在打老彭的部队，都是熟人，我回来也能有个照应。”他说。

随后，穿过诸多小路，靠着熟悉地形的广东人带领，我和他迂回穿梭在果敢城区的边缘，谨慎地向赌场地区靠近，不少街口的地上堆满了子弹壳，街面上弹孔密布，标注了这里的战况曾经格外激烈。在另一些路口，路障仍然保持原样，既没有弹孔也没有弹壳，显然是仓促之间被放弃的阵地，这显示此处的战斗已经因一方的溃退而转入市区。

终于，我们来到了广东人的赌场，由于害怕吸引火力，赌场不敢开灯照明，但即便从黑暗处观察，这家赌场也算是设施豪华。“以前赌客们在这里一住半年，不用出赌场，什么都有，你想得到的什么都有。川菜、粤菜、毒品、女人……可现在呢？宁做太平犬，不做乱世人啊。”他有些怅然。

保安队带来了最近的战况，白司令白所成（本是果敢地区的军队副司令）在此次战斗中一开始便反戈一击，放弃了主要隘口突出部的防守，引领缅甸政府军突入果敢地区，打跑了特区主席果敢王彭家声，这是令所有人始料未及的。“几个月前在开会研究的时候，白司令还信誓旦旦地要和老缅干到底，和很多人都说过，这回要不是他的部队叛变，老缅根本打不进来，他守的那个地方易守难攻。”一位接触军方高层的消息人士告诉我，“听说是老彭要传位给自己的儿子，老白一看当不了主席，不干了，就反了。”

“看老缅兵的装备破得，枪托都快掉下来了，调国内一个团过来能把它整个师都吃了。”一名不知出处的赌客很不服气地说。他的同伴附和着：“还用一个团吗，一个加强营加一个炮连就够了。”接着他们沉默起来，显然，中国方面完全没有想这么做的迹象。“算了，洗洗睡吧，不死的话都回国吧，这地方不能待了。”

赌客们一哄而散之后，广东人从保险柜里拿出了一把克虏伯手枪，递给我：“在这里，出了事解决不了，第一枪朝天示警，还不行就开枪射击吧，现在是乱世，得用这个。”

事实上，我很疑惑：既然是防身，为何只能打两枪呢？我直接问了他。“呵，要是两发子弹都解决不了的事，你多少发都没用啊，能打两发就算手快了，之后就没机会了。”他说。

七

20年前，缅共各军分区声明脱离共产党自立门户后，以彭家声为首的缅北地区各武装派别纷纷与缅甸中央政府签署和平协议，承认缅方的领土主权，缅方则同意各地施行自治，自行发展经济。这项协议在2009年8月到期。这就是如今这场战争的引信。

对于缅甸中央政府来说，此次战争是收回国土的“正义之战”；而对于地方少数民族武装来说，却是希望维持现状，安享经济成果（当地人普遍不相信老缅会搞经济）的“正义之战”，双方矛盾因此难以调和。

就缅北以及东南亚的地区局势来说，果敢早就位列必然要诉诸武力的地区之首。相比于能征善战的左邻克钦邦、枪好人多的右邻佤联军来说，果敢同盟军的地盘不小，却武力薄弱，千把人的队伍仅够维持日常治安，常年依靠特区主席彭家声在缅甸抗日英雄的威望以及中缅两国的动态平衡而自立，缅甸政府军此次选择首先向果敢下手，也有向各武装派别示威之意。

20年来，东南亚以及金三角局势甚至是国际局势都发生了彻底的变革，中国放弃输出革命转而发展经济，对石油的渴求令中国不得不考虑更多国际因素的制衡。自缅甸孟加拉湾上岸，穿越整个缅甸的中缅输油管线成为一条“生命线”，加之缅甸地理位置的重要性（控制马六甲海峡即海上输油路线），中国与缅甸外交处于一种“互利互惠”的平衡状态，而金三角成为国家之间绕不开的筹码。这一次，中国没有出面。

激烈的交火持续了将近一个星期。终于，8月底的一天，天刚刚亮，上千缅甸政府军敢死队就出现在街巷中，他们持枪巡视，严阵以待，四处抢占重要建筑。至此，果敢特区的华人们终于意识到，曾经歌舞升平的日子结束了。这个曾为之打拼、建设了10余年的经济自由王国，终于被缅甸军政府所掌控，特区的前景一时间变得迷雾重重而无法预料。

这一天终于来了。

八

现在回头看，在我不长的采访时间中，我更多地接触到了战争中的平民，而其权重远远高于最终占领这里的军人，我觉得这从新闻专业主义的角度来说不能不说是个缺陷。能够自我安慰的是，这也因而达到了一个如此的效果，即我必须努力例证一场战争对于一个人来说到底意味着什么。

如今我把一些当时采访到的人的故事摘录在这里，也许能够帮助你不用再花很长时间重新阅读我冗长纷乱的稿件，就能找到一个合情合理的答案。

湖南籍的出租车司机赵康当时还在听公路上巡回宣传车的“安民广播”，心里合计着是不是应该回国时，突然发现宣传车的司机竟弃车而逃，抬头一看“对面的缅军士兵敢死队冲上来了”。赵康赶快举手做投降状，嘴里喊着“OK！ OK！”一个缅军士兵瞪了他一眼跑了过去。这位曾经的野战军坦克手不敢轻举妄动，他老婆刚给他生了一个儿子，他可不能在这挨枪子儿。

…………

战事升级后，边民生活在恐惧之中。当真切的枪炮与死亡发生在自己的身边，中缅边境两侧都被恐惧笼罩。蜂拥到中国边界处的逃难车辆最多时曾经排成长达10公里的长龙，数千辆汽车最后被弃置在公路上，人们纷纷徒步亡命。中国边境一侧成了这些华人、果敢人最终的目的地，有些人见到中国军队便痛哭不已。

…………

8月28日，还未来得及离开果敢的四川姑娘秦秀清成了最新一个牺牲品。一颗子弹穿过玻璃命中了躲在房间中的她，这位两个孩子的母亲在挣扎了几下后，因肩膀中弹而失血过多，死在前往医院的路上，成为这场武装冲突中首位在果敢境内死亡的中国公民。

…………

19岁的果敢族士兵宗连贵笃信佛教，上战场前经常到果敢大庙拜观音，他觉得这是他能幸存的原因之一。他记得自己打光了手里的4个弹夹后就被打散，周围的兄弟一个个都被打死，他杀红了眼不知怎么竟冲了出来，没吃没喝的他走投无路，但依稀记得南伞这边舅舅的地址，就趁黑丢掉武器，脱下军装前来投靠。“我再也不想打仗了，为了什么呢？我的弟兄们都死了，我的亲人很多都在中国，我不想再回去了。”他说。

“中国改革第一村”的主角

□**潘晓凌**（南方周末新闻板块）

对小岗村已故村官沈浩的报道，是一次“规定动作”，“规定动作”之外自然有更广阔的视域，这也是这篇小岗村手记在新闻纸外，于《后台》（三）里与读者见面的原因。

出发前，我特地搜集了此前关于沈浩的相关报道，发现这位明星村官生前的曝光率其实很一般。他在媒体上的密集出现，主要集中于两个时间段：一是2006年，沈浩作为安徽省财政厅下派干部，在小岗村三年任期行将结束时，被近百名小岗村村民摁手印挽留；二是2009年猝死。

其余“档期”，所有关于小岗村的新闻报道与书籍，采写的主角始终是严宏昌与严俊昌这两位30年前带头摁下手印的老大哥，话题也始终围绕着小岗村30年前在中国土地改革史中的惊鸿一瞥，及过去30年这座“中国改革第一村”的发展状况。

在沈浩的宿舍里，我注意到贴在他床头边上的通信录，排在一、二位的严宏昌、严俊昌被两条红色粗线标注出来。向村干部打听后才知道，这些年来小岗采访的媒体络绎不绝，他们一来通常就找村支书要大

这些进出过中南海的农民平时说话口气都牛气十足，其中一位的儿子工作被调动，老子立马就找上村委会：“我儿子工作调动的事情，总书记可知道？”

包干带头人的电话，沈浩都会一一告诉他们，还亲自引路上门，待双方见了面，很快独自离去。

这二位及各自紧随其后的其余15名大包干带头人，才是小岗村自1979年后始终无可替代的主角与中心。

30年间，小岗村之外的中国，沧海转眼成桑田，而在被誉为“中国改革第一村”的小岗，时间却如同停滞一般，迟迟不前。

诸多关于沈浩的宣传报道中，最能体现鲜明反差的背景是，在2004年沈浩被分派到小岗前，小岗无工无商，农民收入靠种地、外出打工，人均纯收入不足2000元。

由此判断沈浩之前的“空降”干部碌碌无为，实在是有些不公。1994年起，鉴于小岗村的政治地位，安徽省规定村支书须由外派干部担任，这也算创造了中国村官史的一项新纪录。被“空降”至小岗任村支书的，有粮食局副局长，有邻乡的乡长，小岗一度因宗族派系斗争激烈，镇上甚至专门派了一名公安局副局长来“压一压”。

一位前任村支书私下告诉我，到小岗不久就发现自己“基本是搭不上话的”，当年17个摁手印的带头人，如今每户都各自繁衍成为庞大的家族，这17个大家族又分别以严宏昌、严俊昌为中心，分裂为两大阵营，前者力主“改革”，后者坚持“保守”，彼此拉锯，就这么拖扯了30年。

充满传奇色彩的小岗村，在平庸拉杂中一点一点内耗了它的天赐资本……

两位带头大哥至今还在为谁才是当年带头摁红手印立生死状的第一人而争论不休。《南方周末》在20世纪90年代中期曾登载一篇文章，质疑生死状的真实性，在社会上、在小岗村均引发激烈反响。严俊昌至今保留着一张生死状的翻拍照片，上面的内容和小岗村大包干纪念馆里的巨型影印照非常相似，唯一不同的是严俊昌与严宏昌的名字排序。

严俊昌始终认为自己才是真正的发起人，但是现在“中央领导、社会、媒体，都认定是他严宏昌，所有好处都让他捞了”。

其他大包干带头人及后代们的反应也很有意思。他们并不关心谁才是第一发起人，他们只一口咬定当年的确是摁了手印、签了生死状的，否则，没这个东西，“小岗就不再是小岗了”。

这是大多数小岗人——包括严俊昌——的真实想法，小岗只要继续戴着这顶红帽，小岗人就不愁温饱；小岗没必要去学习华西、南街等名村，尤其是不能动家庭联产承包责任制，这正是小岗之所以是小岗的根本。

相比之下，力主“改革”的严宏昌很难被人理解。他曾经陆续创办了几家企业，均在反对声中无疾而终。最恶劣的一次，他在自家创办的瓶盖厂，在一个晚上被炸掉了，至今没有破案。

在他20世纪90年代末当村长期间，严宏昌不断被贪污公款的指责和工厂所有权的纠纷缠身。直到现在，严俊昌仍直言不讳地向媒体控诉：“严宏昌就是贪污了，不然他哪来的钱办工厂，工厂的所有权凭什么是他的？！”

两人复杂的纠葛并不都像他们各自表述的那样，“为了小岗的发展”。这两位带头大哥曾经分别占领了村里的二十几套房产和推土机，常年没有人管，一管，两人都说，“你先把他占的东西要回来”。

得罪哪位大爷都不成，这些进出过中南海的农民平时说话口气都牛气十足，其中一位的儿子工作被调动，老子立马就找上村委会：“我儿子工作调动的事情，总书记可知道？”

其间，以“小岗”为名创办起来的企业其实不少，但都和小岗人没有半点关系。村里人的说法是，曾经有人提过申请注册商标，但“上面”有人认为，“小岗”的牌子是党和国家的。同时也有人说，小岗人即使自己注册了，也用不上，因为小岗扶不起一家企业……

尽管小岗经济30年停滞不前，但村容村貌仍发生了奇特的变化。一进入这座村庄，你就能立即感受到它心照不宣的奇特。

首先是其系统而体面的硬件设施——进入小岗，需要通过两道高耸的石牌坊，村口左右两边分别是村委会大楼（的确是大楼，谢谢）和一个大型广场；村道平整而笔直，道路两旁还齐整地种上类似于松树般高大的蜀桧，蜀桧后面则齐整立着大同小异的民居房；然后是学校、通信塔，甚至连民兵营，都修建得体面敞亮。

它们的新旧程度相当同步。其中大部分基础设施的集中修建时间，与1998年前国家主席江泽民视察小岗高度吻合。

但只要拐入任何一户农民家里，你就会发现屋里屋外悬殊的差距。绝大多数村民都没有装修，尽管国家有建房补贴，但房子仍已掏空了他们所有的积蓄。一位大包干带头人指着家里的电视机、电话告诉我，这都是江主席当年来视察前村里统一派送的，但当时根本没钱交电话费，很长一段时间都没接线，电话机当装饰品当了好多年。“我们的生活就是这么被‘拔’起来的。”他说。

许多村民利用自家宽敞的新房子办起了“农家乐”，这也是中国新农村建设的思路之一。较之诸多资源平平却仍生硬经营起“农家乐”、“生态游”的新农村，小岗村倒是能将“政治生态游”这一资源利用至极致。

在小岗村走家串户，你很容易在他们的客厅墙上看到他们与中央领导人的合影，其中一户人家，还在自家围墙上用红色油漆刷出“胡锦涛总书记与农民亲切交谈处”。

在小岗村光鲜的硬件设施之外，其实不难发现这座村庄真实存在的凋敝——占地面积颇大的养猪场、蘑菇种植大棚，这些项目当年都是作为小岗创新农业产业，被中央领导参观及主流媒体报道过的，如今，由于缺乏物流及加工产业基础，养猪场规模已然骤减，为不让空出的土地太突兀，上面还种上了树木；蘑菇大棚里当年的大学生早已人去棚空，只有少数几顶大棚在几个外地人的承包下勉强运转。

对此，村民除了抱怨几句，也没再多的激烈反应，因为这些项目都是上面直接拨款的，即使失败，也没村民什么事儿。

在这样的背景之下，安徽省财政厅主任科员沈浩被派往小岗任支部书记。

所有接受采访的官员都否认，从财政厅选派干部下小岗是有意为之，但也都承认，上面对小岗发展的缓慢不太满意。在中国十大名村中，小岗的经济实力始终垫底。

2004年，沈浩到任。这个在省财政厅干了18年的主任科员，一上任就向财政厅争取到50万元村路修葺费，随后是1200万元连通凤阳县的快速通道费用，再随后是每户两万元的建房补助……

此外，他还通过法律手段先将严俊昌长期占据的推土机要回来，以此反激严宏昌交出二十多间公房。房子要回来后，沈浩立即将其中部分改造成消防队和民兵连，挂上“军事重地，闲人莫入”。

两位大爷的纷争终于暂时消停了，即使他们停不下来，村民也不愿跟着他们再折腾了。沈浩作为“空降兵”的威信，空前高涨。

在接下来的任期里，沈浩需要面对的，不仅仅是繁杂难缠的村庄政治，还有发展经济的压力、向上面争取资金的机会、招商引资的任务、频繁的应酬、不喝不算兄弟的白酒……

当小岗村村民第二次摁手印挽留沈浩时，我相信沈浩是相当乐意留下来的。一个让人印象深刻的细节是，为了说服妻子王晓琴，沈浩特地接她到小岗村走走看看。车子一到村口，沈浩就开始兴奋地指指点点：这个广场是我修的，还有这条路，还有村民的新房……

彼时，王晓琴立即就火了，连车都没下，因为她看到丈夫眼睛里发出

“从来没有过的亮光”。

沈浩的大学同学也说，沈浩去世前几星期还召集同学聚会，席间，这位容光焕发的老同学热情邀请大家到小岗村投资，“只要再干三年，我一定让小岗村成为上市公司”。

他的同学说，以前沈浩在默默无闻地做着省财政厅一名主任科员时，从来没在同学聚会上如此慷慨激昂过。

因常年回访小岗而与沈浩成为忘年交的安徽作家温跃渊确定，沈浩是愿意留在小岗的，尤其在2008年胡锦涛总书记视察小岗时，村支书沈浩与安徽省委书记始终陪同左右。此后，他对温说过好几次，“留在小岗，有奔头”。

小岗人也是真诚地以小岗人特有的方式，连续两次摁手印挽留沈浩的。他们解释理由时也相当坦诚——没有沈浩，谁能给我们拉来那么多资金？

2009年11月5日凌晨，沈浩被村民发现猝死于宿舍。

在小岗采访时，一些年轻人不无忧虑地告诉我，沈浩这一去，小岗不知会不会又陷入从前无休无止的内耗。其中一个年轻人，曾经在村办企业、蘑菇大棚里都干过，但都是干着干着就没了明天，随后只好外出打工，闯荡了好几个省市之后，他发现自己所出生的村庄，如果不叫“小岗”，其命运必将与它的地理、交通、土壤质量一样平淡无奇。

（相关报道：《小岗村的“钉子官”》，2009年12月24日《南方周末》）

想在午夜12点的长椅上晒太阳?

□黄永明(南方周末文化板块)

差不多了,这里足够北了,已经到北纬79度了,我拿出一份从北京带来的《南方周末》,头版写着“房价”两个大字那期。我手持报纸对着DV镜头说:“那座岛上的房价应该不贵!”

一、晕船

在我最疯狂的梦里,也从没有想象过自己会到北极来,进行一次长达一个半月的科考。因为,我以前幻想的都是登陆火星。

来格陵兰之前,医生朋友就告诉我:“你就做好心理准备吧,晕船是一定的。”我十分信任这位朋友,所以一路上都在做心理准备。或者,应该说,我一路上战战兢兢,不断想象自己的各种晕船场景。不过就像所有其他病症一样,在你亲自得到它之前,仅靠想象是无法获知其滋味的。

船在港口停泊的时候,隐隐约约能感到它跟着波浪晃动,我的心也随之忐忑不安。这是我第一次乘坐海船。一如人生中其他的第一次,期待、兴奋又不安,你不知道接下来会发生什么。

这是绿色和平组织的“极地曙光号”,从阿姆斯特丹开来。我登船的地点位于格陵兰岛西海岸一个叫做Sisimiut的城镇。

此前，我乘坐的飞机在Sisimiut的机场降落，下了飞机就有来自塞浦路斯的摄像师等在候机楼，然后我们一起前往港口登船。所以，我几乎没有在Sisimiut逗留，它也没有给我留下多少具体的印象。但提起候机楼，我觉得它非常有特色。这么说吧，它换块招牌就是麦当劳餐厅——也许没有麦当劳餐厅大，因为它只有一层。

我下了飞机走进麦当劳，哦，不，走进候机楼的时候，屋内的场景是我之前在任何机场和车站都没有见到过的。每一个接机的人都在与飞机上下来的人拥抱和问候，只有几十平方米的屋子里其乐融融。屋外滴着小雨，远处是黑色的海洋。

整个格陵兰岛上只有5.7万人，天通苑（北京一个人口三十多万的著名小区——编者注）人民听到以后会笑的。我在Sisimiut的前一站就已经体验到了格陵兰的人口密度。那是Sisimiut东边的Kangerlussuaq，机场位于一个山坳里，我们的飞机降落后，整个机场上的飞机总数达到了三架。后来我得知，那里是格陵兰三大国际机场之一。

我和一名网易新闻编辑、一名绿色和平中国工作人员同行，从北京飞到哥本哈根，在那里住了一晚上，体验了一把世界级的消费水平（饭店里一瓶纯净水的价格相当于三十多元人民币），次日转机到Kangerlussuaq，然后是Sisimiut。

在哥本哈根的时候，我们在晚上10点到一条酒吧街上吃晚饭。这条街从头走到尾大约需要10分钟，场面就像中国的大排档，而且是生意极好的那种。大概这是他们的夜生活吧，不过就天空来说，完全没有黑夜的感觉，明亮得就像下午6点。我们在夜里12点半走回旅馆的时候，天色才稍稍暗下来。而Kangerlussuaq之后的日子里，我们便再也没有见过黑夜。

“极地曙光号”是一艘通体绿色的船，船身上画着彩虹，写着它的英文名字。船不大，三分钟能走遍所有的地方。上船之后的一个半月里，我的所有时间就几乎全是在这里度过。

船开起来以后，担心了一路的事情终于发生了。随着船身的摇摆，我开始晕船，没法活动，不光是不能走路，连坐在椅子上转动身体都不行，只能躺着，让身体尽可能紧地贴着床，以期减少身体晃动。网易的哥们说，躺在床上感觉就像在游泳。

这个比方对不对我就不知道了，因为我不会游泳。我只知道我在晕船。此外有一个好消息是，我很幸运，这是绿色和平三艘船里面最晕的一个。

现实发生的晕船证伪了我之前的许多幻想，至少我并没有出现呕吐。而且每一天的情况看起来都在好转。

到第五天的时候，我已经没有任何不适。我以为我已经战胜了晕船。

其实不是。之后只要风浪比较大，我还是会晕得不行，只能睡觉。

有天中午，由于风浪大而晕船，我没吃下多少东西。刷盘子的时候，来自澳大利亚的探险家Eric问我："你好吗？"我答道："Hangin' in there."他说，你是不是晕船啊，不知道为什么，我也晕。原来探险家也晕船，我突然感到好欣慰。

在船上晃了一个月，当我们要到陆地上去行走的时候，新的担心出现了：我会不会晕地啊？

二、品推

在一个多月的时间里，我一共下了五次船。一次到海冰上，一次到冰川上，三次是到格陵兰的陆地上，时间累计不超过10小时。

所以，我觉得，说我此行是到格陵兰岛其实并不确切，因为我几乎都是在海上。准确地说，是在格陵兰岛和加拿大埃尔斯米尔岛之间的奈尔斯海峡中。

我们的船在一开始的几天里一直在赶路，沿着奈尔斯海峡一路向北。从舷窗往外看，是一片深蓝色的海水，远处隐约有陆地，船侧偶尔有一些冰山漂过。最开始见到冰山的时候当然十分兴奋，忍不住想到泰坦尼克号。但转念一想，有钱人才选择泰坦尼克号，我不是有钱人，我的相机还是同事们帮我借来的。

到了后来，冰山完全看饱。怎么总是冰山啊！我开始怀念平原上的生活。

到了第四天的早晨，我们第一次看到了近处的陆地——其实是一座名叫Franklin的岛。我和来自网易的哥们觉得，差不多了，这里足够北了，已经到北纬79度了，于是，我们开始……"品推"。

他拿出一个红色的条幅，上面写着："网易新闻关注全球变暖 北极前线报道"，我拿起相机帮他跟身后的Franklin岛合影。接下来换我。我拿出一份从北京带来的《南方周末》，就是头版写着"房价"两个大字那期。我手持报纸对着DV镜头说："那座岛上的房价应该不贵！"

开发商应该到那岛上开发一批海景房嘛，我连楼盘的名字都替开发商想好了：午夜阳光。我们来的时候是北极的夏天，一天到晚都阳光明媚。想在夜里12点坐在长椅上晒太阳？没问题！这种体验可不是随便哪个楼盘都能提供的。

“品推”这个词是我从网易的哥们那学来的，之前我只想到带份报纸来合个影，但不知道这种行为在上升到理论高度后被称为“品牌推广”。

我们两个人在甲板上手持条幅和报纸忙活的时候，老外们在一旁以好奇的眼光看着我们。他们一定在猜测我们叽里呱啦在说些什么。而我当时觉得，我们就像是电影《马达加斯加》里面的企鹅。

两天之后，我们就发现我们品推早了。我们到达了超过北纬82度的地方。这里是北冰洋水路的尽头，再往前就是一片冰雪了。那是覆盖在北冰洋上的海冰。

在北纬82度34分“品推” 陈子宇/摄

船走到了这里，别无选择，我们作出了一个重要的决定——重新品推。我们走到冰面上，他插了一面“网易新闻”的小旗，然后与其合影。我把《南方周末》放在大冰块上，用另一块冰压着，或者手持报纸合影。别人在忙着打雪仗，我们在忙着品推，雪地上一派热火朝天的忙碌景象，我们都有光明的未来。

三、割肉

实际上，我们所在的那片冰面是一座“冰桥”。这里所说的“冰桥”，指的是一段边缘呈弧形的海冰，它阻挡了更北处的海冰，使得后者无法通过海峡漂到南边去。

在我们品推之前，有另一件重要的事情发生。

那天早上一起床，就有人说，你们看到雪地上北极熊的脚印了吗？我说，我今天还没上过甲板呢，说完就好奇地出去看。

好奇带来北极熊。

到了甲板上，眼前是一个白茫茫的世界，就像是冬天一觉醒来发现夜里降了大雪。在甲板上站了没有5分钟，突然就有人喊：“北极熊！北极熊！”我跟着人们跑向船头，然后看见一只大白熊正在冰的边缘踱步。这时，所有人都拿着相机挤在了船头。北极熊一点不认生，摆出各种pose给我们拍。

一派人与自然和谐相处的景象，足足持续了一刻钟。

尤其是当你想到，船员是来自绿色和平的人，就会感到现场更为和谐了。他们是不会枪杀北极熊的。但有一个问题是，假如遭到北极熊袭击，他们怎么办？这种事情不是不可能发生，饿了的北极熊是完全可能袭击人类的。

这个问题一直萦绕在我心中，直到多日之后，我才终于得到答案。

那时，我们已经到达了科考最主要的目的地，位于北纬81度的彼得曼冰川。船上科学家的主要研究工作都在这里进行。

一天下午，船上有三个人到冰面上去游玩了，其中有船上的医生Val（来自乌克兰）。回来之后，Val跟Eric提起了他们走上冰面的事情。以下是他们的对话：

探险家Eric：我在冰川上看到了被北极熊分尸的海豹，你们去冰面上一定要小心。

医生Val：要是遇到北极熊，我就用信号枪打丫，我有三发子弹。

探险家：那最有可能的情况是，你每打一枪，北极熊只是被震一下，然后接着向你扑过来，因为信号枪只能用来吓它们，伤不了他们，子弹打在它们身上会被弹开的！

探险家继续：而且，一只北极熊弄死你们三个不在话下。

医生想都没想：那我就从身上割一块肉下来扔给它，然后赶快跑！！

医生思维之敏捷，处理方式之巧妙，行为之环保，令我叹服。也正因为他的这句话，在之后上岸游玩的时候，我都有意跟着他走，这样我有一种安全感。

四、推论

好吧，也不是所有时候都与医生一起走，比方说，我们在Humboldt冰川南缘上岸的时候，有段时间我就是自己走的，如果不是我自己走，也不会发现“中华黄永明龙”。

说到这里，我有必要再简单回顾一下我们的行程。我们的船之所以先开到北纬82度的地方，是因为当时船上的科学家判断，冰桥可能在几天内就会断裂，然后会有大量海冰冲下来，对船的安全造成威胁。我们是到那里先看看情况，然后往回折，在81度的彼得曼冰川待了两个多星期。然后冰桥断裂了，我们于是继续南下，到79度的一个海湾躲避，这里有另外一个冰川，叫做Humboldt。

船在彼得曼冰川附近晃悠了那么久，我们却无法下船。总结起来，船上的生活像三种情况：

1. SARS期间大学封校：你只能在极其有限的空间里活动。

2. 军训：早上7点半有人叫早，一日三餐非常规律。

3. 暑假奇遇：北极的奇异体验就像电影里面的暑假奇遇。

船在水上漂着，我在船上幻想。船下的海水里会不会有水怪？船上会不会发生连环杀人事件？冰川上会不会有古老的致命病毒？船走着走着会不会撞到墙（就像《楚门的世界》）？如果同事帮我借来的贵重的佳能无敌兔掉到海里……这海有多深？

很快我就发现我太自私了，想的都是自己的安危。科学家和环保积极分子们都忙个不停，我也应该担心一下世界。“……一路上，我们甚至连海冰的影子都没有看到，这个世界正在受到全球变暖的威胁，你不应该袖手旁观……”绿色和平的人在甲板上皱着眉头对摄像机说。这是汉语版的，美语版说的是正在加速融化的彼得曼冰川。大概因为中国观众会对彼得曼冰川感到陌生，所以两个版本的台词是不同的。

冰川在加速流动，让格陵兰岛失去更多的冰，这些冰进而造成海平面上升，如果格陵兰岛上所有的冰都融化，全球海平面将上升7米。冰川为什么在加速流动？因为人类活动，主要是排放了大量的二氧化碳。

这些二氧化碳之所以产生，是由于人类燃烧了大量的化石能源。为了拯救地球，我们应该减少使用化石能源，减少排放二氧化碳！

这是我总结出的他们的逻辑，如果有错，那是我的问题。

下面，我再尝试从科学的角度重写一下这段话：

现在，气温无须再上升，格陵兰岛的冰川也会失去更多的冰，这个速度在加快，但速度为多少是科学家尚未断定的。同时格陵兰的降雪量也在增加，所以抵消了一部分流失。格陵兰岛冰盖的融化正在造成全球海平面上升。科学家预计，到2100年，全球海平面会上升1米，但2100年之后的事情都属于科幻。没人能说格陵兰岛的冰在可预见的未来会完全消失。现在认为，人类活动对于气候变化负有90%的责任。同时，在科学家的气候模型中，北极对温室气体的响应以及气候变化的因素中，还存在许多谜题。北极并不是“天然地”就要有冰的：地球的历史上，北极海水在夏天曾经高达18摄氏度，北极曾经春暖花开。地球不需要我们拯救，如果一定要拯救什么的话，那是我们自己。

好吧，我承认，最后一句话不属于科学研究结果。在我看来，就气候问题作出一些事实判断很容易，但如何理解和行动是另外的问题。从事实判断到价值判断是危险的推理过程。

这样说来，科学和环保的差别，是不是在于前者强调事实判断，后者充满价值判断呢？比方说，科学家说北极海冰中“当年冰”很多，这个现象是“重要的”，因为当年冰在夏季最容易融化。“重要的”当然也是一个价值判断，但它的本意是说这个现象值得科学研究予以关注，对气候模型可能有价值。而这个“重要的”翻译成环保语言可能就是“糟糕的”……扯远了，话题太沉重，一提两行泪，咱们还是谈谈“中华黄永明龙”的事儿吧。

五、龙骨

发现龙骨是在我们第二次上岸期间，也就是在Humboldt冰川的南缘。

那天下午，我们乘坐小艇到了冰川旁的一块陆地，上去之后发现，可以活动的范围并不大。因为陆地被一百来米高的冰川围了起来，那冰川看起来就像是拉长了的国家大剧院。

活动范围不大，但可看的东西却是不少。我们没走出多远，就发现了地面上有三个坟墓，每一个坟墓都竖起一个天然的石块作为墓碑。墓碑上好像隐约写着什么字，却又看不清楚。显而易见的问题是，墓里面是什么人？

我经过一番审慎的思考，给出了我的答案：如果你把墓挖开的话，一定会看到其中一个墓里面，有一具穿着虎皮裙的尸骨，头上有一个铜箍，身边放着一根铁棒，这根铁棒可大可小；另外两个墓里面分别是他二师弟和三师弟的尸骨。

但是网易网友并不这样认为。他们有些人认为，变形金刚的火种源就埋藏于此。还有人认为，我们发现的是宝藏的入口。第三种看法是，每年只有特定的时间，阳光会直射到墓碑上，然后显示出藏宝图。

当时同行的人的猜测与以上都不同，他们认为这些可能是19世纪的探险家的墓葬。

不管这些究竟是谁的墓，他们选择的地方真不错。刚好背风，空气温暖，面朝大海。离这里不远的地方，是一片草地，其间有冰川融水形成的小溪流过，景色优美。我没有想到在北极会看到这么多的植物。

继续走一会儿，就开始发现骨头。最开始发现骨头的时候，我跟医生在一起。他捡起一块，饶有兴致地观察。我问他，这不是人骨吧？他给出了否定的回答，但又无法断定是什么动物的。

后来我与他分开，独自探索这片陆地。当我走到一个小山坡的脚下时，突然发现四下里已经看不到任何同来的人了。耳朵里只有风声和冰川融水溅落的声音。我意识到，我走到了nowhere。就在这时，我看到了地上的一具白骨。

可以看出，这具白骨包含一个头骨，头上有两只角，然后是一个大约一米长的弯曲的脊椎，最后还有类似尾巴的结构。我连忙拍下照片，回到船上后，问英国冰川学家Alun和探险家Eric，他们都没法断定这是什么动物的骨头。于是，我认为，只有一个答案了：这是龙骨！

由于是我最先发现的这具龙骨，网易编辑决定把这种龙命名为“中华黄永明龙”。我又一次感到好欣慰，这趟没白来。

其实，在发现龙骨之后，没走多远，我还发现了另一具头骨，大小跟一只鞋差不多，有着尖尖的嘴以及很多牙齿。船上的科学家Jason判断，这可能是北极狐的骨头。

那么，这里曾经发生过什么事情？为什么有这么多的墓葬和动物骨头？真相，真相是什么？！

六、真相

在讨论真相这个问题之前，我觉得非常有必要谈一谈——我们船上的厕所。

有人说，人类最伟大的发明是抽水马桶。我以前不理解这句话，直到27岁生日前夕。

船上的抽水马桶经常坏，症状是不抽水，这时就需要关闭厕所进行维修。每个星期都会有几次马桶坏掉的情况，好在船上一共有6个厕所，坏掉一两个并不太影响大家的业务。但是有一天，6个马桶全坏掉了。

在这之前，船长已经高度重视马桶问题了，曾经要求所有人不能缺席地到船桥开关于马桶安全的会议，他说得没法再明确了：“不能往马桶里扔任何东西，除非是你自己先吃下去的……如果你shit比较多，请分两次冲。”

但是马桶完全不体谅船长的累与痛，几天之后同时全坏掉。这时大家的业务只能在船尾半露天开展了。就此，我的体会是：每次如厕都是冒着生命危险；不对大海撒尿，不知道自己尿少……

又扯远了。我想说的是，问题在于，这些抽水马桶为什么总坏掉？在强调了那么多次之后还是坏，到底是什么原因呢？

我有一个信念，就是某个现象（不是指“一类”现象）背后有且只有一套机制。换句话说，世贸大厦为什么会以接近自由落体的速度坍塌，一架波音757是如何在五角大楼上撞了一个直径5米的洞然后消失的，“极地曙光号”的6个抽水马桶为什么会同时坏掉，一定都分别有一个物理上的真相。

当无法得到这些真相的时候，我就会有一种无力感。

北极的海冰就让我有一种无力感。首先，你觉得它很简单，就是冬天天冷了，海水冻出了一大块冰，覆盖在北冰洋上。天热以后慢慢融化，在9月达到最小面积。秋冬季节又开始冻结。如此往复。

但是，如果让你预测2009年9月海冰的面积，你能预测准吗？看一下2008年6月科学家们的预测，当年9月海冰面积的最小值从290万到560万平方千米不等。基于不同的模型，预测的值几乎相差了一倍。实际的情况是470万平方千米，与此最接近的一个预测是440万平方公里。

各个模型的计算方法不同，但没有一个模型能够完全准确地预测海冰的面积。从根本上说，这是因为没有一个模型能完美地重现海冰消融的机制。

类似地，在冰川如何消融的问题上，至今也没有一个可靠的三维模型能够做出模拟和预测。冰川对各种因素的响应并没有被很好地理解，这也是为什么科学家们会来此进行研究的原因。

在更大的气候问题上，科学家，或者说当今的科学有多大把握呢？很多情况下只能用概率来回答，所以我们在联合国政府间气候变化委员会（IPCC）的报告上，看到的都只是“可能性”。

船上的科学家预测，彼得曼冰川前缘会有一个像美国曼哈顿岛那么大面积的“冰岛”断裂出来。一开始，他们说这可能发生在7月3日到15日，但到了16日，“冰岛”还是没有出现。

后来船上搞了一个竞猜活动，每人都可以下注押“冰岛”在哪一天出现，时间范围从7月末一直到9月中旬，时间精确到12小时。每一注3欧元/5美元，每人可以押多个时间，押中者获得奖池里所有的钱。

船上的气候学家Jason押了四注，分别是7月31日前半天、8月4日后半天、8月30日前半天和后半天。我斟酌了一番，慎重地押了两注，分别是8月5日前半天，和8月5日后半天。

我十分肯定我会赢的，原因对我来说太明显了：8月5日是我27岁生日。

（相关报道：《目击格陵兰的融化》，2009年7月9日《南方周末》）

逃出塔利班的中国第一人

□叶伟民（南方周末新闻板块）

张国开始在我面前掩面抽泣起来，此时我们的访谈才开始了不足20分钟。无论我多么小心翼翼地提问，“塔利班”三个字都如芒刺般插进他那因恐惧而收缩的大脑皮层。

“不说了行吗？”这个29岁的陕西男人用近乎恳求的目光看着我，我似乎听见他伤口裂开的声音。在一阵难以自持的颤抖过后，张国开始抽烟，咳嗽。

这是2009年2月26日，一个大雪纷飞的星期四上午，我第一次见到张国——一个被巴基斯坦“塔利班”绑架了49天后成功“越狱”的传奇人物。

这个极富个人英雄主义色彩的故事，曾让我在接到选题后保持了相当长时间的兴奋。在飞往西安的飞机上，我开始勾勒对张国的幻想——他会凶猛如史泰龙，冷峻如《越狱》里的迈克尔，还是精明如《肖申克的救赎》里的银行家？事实最终还是嘲笑了我的一厢情愿——当我走进这座位于西安西郊的冰冷廉租房时，它的主人只是一个在重度抑郁症困扰下惶恐不安的农村青年。

“毫无尊严，毫无希望，就像两只可以随意捏死的老鼠。”这个男人在我面前3次掩面哭泣。我一边用言语安慰他，一边在他请求“不要说了”的问题上悄悄做上记号，打算下次再问。我觉得我简直就是在犯罪。——我们是“新闻的囚徒”，职业人和自然人的分裂时常让我们陷入两难。

张国的讲述自然从他的病情说起，他说他害怕睡觉，梦里塔利班士兵会用刀子割他的脖子；他说怕到人多的地方，噪声让他如临大敌；他甚至拒绝了所有朋友的探望，他为过去发生的事感到莫名羞愧。

这种混乱的逻辑和畸形的敏感在很大程度上给采访造成了困难。我完全明白对一个抑郁症病人的过去刨根问底是件多么残忍的事情，但职业规范却敦促我去完成一个尽量完美的叙述，在后来的数天时间里，这无论对张国还是对我来说，都是一种痛苦。

我觉得我简直是在犯罪

让张国的陈年经历成为新闻的，是他的难友龙晓伟于2009年2月14日被巴基斯坦塔利班释放的消息。他们俩都是中方援巴工程师，2008年8月29日一次外出执行任务时一同被塔利班武装力量绑架。49天后，两人逃跑，最后张国越狱成功，龙晓伟却中途被追兵截获，经中巴两国外交斡旋，龙在一百多天后获释。

塔利班、恐怖分子、绑架、越狱……众多戏剧性元素高度集中，让这场生死逃亡俨然变成一部好莱坞大片。所以，我不得不承认，在和编辑商量这个选题的时候，我的猎奇心理占了绝对上风。

大学时代一段流行于男生宿舍的视频基本奠定了我对塔利班的印象——画面里，一个美国记者的头被活生生地割下……那些蒙面人成了我后来数晚噩梦的主角。现在竟有两个中国人试图从恐怖分子的枪口下逃跑，其中一人还成功了，我几乎毫不犹豫地将他们视为英雄。出发往西安的前一夜，我是如此急于了解事情所有的细节：他们如何设计路线，如何避过看守，如何躲过子弹，甚至还包括塔利班打不打牌和看不看DVD等天马行空的臆想。

我此时想得最多的是如何能获得丰富详实的材料，以在激烈的报道竞争中突围而出。我产生了将采访对象“霸占”的强烈欲望。

然而，当张国真的站在我面前，而且是患有抑郁症的张国站在我面前时，我却开始变得不知所措。他说已经有数家媒体找过他了，问的都是相似的问题，不同之处就是一家比一家详细。试图尘封的记忆又一次被打开，他开始失眠，出冷汗，怕生人。

我开始为我先前的“猎奇”感到不安。张国给我倒了一杯茶，问我想了解什么。在我蹩脚的寒暄中，张国总惦记着火炉里的煤，他怕窗外的大雪会冻着我这个远方的来客。

张国的家很简陋：五张桌子、一张床和一张长凳。这里是离市区近20公里的一处农村，阴霾密布，进城要一个多小时，但胜在租金便宜，每月只需120元。

我收起了自认为精彩的采访提纲。在接下来两个多小时的采访里，我委婉且兜着圈子地让张国回忆每个事实细节。印象最深的是，张国咬牙切齿地对我说，真正的痛苦不是挨打，而是精神折磨。塔利班每天会逼他们蹲黑房，看人质被割头的“恐怖录像”，还用枪瞄准他们作乐。

“毫无尊严，毫无希望，就像两只可以随意捏死的老鼠。”这个男人在我面前3次掩面哭泣。我一边用言语安慰他，一边在他请求“不要说了”的问题上悄悄做上记号，打算下次再问。我觉得我简直就是在犯罪。

“新闻囚徒”的两难

在我不算太长的记者生涯中，这种职业的尴尬和矛盾并非第一次出现，我的同事也是如此。曹筠武回忆2005年12月采访一个被同学虐待致死且留下挨打日记的小学生的家庭，从出发时的新闻冲动到面对受害人母亲眼泪时的“发抖”，他发觉他正在做的报道是“典型的旁观他人的痛苦，一个类似帮凶的角色”。

还有朱红军，在他准备与一个动机值得怀疑的“慈善医院院长”进行交锋前，对方突然昏倒，还挣扎着用笔给自己开药方。那一刻，红军说他只想着“未竟的采访”和琢磨这是否一个恰到好处的“苦肉计”。直至半个月后获悉老人去世的消息，红军才反思他“因为职业的要求，因为自以为正确的怀疑，连一丝对生命的敬畏都没有”。

杨瑞春老师将这称为“记者的宿命”，但我更愿意借用同事李梁“新闻囚徒”的概念来看待这些事情。这是对新闻专业主义的高度崇尚和执著的必然产物，职业人和自然人的分裂时常让我们陷入两难。一个极端的例子就是《饥饿的苏丹》的拍摄者凯文·卡特。面对一个行将饿死的非洲女童和一只候食的秃鹰，他首先举起的是相机。在获得1994年普利策新闻特写摄影奖两个月后，饱受良心和道德谴责的卡特选择了自杀。

回国后的张国一直失业，一家三口仅靠妻子看仓库的800元月薪过活。他说他之所以接受我们采访，是想引起社会反响，帮他找一份糊口的工作。结束第一次采访后，张国说想去看看龙晓伟，或许是为了减轻负疚感，我主动找来一辆出租车陪同前往。

一路上张国都沉默地望着窗外，偶尔用手捂着因焦虑而疼痛的额头。他说他很怕进城，人流让他恐惧，他习惯了低着头，如果再遇上一个大胡子男人，他会站在原地哆嗦成一团。此时我仍保持了有克制的怀疑，尽管脸上还是写满了同情。

龙晓伟的状态也不见得很好，我们到的时候，因药物的作用他正在发烧，畸形愈合的右脚刚做完手术，植入6块钢板，发肿并渗着血水。张国在床前与龙晓伟双手紧握，用陕西话低声交流，我试图靠近，两人马上安静下来。张国还用奇怪的眼神看了看我，然后把放在他们身旁的录音笔递回给我。

他们都不信任我了吗？那采访怎么办？——对不起，我还是想着采访。

后来，我从张国的工友那得知，张国生性胆小怕事，这次阎王鼻子底下走一趟，怕是吓出了毛病。张国刚逃出来的那段时间，精神已经恍惚，需要人轮流看守，连上厕所都要陪同。我开始意识到要正视这个问题。

装在套子里的人

所谓"正视"，并非是什么突发悲悯之心，中断采访，还张国安宁，而是要从张国现在的生活入手，了解人质事件给他带来的影响，搭建与之沟通的桥梁。

此时，我和编辑已经就稿子的思路达成一致——还原张、龙二人生死"越狱"的故事，然后将视角伸向中国援外工程人员的安全问题和那些仍等待出国淘金的群体众生相。我对张国的一位在巴同事的直言不讳印象深刻——"别谈什么国际主义精神，我们去那儿就是为了钱。"深入这个话题我认为具有足够的"标本作用"和"社会意义"。

膨胀的职业使命感使我暂时搁置了一时的内疚，向张国提出"再见一面"的要求，张拒绝了，一是见完龙晓伟之后他也发烧了，二是他认为我没完没了的问题让他难受。

是托词，是逃避，还是一种自我保护？我觉得这个男人有太多不可理解的地方。对比在押时间长了一倍的龙晓伟，张国的爱恨、恐惧、幸运等情感似乎来得不够纯粹，甚至还多了一份难以察觉的忐忑和内疚。在此前的采访中，当我问及一些诸如"你恨他们（塔利班）吗"、"你想对他们说什么"等简单问题时，张国会突然掩面，然后反问我一些"会不会影响中巴关系"、"对中国形象不好吧"等风马牛不相及的内容。

张国还有一件对付记者追问的武器——“我记不起来了”这种“选择性失忆”，让我的记录变得七零八落。作为受害者，他为什么不控诉？又是什么顾虑让他这般压抑？一个研究心理学的朋友分析说，张国有意隐瞒并逃避某些真相。最后朋友给了我两条不切实际的建议：找他的心理医生（对方的职业操守不允许），或者催眠他（我没这能耐）。

接下来的两天时间里，我从多种途径详细了解到张国的现状。回西安后，他换了住处，切断和所有朋友的联系，不工作，不出门，企图通过这种窒息疗法获得新生。邻居们很快也注意到了这个古怪的男人——除了到幼儿园接送4岁的女儿，他几乎足不出户，神秘如契诃夫笔下那个“装在套子里的人”。

难友龙晓伟的回国让张国连带成为新闻人物，但种种迹象表明，这对张国来说算不上幸运。邻居从报纸上认出了他，一种奇怪而微妙的气场充斥于这个由外来人口临时组成的四合院。由于塔利班带来的天然神秘感，贫穷且封闭的住客像看待一个获释俘虏一样看待他，带点惊讶，带点猎奇，还有一点莫名的距离感和恐惧感，虽然从理性上，谁都知道这不是一场战争，张国也不是战士。

但这就是现实，一个无时不在又无处不在的隐形敌人。张国也尝试回归正常的生活，他到人才市场找过工作，汹涌狂热的人群让他害怕，转了一圈就回来了。更糟糕的是，他的记忆力开始退化（或者是一种记忆障碍），他无法流利自如地说出每一个朋友的名字，他甚至开始在日历上记下当天做过的重要事情。

张国的痛苦程度和方式超出我的经验范围。我需要了解更多。

进入张国内心

要进入张国的内心，有两个人物很关键。与张国、龙晓伟同一批赴巴基斯坦的还有其他6个人，在这个8人小组里，赵临武和季永胜年纪最大，被其他年轻人视为兄长，很有威望。尤其在张国刚逃出来的那段时间，两人寸步不离地陪伴他，直至他回国。

这种情感上的依赖在张国心中一直延续至今。我联系了季、赵两人，详细解释了媒体在这起事件上扮演的角色和可能起的作用，获得两人的初步认同。在随后的会面中，季永胜讲了很多华人在巴的生活状况以及出事前张国和龙晓伟的一些性格特征和琐事。

这些铺垫工作在很大程度上降低了张国的戒心。我在电话里把两位“大哥”如何担心、挂念他的话复述了一遍，张国听得很入神，也很高兴。

我最后还讲了这样的话：“更如实地复原你们的故事，是为唤起社会力量来助你走出困境，而且还能给更多援外的中国同胞敲响安全警钟，让历史不再重演。”

这番话最终说服了张国。2月21日晚，我们在一家咖啡厅的包间里再次见面。刚吃了退烧药的张国用低沉无力的声音对我说，房东警告他不能再带记者回家。

这一次我没有急于直入主题，我怕把他吓跑。我的第一个问题是：“我和你的朋友都很担心你，你现在最想做什么呢？我们想帮你。”张国好像放松了不少，他和我说了很多，大意是想找份工作，分担妻子的压力，还想从原来所属的公司获得一定的精神赔偿。

我说这完全合理。张国增加了不少自信。我把采访话题从家庭、孩子等外围内容逐渐收窄，最后指向核心“越狱”（有点图穷匕见的感觉）。每核实一个细节，我都用期盼的眼神望着他，看着珍贵的叙述从他嘴里淌出。

张国说得平淡但震撼。整整4个小时里，我被层出不穷的画面包围：他和龙晓伟如何互相掩护制定逃跑路线，如何装病骗过看守，如何在黑暗中靠灌木辨别方向，如何用稻草伪装躲过敌人的狙击枪和迫击炮……快结束的时候，我吁了一口气，惊心动魄，惊心动魄。

在送张国回家的路上，他拉着我的手说：“我当你是兄弟，什么都说了，但你要为我有所保留，我日后还要生活的。”

我明白张国指的是他的抑郁症。是该适可而止的时候了，我说：“一定。”

接下来，我还去了龙晓伟在宝鸡农村的家，找了一些仍在巴基斯坦的中国人，搜集巴基斯坦及外国通讯社关于人质事件的报道，多方印证事件以及后续影响。

一个意外的插曲出现在采访的最后一天。此前一直不愿意见媒体的西安江博科技有限公司（张国和龙晓伟原来供职的单位）在电话里表示愿意和我谈一谈。整个过程双方以外交辞令居多，但一个细节让我猝不及防——在张国逃亡二十多个小时，虚脱在一个清真寺后，一个善良的塔利班士兵在次日用车把他送到巴基斯坦政府军的哨所，张国获救了，但这名士兵的全家却因此被塔利班杀害。

众多逻辑断点在这一瞬间全部接上——这应该就是张国最大且最深的痛

苦根源。在数条素未谋面且间接为他牺牲的生命面前，他能走出道德和良心的泥沼吗？这一刻，我非常同情他。

出于种种考虑，我最后没有将这一点写进文章。如果记者的职业在某种意义上存在“原罪”的话，我希望这算是一个微不足道的救赎。

3月2日上午，张国看完心理医生后给我打了个电话。在西安最繁华的钟楼广场，我们吃了一顿不算太正宗的羊肉泡馍。张国说，那次咖啡厅详谈之后他又睡不着觉了，医生说他病情加重，准备用药。

“你说我凑合找份工作怎么样？”他询问起我的意见来，“这样应该能分散注意力，忘掉那些事。”看着眼前这位双手插袋、神情颓丧的同龄人，我竟有点语无伦次：“也许吧……但也未必……可能还是听医生的好……”张似懂非懂地点着头。

临别的时候，我把他送到一个公车站。一个礼节性的握手后，我张开了双臂。就这样，在那个阳光明媚的中午，两个即将成为过客的普通男人，相拥于熙熙攘攘的西安街头。

（相关报道：《身陷塔利班 中国工程师生死“越狱”》、《险境在别处？》，2009年3月5日《南方周末》）

枪袭哨兵者
伍勇人生档案

□丁补之（南方周末新闻板块）

枪袭哨兵、攻击政府机关工作人员、抢劫收费站……一个初中时立下共产主义志向的年轻人，如何从不满现实，到一步步将矛头对准其不满的社会组织及其象征物，做出众多惊世骇俗之举，并置自己于审判席？

中午，在前往宜宾市卫星观测站某部驻地门前时，伍勇先在旁边的人民广场坐了一会儿。他要等到午后。

“因为那时候过去，他们饭后可能在休息。”伍勇后来笔录时说。

此前，他已多次来到这里，在佯装看书时摸清了执勤状况、哨兵是否携带枪支，以及撤退路线。“我踩点时，还考虑到遇到各种情况如何处理。”

这一次他的牛仔包里不是书，而是11支枪。枪是9长2短，火药枪，长枪每三支一捆。找乡民自制，枪枪实弹。如果这些枪支临时失效，包里还有10枚自制炸弹和几瓶汽油。

中午1点，“时间差不多了”。伍勇戴好蓝色帽子，将随身听耳机塞进耳朵，拿出两捆长枪，一捆挂在胸前，用衣服遮好；一捆在手，用塑料袋挡住枪口。音乐响起，邓丽君《酒醉的探戈》。他穿过马路，走进大门。

门内两名哨兵在站岗。边上大字警示：“哨兵神圣不可侵犯”。他走到左边哨兵前，拿开塑料袋，抬手，开枪。

“我醉了/因为我寂寞/我寂寞/有谁来安慰我……”耳中音乐流淌。原计划中，他的枪口是对准头部，临时地，枪口朝向了腹部。“我想起村里有个邻居，被鸟枪打中腹部，后来没有事。”伍勇后来说。

哨兵中枪，掉头往营区内跑去。

“我哭了/因为我寂寞/我寂寞/有谁来安慰我……”枪口转向右边的哨兵，没有打中。

营区惊动，士兵们追了出来，伍勇逃离。

几小时后，换装的伍勇再次回到营区门前，看看没事，走了。这一天是2003年9月11日，他精心挑选的日期。

到2009年3月28日踩点抢劫高速公路收费站被抓，其间伍勇曾意图枪袭市政府门口保安，并在2008年11月11日以及2009年2月23日两度伙同他人持枪抢劫收费站。

2009年11月24日，宜宾市中级人民法院一审以持枪抢劫、杀人等罪数罪并罚判处伍勇死刑。

“我觉得听那些女声歌唱的忧伤之歌好像可以让自己疯狂起来，但临场还是下不了狠心。”伍勇这样解释自己临场变转枪口的心理挣扎。在看守所里，他反思自己：“我抢劫钱财不是为了吃喝，攻击哨兵和保安也不是为了玩乐，我人生的目的究竟是为了什么？”

一个初中时立下共产主义志向的年轻人，如何从不满社会现实，一步步走到今天，做出众多惊世骇俗之举，并置自己于审判席？

这个爱好记录、偶尔写诗的年轻人，保留了从初中至今的日记、信件、自述、心意书、遗嘱、诀别书甚至写给自己的悼词，笔笔勾勒一出悲剧人生。

“共产主义者”

“我发誓，我绝不能因金钱扭曲我的灵魂。我要成为一名闪光的共产主义者，（为）不愧于做一个真正的人而读书。”

——《我一生的打算》，1995年，初二

在警方的档案里，伍勇，1978年农历正月十八出生，汉族，高中文化程度，家在四川省宜宾市翠屏区赵场镇桥咀村郭家村组。而在一份自述中，他这样介绍自己："男，大汉民族，笔名柳青，字无之，号伏虎，生于中华民国67年。"

"在那稀疏的树木中间，有四间破烂的土瓦房，这便是我童年的家。我常常和姐姐们捉迷藏、玩耍、捉蜻蜓逗黄蚂蚁。我常去玩的地方还是门前的大桑树，爬上去睡觉打秋千、摘果实吃得满嘴红。"这是童年的日记。

伍家老屋在1987年时拆掉重建，代之以四间平房，独自坐落在一处山坡上，房屋依然破旧，许多角落放着塑料盆，"一下雨就四处漏下来"。

伍勇十岁那年父母离异，他和双胞胎姐姐随母生活。而今母亲罗文秀灰发憔面，在屋台上摆出保留至今的伍勇读书时"第一名"、"三好学生"的众多奖状。

在自己的日记里，少年伍勇在逃学、撒野中度过，并因此三次转学，五年级时更是在家休学半年。其间开始"渴望上学"。

随后的复读是"一生中大的一次转变"，一则"家里交了这么多钱送我读书"，这是最后的上学机会；二则，他开始意识到"一个人的头脑聪明靠的是读书成才"，爱上读书带来好成绩，六年级后得第一名已属常事。

他阅读的有限书籍来自家中。罗文秀从左厢房——伍勇曾经的卧室里，拿出一个蛇皮袋，里面是他留存的书籍。

袋子里除了课本，剩下的都是《毛泽东选集》、《马克思恩格斯选集》等马恩列毛邓著作，这些红色书籍属于他的爷爷，一位抗美援朝老兵。

可以肯定的是，少年伍勇为其中阐述的内容吸引并为之折服。"我发誓，我绝不能因金钱扭曲我的灵魂。我要成为一名闪光的共产主义者，（为）不愧于做一个真正的人而读书。"初二学生伍勇在日记《我一生的打算》中写道。他还从旧书店买了很多类似的书籍，至今书上还有他的笔记。

即使15年后，在看守所里，他依然记得自己当时在日记中写下的理想：为了共产主义——全人类最需要的事业奉献自己全部的青春和智慧。他"憎恨万恶的资本主义，信念上成为坚定的布尔什维克"，喜欢使用马列语言与同学们雄辩，并批评同学们的言行，得到外号"马克思"。他一生的打算包括读大学、留学并选择以马列主义为终生道路。

"我想走遍世界各地，了解人们的贫与裕、悲与欢，记下自己的人生观。"

"小男孩"

"内心的矛盾，意识的冲突，像悠远漆黑的山谷，对峙在我心中，直到今天。”

——《写给自己的悼词》，2009年6月23日，看守所

1996年9月，18岁的伍勇以第一名的成绩进入了宜宾四中。其母罗文秀找到城里一个家具厂做饭的活计，每个月250多元钱，其中200元是伍勇每个月所有的生活开销。如今回想，罗文秀记得高三时，有一次她去送饭，伍勇提起：“妈，我有精神分裂症。在三楼走廊，就想直接跳下去。”去医院拍片要花钱，罗文秀以为他念书辛苦，没放在心上，让他别乱想，好好学习。

罗文秀没想到，这个异常的背后，伍勇在思想上已经走得那么极端。

当时的伍勇，正面临思想上最大的崩溃。高中生开始接触社会现实，同时因为逻辑性增强、知识面拓宽，他的想法发生了变化。“各种主义各种思想各种人生观各种价值观同时充斥在我心中，不知取舍，不知何从，仿佛失去了信仰，没有了精神支柱，矛盾到了极点，麻木到了极点。”他在自述中说。

他开始觉得虚无，一度想皈依佛门，又觉得死才是解脱，并翻遍书籍寻找自杀的事例。 “我那个时候就写了遗书，和老师同学说要烧毁一切。”

1998年，伍勇给一名老师写信，“请教几个问题”。列在第一位的，便是“怎样才能快速地结束人的生命”（亦即自杀），此外他还希望从老师那里得到资本主义和社会主义谁更先进、人的价值是什么以及怎么治疗神经衰弱的答案。

收到信的是教生物的潘老师。潘老师回信说，死亡是对亲友的莫大伤害，极不可取，此外认真回答了其他问题。效果并未可知，但信件一直被伍勇保留到今天。

“在这个年龄，很少有学生像他思考这些大问题。”而今潘老师回想，在一群大孩子中，伍勇的这些想法显得特别。

两人熟悉起来，是一次伍勇捡到潘老师的钱包后交还，这给她留下了诚实的印象。“他心气挺高，看不惯不满的现象，一心想着改变社会。”

作为一个高中生，遇到的无外乎加时补课、补考缴费、学校受捐的微机也要收上机费和应付上级检查等小事，这些问题令伍勇不平而发，写了五页纸。

“他对人有礼貌，肯吃苦，但就是自己一个人想问题。”潘老师说，“上高中后面向社会，环境一下子改变，作为学生会觉得社会很假，和书本上学的东西不一样。而他这种内向的性格，一个人思考，没有人引导，很容

易迷失。”

伍勇觉得自己是《皇帝的新装》里的那个说皇帝什么衣服都没有穿的小男孩。现实和初中笃信的共产主义描述的截然不同，让他觉得自己被欺骗。“一个曾经的爱人，她的一切都是那么美，可是谎言一旦揭穿，看到的是一张狰狞的面孔。”他后来回忆。

当时的伍勇，在形成世界观和价值观的年龄，一个人苦想这些问题，形成了自己对世界的看法，这种看法后来几乎没有改变。他后来希望成为一个疯子，又对算命深信不疑，而“改变社会，改变不满，改变不公平”的想法也贯穿了他以后的人生。

在中国政法大学犯罪心理学研究中心主任罗大华教授看来，伍勇在初中时接触到并接受马列主义，并不等于理解它，只是单纯把理想和现实对照，认为两者不一致。在其看来，你们不是，那我自己来实现。在此种趋向极端的认知下，观察现实社会，就会产生不满和敌对的情绪、反社会的情感。这种情感会导致行为上的偏激，采取敌对行动。而行动的目标，则指向其所反对的象征物——哨兵、政府工作人员、政府收费机关等等。

“年轻的生命，的确太可惜。”潘老师叹息说，路走错了，就是几个家庭的悲剧。

“精神病人”

“我希望自己变成一个精神病人，鲁迅笔下的狂人，充满被害妄想、无端猜疑，失去理智、丧失人性、不可理喻、自我中心，可是又知道自己见不得残忍场面，心肠软弱，有自知力和自制力，但又不愿人人知道。我在希望的同时又谴责自己，贬义词在我心中既是褒义又是贬义。”

——《最后的自述》，2009年10月31日，看守所

1999年高三下学期，伍勇决定放弃高考，虽然此前回回期末他都是第一名。“家里的钱只够上大学一年。”其母罗文秀说，剩下的三年需要贷款。伍勇原打算考师范学校，因为学费低而且工作有保障。“但他觉得读完出来做老师工资也很低，还贷款不知到什么时候。”

“考了没钱读，考试还要交钱（考试费），这又何必？”虽然班主任极力挽留，但高考他没有报名，收拾铺盖便结束了求学生涯。

之后在宜宾火车站边上，50元每月租下一间房，母子以卖菜拾荒为生。

卖一斤菜赚一毛钱；卖一斤米，送货上门，赚五分钱；还抽空收废品去卖。“一天辛苦下来，能赚十块二十块，够维持生活，没有结余。”

“上大学就没事了。”如今回想，罗文秀悲从中来，懊悔自责不已。“我自愿不读的。”在2009年11月24日的审判庭上，伍勇告诉妈妈，“保重你们自己。”

1999年底，伍勇入伍当兵，但在军营只待了半年，2000年初，就和战友一起做了逃兵。

“彷徨于人生的十字路口，我读了一本《一个精神病医生的手记》。”伍勇后来提到，辍学前后读到的这本书对他带来莫大的影响。

记者翻阅《一个精神病医生的手记》，这本精神病通俗读物，由众多精神病患者的奇特故事组成，内容包括患者幻想“见人就杀”、“自杀”、“请碟仙”等内容，其中一个小节的题目是“精神变异是人类进化的革命机制”，这与伍勇希望改变社会现实相关联。

伍勇为这些内容痴迷。他深信天才疯子一步之隔，转而希望自己是一个疯子。

“书中对精神病者心灵世界的描写使我情有独钟，我对疯人错乱的精神有一种莫名的憧憬和向往，我不知道怎样才能发疯，我以为长期胡思乱想就可以发狂，于是我想象自己丧失人性，疯狂杀人，但无论我怎样胡思乱想，我都丧失不了人性，做不成一个精神病人。”

“有时候仿佛真的疯了狂了，我好像看见自己一会儿挥舞手中宝剑，见人就杀，斩下无数头颅，一会儿看见自己驾着车，冲进人群，伴随着尖叫和恐慌，我把这些幻象用文字记录下来，声称自己要炸学校桥梁政府一切，纵火焚烧一切。”

伍勇被捕后，在他的藏身处警方发现数份手写的文章，包括踩点、行动目标记录，主要包括收费站、邮局、信用社、金店、加油站等。

而最令人惊讶的是一份《星球计划》。在这份计划里，他列明了十一项行动，包括纵火、炸药、砍杀、扫射、车撞、投毒、绑架、抢劫等等，最后一项则是自杀。

这份注明日期2001年9月10日的计划，目标多为大范围人群和政府机关。被捕后再次看到这份计划书时，他说已不记得在什么情况下写下这些，但他并不否认这是他曾经手写的。

伍勇说：“我羡慕我的同学唐正方，因为他疯了。”而他被检方控罪之一，就是和唐正方一起导致一名12岁男童死亡。

宜宾李庄安石村十组，唐正方的哥哥对南方周末记者说，高三时弟弟患了精神分裂，还是伍勇把他送到亲戚家然后送往医院的。此后时好时坏，唐的精神疾病不时复发。

2002年，伍勇到唐正方家，两人在一起经常谈论国家大事。有一次去李庄“观花”（一种算命方式），卜者“下阴”后对伍勇说看见他一个大姐生下来不久就死去，而他2岁时掉入粪池，12岁差点淹死，23岁劫财遭刀兵之祸，句句命中，令伍勇从此相信命运之说，现在依旧。卜者告诉伍勇，他“活不过33岁”，伍勇亦深以为然。警方后来在他家中搜出多本算命书籍。

在警方的笔录中，伍勇交代，唐正方对他说自己手上时不时有股气，感觉很有力量，什么都打得穿。“我以为他像卜者一样是个奇能异士，他说手上的气要喝童男女的血才能发出来，我深信不疑。”两人商定把童男女打昏，唐沾点血就可以了，同时由卜者定下日期：农历六月初一。那天在铁路线上，碰到了12岁的罗忠勇和一名8岁的女孩。

伍勇走到男孩后面，用木棒击其后颈，“因为当时怕打重了用力太轻，未将小孩打昏。小孩起身往前跑，就听见唐正方开了一枪。他又要我手中的枪去打小女孩，但我阻止了他”。

因为觉得唐正方反复无常，伍勇离开了他。他听说那次回去后唐正方就犯病了。

而被伤害者罗忠勇家，51岁的罗父面容已老，看起来六七十岁，丧子之痛一直未能隐去。罗母杨应琼说，开庭那天伍勇母亲曾跪着向他们求情和求得谅解。

伍勇在庭上说，对不起，唐正方打孩子的事他一直都愧疚，这些年内心都不安。

杨应琼听说过当地农村“观花”的习俗，知道唐正方沾童男女血的缘由。但她对唐家无法谅解，对方拒绝作出任何赔偿，而且“做错了事，一句软话都没有”。

“无产者”

“2002年至2004年三年间，我天南海北四处流浪，拾荒捡吃，住檐坎宿山林，与疯子为伍，与丐为伴，我是一个真正的无产者。一无所有，走到哪里，哪里便是我的家。”

——《我是谁》，2009年7月4日，被捕后

2002年至2004年三年间，伍勇说自己四处流浪，拾荒捡吃，住檐坎宿山林，与疯子为伍，与乞丐为伴，“我是一个真正的无产者。一无所有，走到哪里，哪里便是我的家”。

“我在熙熙攘攘的人群中，吃着别人吃剩的饭菜，行人投来异样的眼光，我则不屑一顾。我虽一无所有，但我从不向他人乞讨，我虽然渺小，但我的心却比那些过客伟大。”

其间，按照制定的计划，伍勇在多次踩点、设计路线后，袭击了观测站哨兵和市政府门前保安。

伍勇思考的结果之一，是其写的一本书《目睹中国二十年之怪现状》。据其称，书中他将中国的制度、文化、民众心理、生活方式与历朝作了对比，进行了探讨和揭示。他原意找人印刷，但被拒绝。2003年9月11日清晨，在袭击哨兵前，他烧毁了这本书。

在笔录中，伍勇说，袭击哨兵的目的之一，是借此制造影响，引起关注，但他发现除了观测站附近，大部分宜宾人并不知道这件事。不到一个月后，他决定再度出击，袭击政府要员。

据其在笔录中所言，2003年10月2日，他原以为是国庆节。在市政府大门斜对面的草坪处，他等了许久，却没有见到门口有官员出入，便临时决定袭击政府保安。两人在一番扭斗后，保安跑入市政府对面工地。“我端枪准备向他射击，但看他跑到民工中，我就没有开枪，然后离开。”

随后，2005年至2007年，伍勇冒名在一家皮业公司做保安。记者找到这家公司。公司的保安主管说，2005年3月，他们从人才市场招聘回来的保安，名叫张伟。张伟是伍勇捡到的身份证上的名字。

他在这家公司干了两年。“老实得很，上下货很主动，其他人缺班他就顶上，从不斤斤计较。”这名主管说。伍勇的月薪800元左右，平时不抽烟不喝酒，别人打牌他看也不看。从工人到公司负责人，对他印象都不错。只是有一点奇怪没有亲朋来厂里找过他。

平时休息，他会去爬山，山有百米高，离公司不远，靠路的这面近乎垂直。伍勇对同事说，他可以沿着崖间的水流爬到顶上。

这并非伍勇的自我吹嘘。后来循着警方公布的资料，南方周末记者在宜宾南广镇大益灵官崖附近一处同样垂直的崖壁上，找到伍勇一处容身之所。这个岩洞下临数十米深的山涧。由当地村民领路，在近人深的山草中折行，借助藤蔓，记者耗费近一小时才到得了洞口。

山洞里散落着被子、衣物、鞋，还有菜刀、火机和蜡烛。警方披露，由于山势陡险，后来由一名刚转业的特警借助绳降才进入洞中。他们在这里找到了伍勇的火枪、自述材料和关于犯罪侦查学、犯罪心理学的书籍。

伍勇说，他没什么物质需求，在山洞里，他常常一待就是一两个月。他对生活的要求很低，常常是买几十斤大米放在洞里，然后待在里面思考问题，阅读书籍，饿了就到附近挖点土豆萝卜混在米里煮熟，撒上点盐就吃。

在皮业公司，和保安的身份截然不符的是，这名表现良好的员工有时抱怨一些社会矛盾，谈吐间口气很大。有次办公室女同事听他说“我在这里是暂时的，以后要出去闯一番事业”，就笑他“好大的理想”，觉得他有点“神蒙蒙”。“我们做这些简单工作的，一般出去，也不过说是去讨个活路。”

2007年中，伍勇提出辞职。经理对这名尽职的员工一再挽留，问他是不是觉得工资低了，他回答说不是。

离开前他找了一棵当地称为“叫鸡凉”的树，耗时耗力从崖壁上挖出，运下来埋在工厂的花圃里。“这里太安逸了，整懒了，要去做一番事业。”临走前他对公司说，“在这里多谢照顾了，这棵树留作纪念。”

“分裂样人格障碍患者”

“我一直生活在矛盾中。内心矛盾、言行矛盾、知行矛盾、情感矛盾、思想矛盾，在日常生活中我打算做一件事情时，必须做好两种心理和应对准备。”

“但我还是担心临场下不了狠心，所以我还得听邓丽君忧郁的歌曲行动，我觉得听那些女声歌唱的忧伤之歌好像可以让自己疯狂起来。”

——《最后的自述》，2009年10月31日，看守所

皮业公司那段时间，是伍勇少有的安定的生活，但最后他自己辞职走人。

“因为他的行为源于错误的认知，所以他的世界观和立场很难改变，一般的矫正不起作用。”中国政法大学教授、犯罪心理学研究中心主任罗大华教授说，“这是一种偏执型人格障碍，固执己见。”

离开皮业公司后，他又开始流浪拾荒。2008年，他以每月30元的价格在火车站附近租了一间房屋，“虽然一无所有，宁愿捡吃也不偷抢百姓”。

在拾荒期间，他结识多名流浪拾荒者，并以化名邀约他们抢劫收费站点。在被问到拉拢人员抢劫，有没有和他们谈及自己的“理念和追求”时，伍勇回答：“我和他们说过做这事不要为钱，但他们不愿意。”

2008年11月11日和2009年2月23日，在多次踩点摸准收费站交接款时间并设计路线后，伍勇伙同他人分别劫走宜宾北站和宜宾南站一万六千多元和四万九千多元。

监控录像表明，抢劫时，伍勇头戴钢盔（上贴蒋介石头像以及青天白日旗），眼戴墨镜，手戴白色手套，握着火药枪，身穿老式军服，臂箍“红领巾监督岗”袖标。

伍勇称，在抢劫宜宾北站时，他进收费亭对收费员说：“你们不要害怕，我不会伤害你们这些普通百姓。”在接受央视采访时，相关收费员亦提及此；而在宜宾南站，伍勇说，他从收费亭出来，看同案犯唐德富想朝收费员开枪，将其喝止。

每次行动时，伍勇总带着随身听，放着邓丽君的音乐。抢劫宜宾北站时，他听的是《祈望》；在宜宾南站，他听的是《海韵》；在袭击市政府保安一案中，则是《小城故事》。

“我为什么总在行动时戴耳机听音乐？因为我知道自己见不得残忍场面，我觉得忧郁的歌曲可使自己忧伤起来，疯狂起来，克制自己的人性。但事实证明，无论怎样我希望自己冷酷无情，我都疯狂不起来，下不起狠手。”伍勇说。

“我一直生活在矛盾中。内心矛盾、言行矛盾、知行矛盾、情感矛盾、思想矛盾，在日常生活中我打算做一件事情时，必须做好两种心理和应对准备。”

伍勇被抓后，在其一处栖身岩洞中，随同上述《星球计划》一起，警方还起获一份名为“自述”的材料，注明写于2007年6月13日。

伍勇在里面写道：“现在我写的自述就是对死亡的准备。”而在最后则提及，高中时他发现自己患了神经衰弱强迫症、疑病症，他声称不赞同有关人格障碍的划分，因为担心自己被认为是分裂样人格障碍患者。

检方其中一项指控源自此份《自述》，此份《自述》称自己杀了一起逃离军营的战友郭小明。

而今，伍勇否认曾杀害战友，说这样写是因为希望在死后留给人们一个“疯狂角色”。他更是一度希望认领“重庆哨兵案”，后相关部门调查发现，伍勇所述与警方掌握的重庆哨兵案犯罪细节不符，故被证伪。

据其描述，真正杀死战友郭小明的人，是一个“比我矮点，不胖，上身穿白衬衣”的人。

按伍勇的描述，这个年轻人希望他和郭小明随他去抢劫，三人来到沙河。在一次聊天中，郭与对方发生争执，认为对方是想利用他们。两人随后打起来，并动了刀。伍勇称，郭小明被对方刺中身亡。“我为什么没有报警？因为不相信他们。”

“我在西石门当矿工时，用的是真名。如果我杀了郭小明，我不会用真名，那里离他遇害处不远。”伍勇说。

法院在一审判决中，并未采纳伍勇的说法，认定战友为其所杀。

《自述》中，伍勇还提到自己曾偷渡到香港、澳门等地，并曾“在瑞丽开始吸毒生涯”。事实上，他烟酒不沾。

“我为什么要写自述、书信、遗嘱、心意书等材料？就是希望给人们一个疯狂的角色。我每次行动都把这些材料带在身上，就是想如果战死沙场也可以作为书证让人们来了解我、关注我。我根据自己的心理角色的需要对情节进行编造，以期死后留给人们一种曾经希望的疯狂角色，并把自己的心意表达。”

“我是谁”

“现在我觉得自己曾经的信念是一种不切实际的幻想，体现的是一种绝望和困惑的心理。如果现在依然按照‘希望的角色’把我塑造成疯狂的魔鬼，只会带来更多的疯狂。我希望自己曾经希望的角色永远不要成为现实。我想告诉人们，伍勇并不是疯狂变态的人，他的内心矛盾而痛苦，他不幸而又带给人们不幸。”

——《最后的自述》，2009年10月31日，看守所

伍勇被捕前，其母罗文秀在家中最后一次见他是2008年8月。伍勇喜欢种树，那天下午他回到家，种了三棵树，如今长在屋后。而他20年前种的树已高大成材。“种了树吃了晚饭就走了，走在田埂上，头也没回。”

再往后就是在法庭上，电视镜头前，罗文秀哭成泪人，为伍勇伤害的所有人道歉。

罗文秀说，这些年来，伍勇从未给家里钱。伍勇在笔录时说，他抢钱从未为了个人享乐，这些钱是“经费”，其中部分用于打造那11支火枪。

接连两起劫案的发生，在社会上造成莫大的影响。宜宾电视二台关于此案的报道中提到，群众的议论给了警方压力，专案组称不破此案誓不收兵，翠屏公安刑警大队则喊出为翠屏刑警雪耻的口号。

该市公安机关称，前后共调集了450名民警，会同3000多名乡镇村社干部，对15个乡镇244个自然村进行了“户户入堂，人人见面”的拉网式排查，共与12.4万人见面。

而对伍勇等人的通缉令中，悬赏的金额从最初的1万元，升为3万、5万，最后提高到10万元。这在宜宾并不多见。该案被列为宜宾公安第一号案。

伍勇被捕后接受媒体采访时提到：“城里随处可见悬赏（追捕）我们的通告，我顺手拿了张来研究，看警察究竟掌握了我们什么证据。”

他依然按照自己的既定计划，做着对下一个收费站的抢劫准备。3月28日，在对邻县云南水富高速公路收费站踩点途中，伍勇被检查点民警认出，随后被捕。

2009年11月24日一审时，起初伍勇拒绝回答任何问题，宣称：“我要求你们判我死刑，以免拖延时间。”

出于职业敏感主动代理伍勇一案，并为之无偿辩护的宜宾律师罗和辉说，伍勇起初一味求死，并希望把自己的事情影响最大化，这就是他为什么把很多事情往身上揽，包括曾经希望冒领“重庆哨兵案”的原因。

伍勇在《狱中记论》中写道：“如果有一天我被判死刑，请罗律师记住以下三个事实：一、我没有杀死我战友；二、我没有枪杀小男孩；三、陈泽奎被冤判无期。”

所谓陈泽奎“被冤判无期”，是指2001年伍勇伙同曾科、胥良军等抢劫某富商（其称之为“资本家”）11万元，后三人被治刑，伍勇逃脱。伍勇称陈泽奎未参与谋划、行劫而被冤判无期徒刑。记者看到的陈泽奎的家书表明，2001年入狱后，其一直反映被冤。

被捕后，伍勇专门写信给正在服刑的曾科、胥良军：“做什么事情都应该敢于承担责任……恐我死后，再无证据证其清白，希望你们不要让良心谴责自己，讲出真相。”

他早前已知道，之所以警方锁定他，正是因为在自贡监狱服刑的陈泽奎通过辨识收费站的监控录像，对他进行举报。他并未因此而对陈泽奎心生罅隙。

“他抢劫，却从未把钱款用于个人和亲属享有；他攻击，却又与受害人素不相识，无冤无仇；他冷酷地制定残暴的行动计划，却在实施中下不了狠心，以至于手拿十多支枪，发起数次攻击，却没有造成一人死亡。”在法庭上，罗律师为当事人辩护。

在一次和伍勇的深入交谈中，罗谈起怜悯：“我和他说，不管怎么样，对人的生命都要敬畏，反对使用任何的暴力。做人要达到自己的目的，不用暴力的方式是最好的”。罗律师对他谈到甘地、曼德拉等人，告诉他，无论如何，怜悯之心都是人与人之间以及社会和谐的基础。此外，“你认为自己是有良心的人，就要真的对得起你的战友，对得起他的家人，就不能让他死得不明白”。另外一方面，在看守所里，伍勇发现，监狱并非他之前固有的印象，而是人性化的管理。

在2009年9月3日的一封信中，他写道：“我感谢罗和辉律师，对怜爱的新诠释，使我摆脱了暴力斗争的偏见；我同样要感谢看守所领导，给予我人性化的对待，给我特别的温暖，从而在无形之中融化了心中长达十年的坚冰。

“我能了解下层百姓的痛苦，却不能理解政府的难处，我把一切理想化。多年来，我一直为了所谓的‘追求’和‘理想’，今天，我的‘敌人’并没有把我当‘敌人’对待，相反，我的人格得到了尊重，我的尊严得到了维护。”

“以我此时之心，我觉得自己所做的一切真是荒唐，以前我还认同它的价值，现在我发现自己的肉躯成了某种思想的奴役工具。‘采得百花成蜜后，不知为谁辛苦为谁甜。’我抢劫钱财不是为了吃喝，我攻击哨兵和保安也不是为了玩乐，我人生的目的究竟是为了什么？我在问自己也在问别人，结果什么也不是，什么也没有，迷迷茫茫仿佛做了一场梦。”在《最后的自述》中他说。

12月11日，被问到如果能回到小时候，他将如何度过自己的一生时，他把自己的“偏见”归结于思想的迷乱。他回顾自己的一生，如果重新开始，“我认为知识越多，越让人迷乱，我只想当一个农民”。

警方和媒体曾将其悲剧的根源归结于父母离异、家庭困难和性格偏执，但伍勇对前两者多次予以否认，他在一篇自述中说：“我今天的所作所为，全是念高中时制定的道路。”那时候，他20岁上下。

媒体语境中，他被描述为穷凶恶极的形象。他自己则这样认为：“现在我觉得自己曾经的信念是一种不切实际的幻想，体现的是一种绝望和困惑的心理。如果现在依然按照‘希望的角色’把我塑造成疯狂的魔鬼，只会带来更多的疯狂。我希望自己曾经希望的角色永远不要成为现实。我想告诉人们，伍勇并不是疯狂变态的人，他的内心矛盾而痛苦，他不幸而又带给人们不幸。”

11月28日，一审判决后，伍勇写了一首诗《一切行将结束》：“一切行将结束/为了获得一种凝视的意向/我决意与人间诀别/是谁/牵引了我的心/是谁/错乱了我的行为/突然我从海子的墓前走过/仿佛寻回了诗人的心/我在描述那种莫名的伤意/又好像在倾诉那种无奈的冲动。”

时光回溯到二十多年前，乡间少年伍勇喜欢在山坡田地戏耍，最爱是门前的大桑树。

二十多年后，在狱中，他在名为“我是谁”的文章中写道：“我家门前有几棵大桑树，左侧是大柳树。我经常爬到桑树上，仰望着天空。我只觉得蓝天很美，白云很漂亮。”

（相关报道：《枪袭哨兵者伍勇刑事档案》，2009年12月24日《南方周末》，收录入本书时标题与内容略有改动）

附

我曾和媒体同行们讨论起“杨佳案”，当时我妄自提出“最后理性”这个词：当事人对行凶后可能出现的情形，可以想见事先曾有所考量，经过了理性的思考，希望借此引起注意或在行为中注入某种价值观，此外还呈现“经此一役，义无再辱”的决绝性，故名之曰“最后理性”。这种分析，同样适用于伍勇。

这是沮丧的令人不愿启齿的预言

□丁补之

2010年3月，我已在新单位谋生。有天突然接到宜宾来电，罗和辉律师在电话里说，曾枪袭哨兵、三度持枪抢劫收费站的宜宾男子伍勇，在看了我的

伍勇看到当期《南方周末》后，在报纸的空白处写下读后感　　　　李冠男/摄

《枪袭哨兵者伍勇刑事档案》的报道后告诉他，“虽死而无憾”。

嗣后宜宾的媒体朋友传来伍勇写在报纸上的读后感，我又看到了伍勇的字迹。在2009年最后一天，他在报道旁边写道：“该文写得真实、客观、公正，不像其他报刊，一味的跟着官方丑化我。”

这样的“题词”令人读后不知如何是好。我和伍勇至今未谋面，亦并未想过要丑化或赞美他，不过尽记者之本分，希望能还原斯人以期观照现实。

伍勇的字迹已经熟悉。2009年12月的许多夜里，我曾一遍遍翻阅厚达尺余的资料。热爱记录的伍勇留下了从小学就开始记录的文字，时间跨度长达十五年，这些资料包括日记、信件、自述、心意书、遗嘱、诀别书甚至写给自己的悼词，另外包括司法机关的卷宗，页页读来皆映悲剧人生。

也是在这一次的采访中，从业七年来，我第一次有这样的感觉：伍勇一直在等一个人，去了解他隐痛而自我矛盾的一生，并将之示诸世人。我以为那人是我。经过半月的采访，我初稿题为“伍勇列传”的报道被提交，虽然不知能否面世。后来稿件终获发表，感谢此稿编辑傅剑锋，感谢南方周末。

后来很多人和我说起伍勇的故事。他们说伍勇让他们想到自己。他们说若非机缘巧合，自己也可能走上了伍勇之路。我唯有回应：“未此万幸。”

罪与罚

在伍勇伤人和抢劫的黑色故事中，他细腻而真实的内心冲突，亦闪耀着幽微而不灭的人性之光：他每作案必听邓丽君，“我觉得听那些女声歌唱的忧伤之歌好像可以让自己疯狂起来，但临场还是下不了狠心”。他多次把枪口从目标上移开。

而他犯下这些案子，却全非为了自己。

一度，我私下以为人物报道是不可能完成的任务——不是说某个人物报道，而是说所有人物报道。曾以自身为实验对象，约请相熟的五六人描写，唯一的要求是所有事件和细节须真实，至于感觉自然可因人而异。但最后我个人以为并未从这些文章中看到自己。请相信这些朋友都是优秀的记者，而我和他们相熟业已经年。比照实际新闻操作，经常会出现要求一个记者在很短时间内去写出某人的人物报道的事情，这个实验曾使我认为：写人其实不过最终是写自己。

伍勇案却提供了一种人物报道的可能。虽然未经谋面，但他经年累月的原始自述资料，甚至内心活动的自白，和所有事件相关者的讲述一起，提供了足够的素材来还原当事人——这几近于传记了。可以想见，这在绝大多数采访中可遇不可求。

这些是题外话。题材天然可能的传记色彩，在报道行文时亦被有意经营。文章最后一段这样写："二十多年后，在狱中，他在名为'我是谁'的文章中写道：'我家门前有几棵大桑树，左侧是大柳树。我经常爬到桑树上，仰望着天空。我只觉得蓝天很美，白云很漂亮。'"——这是在呼应开头——"在那稀疏的树木中间，有四间破烂的土瓦房，这便是我童年的家。我常常和姐姐们捉迷藏、玩耍、捉蜻蜓逗黄蚂蚁。我常去玩的地方还是门前的大桑树，爬上去睡觉打秋千、摘果实吃得满嘴红。"

未几我注意到，在既有的经典著作中，此类题材已有覆盖。这是我们的食粮。陀思妥耶夫斯基在《罪与罚》中描写拉斯柯尔尼科夫，一个怀抱着理想的法律系大学生的故事（虽然是虚构小说），所指向的社会心理何其相似。

不同的是，《罪与罚》的背景是19世纪中叶贫富不均、社会贫困且动荡不安的俄国城市。伍勇的故事则发生在一个社会矛盾复杂，群体性事件频发的"转型社会"中。

在一家酒馆里，拉斯柯尔尼科夫听到一个大学生和一位军官的谈话。大学生说，如果有谁把放高利贷的女当主阿廖娜杀死，把她的钱献给穷人，以一死解救众生，那是件值得称道的事。拉斯柯尔尼科夫随后就决定且动手干掉了老太婆，包括被害人突然来访的表妹。

《罪与罚》借书中人物之口，谈到"罪"的问题，认为"犯罪是对社会组织的不正常现象的抗议"。另外还提及，罪很可能诿之于环境的影响。

在报道中则可以看到，伍勇对枪击无辜哨兵，多次抢劫高速公路收费站（且刻意不伤害收费员）并不以为然，正是认为这是"对社会组织的不正常现象的抗议"，只不过，他抗议的是无法理解的政府。

在这种社会心理中，充满了各种内心矛盾和自我冲突，体现的是内心的激烈挣扎。后来拉斯柯尔尼科夫向女友——16岁的索尼雅坦白了自己杀死女当主的罪过，并说明了他犯罪的原因。他说，他杀人不是为了帮助母亲和妹妹，也不是为了把抢来的金钱造福别人，而是要做个非凡的人，他按照"权威的榜样"杀人。他为了显示自己不是一只虱子，所以他杀了人。但他又认为杀死了老太婆，也"杀死了自己"。他同时受到良心的苛责。

事实上，伍勇亦有自己深爱而不舍的女友，但这并没有让他放弃去做这些他所认为的"正当的社会主张、追求和理想的事业"。我后来读到他在狱中写给女友的情诗，用词遣句情挚而动人之容。联想铁窗内外甚或斯人一去不返之现实，更令人唏嘘。考虑到报道的公开性可能会对当事人造成困扰，这部分内容并未在文章中提及。

在《罪与罚》里，拉斯柯尔尼科夫最后决定向警察局自首。他向母亲告别。但他并没有把自己犯的罪行告诉她，只说要到很远很远的地方去。他劝慰妹妹说："你别为我哭：我要一辈子努力做个勇敢而正直的人，虽然我是个凶手。你有一天听到我的名字，我不会使你们蒙受耻辱的，你瞧着吧；我们现在暂别。"

这与伍勇自述中写到的，"天南海北四处流浪，拾荒捡吃，住檐坎宿山林，与疯子为伍，与丐为伴，我是一个真正的无产者。我虽一无所有，但我从不向他人乞讨，我虽然渺小，但我的心却比那些过客伟大"，何其相似。

拉斯柯尔尼科夫被判刑8年，流放到西伯利亚服苦役。他的女友索尼雅置办了行装伴他一同去流放。她在流放地做裁缝，和犯人相处得甚为融洽。拉斯柯尔尼科夫后来开始信仰上帝。在他枕头底下，经常放着一本《新约全书》。

与此不同。伍勇一审被判处死刑。他在少年时代建立起的共产主义信仰，在高中毕业后破灭，随后决意以一己之力，行惊天动地之事，以期引起他人注意：注意其不平人生，注意当下不平的社会现实。

伍勇至今仍未有信仰，在狱中发出长问："我抢劫钱财不是为了吃喝，攻击哨兵和保安也不是为了玩乐，我人生的目的究竟是为了什么？"

最后理性

2010年3月23日上午7时许，42岁的医生郑民生在南国边城南平实验小学门口，手持砍刀，砍向13名小学生，造成8名学生死亡，另有5名学生受伤。

血案恸人。2007年，我曾和媒体同行们讨论起"杨佳案"，当时我妄自提出"最后理性"这个词，并担忧类似事件的重演。在杨佳案中，当事人对行凶后可能出现的情形，可以想见事先曾有所考量，这并不是随机性的行凶、出于感性随意而为，而是经过了理性的思考，希望借此引起注意或在行为中注入某种价值观，此外还呈现"经此一役，义无再辱"的决绝性，故名之曰"最后理性"。

这种分析，同样适用于上一章节中提到的伍勇，乃至虚构形象拉斯柯尔尼科夫。

从2008年的杨佳案，到2009年的伍勇案，然后再到2010年的郑民生案，现实世界里，系列案件接连出现。在这些事件中，杨佳因为上海警方不给说法，迁怒于警察群体；伍勇因为共产主义理想破灭，迁怒于政府、军队等象征符号；郑民生因为失业、恋爱不顺且不忍言语刺激，迁怒于无辜学生——相关事件均有这样的“最后理性”可循，呈现出类似的逻辑。

和之前的舆论热点——社会群体性事件作为矛盾积累酝酿后的突然爆发不同，群体性事件如果处置得当，尚可终结于可控状态（虽然目前来说，很多地方政府仍未汲取教训）；同时因为影响广泛，群体性事件取得了从上至下、从官至野的关注和经年持久的反思。我多余的担忧是，前面所谈的个案因为偶发而流于泛泛的关注。

比照两者，个案带来的伤害其实相对来说更直接更深重。在杨佳案和郑民生案中，无辜遇害者分别达到6人和8人——仅此一点即令人触目惊心。

细析之下，从杨佳、伍勇到郑民生，此类严重个案，动机因为并非直接报复，故而具有不可预知性；又因施害对象是无直接关联的无辜者，事件愈发不可控；由于其可复制性，或会带来“示范效应”；而同时，由于动因埋伏于长期积累的时间进程中，事件更是不可预防。更令人担忧的是，此类事件开始越来越多地涌现。

这是沮丧的令人不愿启齿的预言。从可控的群体性事件，到不可预知且不可控的“最后理性”个案的演变，背后是越来越不可捉摸的社会心理，和越来越复杂的社会矛盾现实。

这是非常危险的趋势。

我却不知道解药何在。背后或是失败的国民教育和失落的文化传统，宽容与宽恕的缺失是其表征之一。

在伍勇案的采访中，罗和辉律师曾提及，在杨佳案后设若号召全国警察对杨佳及其家庭进行捐赠以期弘扬“宽恕”，或可促进社会和解与沟通。我未回应，但心中已认定姑且不说有没有可操作性，这种提倡绝无可能获得响应。

带来一丝安慰的是，关于伍勇的报道面世之后，其人生与复杂的思想历程为更多人所知。现在，距离一审判决已五个多月，而二审仍未有启动迹象。据罗律师称，四川政法机关在报道过后，已逐渐改变以往对伍勇“穷凶极恶”的主观设定，同时已开始认真考量他在上诉状中提到的可能的他人和自己的冤情。

一位老外记者与南方周末的机缘

□Tim Hathaway（魏一帆）
（美国人，2003年来到中国，现为南方周末特约撰稿人）

我看过当地官员的腐败就像溅到厨房墙壁上的油渍。我还尝过美国人很少能体会到的贫穷的滋味，它有点像白酒的后劲。它就在蒙古族牧民跟我分享的贫乏晚餐里，在南疆的维吾尔族跟我分享的有沙子的沙漠茶里。它也在大小城市的宴席里，那些地方餐盘如山，酒流成河，但有时人们看上去还是像饿鬼。尽管如此，在我成年的生活中，那段时光最为幸福。

“你支持汉族人还是藏族人？”

听到我在中国的一家国家报纸撰稿的故事，他的反应又简单又短暂：“那你就没有任何实际的经验。”

彼勒（Bill）总戴着NBA的凯尔特人的帽子上班。他是我同事，就坐在我对面。每天晚上我们一边分享故事，一边编辑第二天的《阿什伯里公园报》。那是美国新泽西州的一份日报，有着16.5万份的发行量。没跟体育版的伙计们聊篮球或棒球的时候，彼勒就跟我讲20世纪60年代，学校种族融合的议题在报社引起紧张感之类的故事。那时是黑人对白人，种族融合论者对种族隔离主义者，理想主义者对实用主义者。

他64岁，从事了一辈子新闻工作，正等着退休。我33岁，刚结束在新疆经济报两年的工作，回到美国新泽西。我很佩服他的经验，而且，他常常问我跟中国有关的事，这也让我尊敬他，因为大多数同事根本不感兴趣。我跟他说新疆报纸的故事，比如民族关系的紧张感，就像是在用塔克拉玛干沙漠里石油烧起的小火上，不断翻炒的一盘民族杂烩。我也告诉他，抛开这些问题，人们的生活实际比以前好。我尽量解释让我留在新疆3年的原因——夜晚中沙漠纯粹的美丽，借由采访和写作发现的当地人那种深邃而又复杂的个人尊严，以及与不同民族朋友建立起的真正友谊。

彼勒整年来一直问我各种关于中国的问题，不过到了2008年3月底，他就再不问我了。那时刚好NBA的竞争也变得火热；同时，新闻一直在播报西藏事件。据中国媒体报道，有22人死亡，大多是汉人；而据国际人权机构报道，事件过后死亡人数超过220人，大部分是藏族。为了保持客观性，每篇报道都提到双方的数字，但这看起来就像是一场让人毛骨悚然的死亡人数竞赛。

彼勒不相信中国媒体的数字。我们都怀疑另外一边的数字更准确，但没法证实。听过之前我对新疆的描述，彼勒忍不住问我对西藏的想法。他的问题本不应该让我惊讶，但是他的话里还有着另外一重意思，这让我有点吃惊。边坐下来边调整凯尔特人帽子的他干脆问："嘿，Tim，你支持汉族人还是藏族人呢？"

好像整个编辑部顿时陷入一片寂静。大家都知道我在中国住过，但永远不理解是什么让我留下来这么长时间，那些经历或许对我的思想有一定的影响，尤其在人权问题上。看我站在那里，他们都想听到我的答案。

这不是第一次别人在报社难为我，因为我曾经住在中国并决定为中国媒体工作。接受这份工作时，总编辑承诺给我机会写文化。之前我住过三个不同国家，并有用两门语言写作的经历。

《阿什伯里公园报》招聘记者时，我跟记者部主任面试。我希望换工作当记者。我给他介绍我作为在新疆新闻界就业的第一个外国人的经验，说我每周两次的专栏受到欢迎，连回国后对方也要求我继续下去。我告诉他特约撰稿的话题，如威胁普氏野马回到原生环境的非法煤矿。我也强调我尽量独立、公平及以人为焦点的立场，并留给他几篇稿子作为证明。

跟彼勒一样，记者部主任一辈子从事美国新闻工作。他坐着看表，听我在中国的一家国家报纸撰稿的故事。他的反应又简单又短暂："那你就没有任何实际的经验。"

大部分美国记者可能会同意他的想法。我的同事都觉得我的经历很有趣，但是没有用处。美国人以为中国的媒体没有自由空间。典型的假设是没有任何重要话题能够公开辩论。我之前也这么想，所以，2006年1月《新疆经济报》邀请我开专栏的时候，我最初的反应是拒绝。

“洋人”专栏

我尝过美国人很少能体会到的贫穷的滋味，它有点像白酒的后劲。

那时我已经在新疆待了一年半，起初当新疆大学的外教，后来成了学中文的学生；我打算利用我的语言优势和国际背景来转行。《南方周末》文化版的编辑朱又可，当时是新疆经济报的总编辑助理。我跟他是乌鲁木齐同一个天主教堂的教友，通过其他教友的介绍成了朋友。在变成同事之前，我们已经认识了一年半。我想在新疆待下去，但我没考虑从事跟写作有关的行业，朱又可的想法我一无所知。他向新疆经济报的总编辑询问是否可以让我在报纸上开设中英双语的专栏。几个月的游说后，总编辑终于同意了。在冬天某个寒冷的夜晚，朱又可给我打电话，让我去试试。我可以用英文写稿，然后自己翻译成中文，他和其他编辑会帮助我订正错误。

我记得当时我想，这可不是个好主意。我不过是个老师，而且觉得几件应该写的事根本没办法公开发表。另外，我对中文以及中国文化并没有足够了解，也没法写有意义的稿子，因此我拒绝了。但是他坚持让我尝试。当了那么久朋友，这是他唯一一次坚持让我做某些事。他的建议很简单：“我想你写文化。别谈到政治和宗教，除此之外，什么都可以写。”

我勉强写成两篇，翻译成中文。但我的中文实在很差，几乎每个短语都需要编辑重写。第一篇是谈“毛裤”，第二篇是谈中国式“AA制”。因为看上去既肤浅又荒谬，我断定会遭到退稿。出乎我意料，编辑们立刻把它们刊发了。——他们觉得稿子讲到了那些不明显的文化现象。接下来的两年里，以跟新疆和整个中国的接触为主题，我写了大概150篇专栏文章，同时提高了我的中文水平。

这也引来了其他机会。报社没有人用英文采访，这等于说，那些说英语的科学家、学者、商人就都归我了。找故事对我来说已经不成问题，我的困扰是如何选出最有趣的。有时候故事也会主动来找我，只是一些故事我没法写。我的稿子都是基于自由撰稿人的身份，因为没有记者证，我的写作领域比中国同事更有限。

2006年秋，一位德国的普氏野马专家告诉我，卡拉麦里自然保护区有个煤矿快要开采，那个煤矿会威胁到那些野马。我转告朱又可，觉得报社可能不会报道，或者会派个中国记者过去。考虑了一天后，朱又可决定让我去写稿，去矿场找找矿主，也许能说上话。

“别告诉他你是记者，”他说，“只跟他聊聊天，尽量了解情况。不愿跟你沟通的话，那就离开。但是如果周围有餐厅、商店什么的，看人们是否愿意说煤矿的事。”

在自然保护区，我跟几个国际和国内的专家、本地官员一起待了几天。最后一天，我跟德国科学家坐越野车一起去煤矿。因为煤矿离水源地很近，野生动物很多，车子一路上不得不停了好几次，给野羚羊、野驴让路，我也下车给它们拍照。等到了煤矿，我是唯一一个下车的。我找到矿主，骗他说我在给中国一家报纸摄影，想拍野生动物，能不能帮我找找。

我们聊了15分钟左右。他说煤矿属于兵团。和专家们跟我说的相反，他否认煤矿是非法的，还说对野生动物没有影响。他给了我一瓶水，还给我指了方向，说那边可能拍到好照片。但是我一上车他就狐疑地盯着深色车窗看，想知道坐在里面的是什么人。我们开车走的时候，他看上去仍然相当疑虑。这让我非常害怕，即使有了安全距离，我也不敢下车给煤矿拍张照片。

几个星期后，稿子出来了。因为这是我用中文写成的，我感到自豪。报社愿意支持我做这件事，愿意刊发这种内容的稿子，我就更自豪了。不过，很快我就发现，稿子发表后如石沉大海，社会和政府没有反应。这成了我在新疆和中国新闻界学到的许多教训之一。

我看过当地官员的腐败就像溅到厨房墙壁上的油渍。我也去农村跟一些官员吃过饭，亲眼看到由于他们的经济“食谱”，农民桌子上有更多的菜，口袋里有更多的钱。我还尝过美国人很少能体会到的贫穷的滋味，它有点像白酒的后劲。它就在蒙古族牧民跟我分享的贫乏晚餐里，在南疆的维吾尔族跟我分享的有沙子的沙漠茶里。它也在大小城市的宴席里，那些地方餐盘如山，酒流成河，但有时人们看上去还是像饿鬼。尽管如此，对我来说，新疆文化本身就是一种精神和思维的盛宴。在我成年的生活中，那段时光最为幸福。

帮英文读者“读懂中国”

为什么中国人会对西方媒体那么愤怒，而对本国的一些信息遮蔽不愤怒？

2007年8月，由于某些经济问题，我回到美国，那时我以为自己不会再出国了。但当了那么多年“洋人”后，不但觉得要重新开始人生的方向，我也感觉到终于能够对亲朋好友和同胞说真正有价值的故事。我决定继续在媒体工作。但是没人愿意要我这样没有美国新闻从业经历的记者。我只在《阿什伯里公园报》找到一份编辑的工作，偶尔也当自由撰稿人。之后不久，朱又可担任《南方周末》文化版的编辑，因为我住在纽约附近，他就让我写些有关美国文化的报道。

我在美国把之前我写的专栏文章和特别报道结集成书，自费出版，书名是“自由的空间”。为了推荐书，在奥运期间我还做过一些关于中国媒体的演讲，尽量描述我和中国同事的写作环境。我也努力介绍媒体的市场，以及《南方周末》、《财经》等媒体的作用。

做演讲时，在大规模裁员开始前，我辞去《阿什伯里公园报》的工作。在美国媒体圈，几乎不可能再找到好工作了。我开始考虑返回中国当个英文老师，那样至少我还能继续写作。8月底，我意外地收到中国人民大学的回复，外国语学院让我马上去上班。

接受工作之前，我给朱又可发邮件，问他如果我在北京，空闲时给《南方周末》写稿，会不会给他带来麻烦。他很快就给我回复，直率地欢迎我回去。

我在《南方周末》的角色跟在《新疆经济报》时差不多。我只是特约撰稿人，偶尔写一些文化稿件，在南方周末网站上也有个专栏。我的专栏从2009年2月份开始，主要内容是把报纸上的评论翻译为英文。专栏的标题是“洋人看中国”，这也表明我对自己角色的态度。我不光写文化，还希望能帮助那些英文读者“读懂中国”。

尽管现在西方有一些以中国为对象的优秀报道和书籍，但总体上，西方媒体关于中国的叙述有点像快餐，稿子迅速被写出来，也迅速被消化掉。历史、语言差异以及对中国媒体的不信任，也使得这种叙述被复杂化。说实话，我认为反过来，中国媒体也是如此看待美国的。菜单有问题的话，那读者的胃口也有问题。大部分有过良好教育的人都渴望能知道更多，但也有一些只满足于经常吃的那几道菜，就像我曾经的同事彼勒。在我辞职不久后，彼勒从《阿什伯里公园报》退休，我肯定他最后一天也戴着凯尔特人的帽子，就像他那天最后一次问我关于中国的问题一样。

“这不是篮球比赛，非输即赢，”我向他说，“汉族、藏族我都支持，希望他们能够一起解决问题。”彼勒似乎认可这一点。我补充说：“不过我还是认为，西方人假定藏族信佛就不会有暴力举动，这点是很幼稚的。”看起来，对他以及其他同事来说，这个观念很新颖，不过我也给他们留下一种印象，认为我丧失了客观性，支持汉族。

“不过，我也无法理解为什么中国人会对西方媒体那么愤怒，而为什么他们对国内的一些信息遮蔽不愤怒，”我继续补充，“我不认为任何人真正了解真相。”

随后彼勒就换了个话题。之后大部分晚上，他只是谈论去年获得NBA冠军的凯尔特人队，那样的话题让他感到兴奋，因为习惯于“竞争”菜谱的胃口得到了满足，即使只有片刻。我呢？我不在乎，我不喜欢篮球。

南方周末

后台

深思成就深度

「系统」：一个极权资本主义的诞生

石首毫无悬念被遗忘

广场

谁是不明真相的群众

被张维迎利用？

三鹿事件前传：我来剥媒体的皮

「伟大时代」下的精神病

「两会」报道进阶指南

新闻叙事的秘密：两个「时间」

「俄亥俄州」一样的巨石与悲伤

没有向「童话」低头

“系统”：一个极权资本主义的诞生

□曹筠武（南方周末新闻板块）

这个游戏更清晰地为我们呈现了一个极权资本主义的图景，图景中，一个巨大的阶层为了钱而不是权力和主义而实行专制，在世界历史上，从来没有过这种社会形态，从没有过。

先说明一下，现在网上传《系统》的作者是“80后，资深网游玩家”。其实我不玩网游，我玩的都是单机版，实况足球、NBAlive、FM，体育类游戏居多。在此之前，我对网游的了解仅来自我表弟，他玩过《传奇》，那时候我上大学他上中学，暑假一回家，他就找我借钱，为此我对网游产生了一种朴素的抵制情绪，自己从来没玩过。

说实话，当初接这个选题的时候，心理压力挺大的，老会不由自主地想：要是编辑李海鹏自己来写，会写成什么样呢，然后心里就挺绝望的。同事邓科、吴晨光、林楚方等也陆续来问了几次：听说海鹏给了你个好题呀，搞得咋样啦？然后心里就更绝望了。现在来看这个事情说明两点：一、以上诸老师对新闻题材的判断十分准确；二、有点压力有时候也挺好的。

对《征途》的采访跟以前我所经历过的采访都不一样，以往都是采访某事件，冲过去剥洋葱，一层一层揭开，很有目的性，有序，也有成就感，像是跑马拉松，每一步都离终点更近一点。其间还会穿插诸如与线人接头、与官员智斗等等的桥段，说起来挺刺激肾上腺素的。

这次挺难受，面对的是一个游戏，几百万玩家，还都是虚拟身份，想找个合适的采访对象，说是大海捞针我觉得不夸张。就像面对一盘散沙，而诸位老师告诉我，这里面有金子……真的挺绝望的……

海鹏玩过一点《传奇》，所以开始的时候对网游比我有发言权得多。他给了我一个方向："在我们身边还有这样一个世界，而这个世界里发生着一些残酷的事情。"海鹏建议我找几类玩家：特别有钱也玩得特别好的，没钱且玩得特别惨的，还有在游戏里面做生意的。我们最初商量后觉得，把这几种玩家的典型故事写出来，这个残酷世界基本就可以呈现了。

然后就开始找人，很不顺，最大的问题是玩家们不愿意深谈，一方面我们的话题必须涉及钱，另一方面，基本上玩家们都觉得玩网游不是件特别光荣的事情，比如我曾经找到过另一个网游中的"国王"，他说这个事情不值得写到报纸上，啥时候他学雷锋做好事，欢迎我去报道。我想朋友介绍是不是会好一点，就通过西政的学生找到几个西安的玩家，他们倒愿意说，但表示这个游戏太费钱，所以想收点采访费，千把块就行。我估计报社也不会给我报销，算了……

这样时间慢慢就过去了，11月底布置的题，到12月初人还没找到。本来还想采访史玉柱，叫一位前同事帮我联系，丫说丫还等着跟玉柱做生意呢，把我拒了；请经济部一位同事出马，过了些天回来消息，柱子哥现在NB了，不接受单独采访。

说到NB的柱子哥，我们准备做他的《征途》网游不久，他在纽约上市了，穿着身运动服跑到纽约证交所敲了回钟，海鹏说，那就正是做他的时候……这算是很不顺的开头中的一个好消息。

经济部同事把他对史玉柱的一次采访记录无私地传给了我，很长，大概几万字。这对了解史玉柱是个极大的帮助。柱子哥在回答中指点江山，很有点挥斥方遒的感觉。总的印象，在他创造的世界里，就像S. H. E. 唱的歌："他是光，他是电，他是唯一的神话，只能崇拜，没有更好的办法。"

然后又是漫无目的地找人，被拒绝了很多次，一般开始都还聊得不错，刚进入正题，听说我是记者，就跑了。这期间看了包括《三联生活周刊》的封面文章在内的很多材料，觉得他们给我们留的空间不多了，好在他们着重分析，而海鹏想要的是一个故事，我自信讲故事还是能讲得比他们好，当然，前提是我必须碰得到一个好故事，可哪有那么巧的事情呢。

还真有这么巧，那天我在成都站办公室发牢骚，说网游玩家们为什么要害怕记者呢，当年毛主席去安源，煤矿工人都跟见了亲人一样！这时候搞发行的同事刘春康说，他有个朋友，玩得很好，听说还当了游戏中的“国王”，有兴趣的话他可以介绍认识。

这个国王，就是报道的主角，“吕洋”（很抱歉还不能透露她的真实姓名，前几天她给我发消息，说现在请她签名的人太多了，请粉丝们不要学杨丽娟……）。

见到她是在一个饭馆，刘春康拉的场子，我们坐包间里等她下班。进来的是个穿白色风衣的姑娘，脸上带笑，走路一蹦一跳的。这个时候我才意识到这个国王是个女孩儿，而且……挺漂亮……尽管刘春康之前提过，这个国王是个女的，我还是没有把国王和漂亮女孩儿联系起来过。我很希望她有个好故事……

接着开始闲聊，建立基本的信任，慢慢聊到《征途》，她讲到她一不小心就杀死了一个国王，高兴得把电脑踹熄火了，我开始感觉到找对了人；接着她说起他们医院的院长，她觉得在游戏里女人也可以统治男人，我觉得这个女人不简单。

后来她说，我已经不玩了，不想给史玉柱打工了。我觉得采访的主角可以定下来了。

后来又陆续聊了几次，包括她的丈夫，她在现实和在《征途》里的朋友。海鹏和我都觉得，我们要的这个故事，不仅仅是关于她玩游戏，更重要的是这个游戏给她带来的影响和变化，这个游戏如何改变她的生活。

慢慢到预定的发稿日期了，但是我总觉得还没法动笔，我对吕洋，以及“狼烟”等人玩游戏的经历很清楚了，但一涉及游戏本身，还是觉得陌生。我跟海鹏说，现在还写不出来，我得自己去玩一把。

我建了个账号，开始自己的“征途”。我应该属于海鹏所说的玩得特别惨的那一类，在游戏里，我浑身上下只穿一条短裤，手里连根木头棒子也没有，在沼泽地差点被蚊子咬死……开始我只是想熟悉熟悉环境，但很快发现，如果不按游戏系统的设置一路往前走，我对这个游戏的了解也就只能仅限于一个“惨”字而已。

于是我找到“狼烟”，加入了他的家族和帮会，跟着他做任务，自己也试着跑出国逛逛，当然被秒杀了无数回。这里面杀人是不讲道理的，有一次我被堵在边界上，几个哥们守着我砍，他们挺开心的，我恨不得能在游戏里掏个记者证出来把丫们吓跑。后来我异常愤怒地请“狼烟”来把我救回去了……这时候的感觉，可能就叫做“入戏”吧。

对这个游戏的感觉，基本上就是在漫长的做任务和反复的被秒杀中一点一点累积起来的，堪称“一个体验式采访者的血泪史”……

说实话我一点没觉得这个游戏好玩，这不像玩实况足球，你技术好，拿中国队也能使得行云流水，拿着郑智这样的糙哥也能像卡卡一样从中场直奔对方禁区，完全是玩家智慧的体现，非常爽快。玩《征途》，面对的是这个游戏的设置，得完成什么什么任务，还得完成多少多少回，才达到它的要求，才让你升一级。这是谁玩谁啊？我跟同事朝格图还开玩笑，这不就是考评体系么，你得写多少稿，还得有多少好稿，才让你升一档……我在现实当中已经在玩了，干吗还得跑游戏里去受虐啊。

我想，后来稿子里体现的意思，在这地方就模模糊糊有些感受了。

在游戏里面我专门干些煽风点火的事情，比如喊一句，游戏好烂啊！就会有人回应。然后我就去找他聊。这招是吕洋教我的。游戏里骂《征途》的人遍地都是，但绝大多数又是在边骂边玩，海鹏说，这挺有意思的，能体现游戏对人的控制。

有一回我跟一个卖号的聊，有一句话当中有系统两个字，打出去发现居然变成了**。我很吃惊，就问他是怎么回事，他说早就这样了。我立即去问吕洋，她说，是啊，早这样了，我还为这个被抓进过“监狱”呢。

这就是稿子后面一部分的由来，就是这么偶然，我从不知道游戏里还有过滤词，还有监狱，《征途》的官网介绍上也绝不会涉及。吕洋像讲笑话一样地回忆这段情景，我却听得有些后背发凉。《1984》和《古拉格群岛》的影子，就是在那时候出现的。

后来稿子里用到的东西，到这时候基本都搞到了，又到发稿日期了，周一晚上我对着屏幕坐了一晚，却一个字写不出来，我抽烟，听歌，洗澡，都没用。第二天，海鹏来要稿子，我只能跟他说没写出来。我以为他会飞过来砍我，但他只说了句“那下期抓紧啊”，就放过我了。我觉得他体现了一个知识分子应有的恬淡，坐看云卷云舒……嘿嘿。

接下来就是使劲地想，不是我敬业到废寝忘食，而是搞这个东东也很多天了，不由自主就会想到。那几天有些神神叨叨的，走路在想，吃饭在想，我记得发现有点开窍的感觉是在有回洗澡的时候，我觉得要写的应该是一个被控制和奴役的故事，这个故事和我们身处的现实那么相像，唯一不同的是在这个阴暗的故事结尾还算有点阳光，因为有醒悟和逃离。

前些天有家报社的记者来采访，要“采访幕后的故事”。我挺难跟她解释的。这个采访很平淡，一点也不惊险，柱子哥也不至于到派人追杀我的地步，唯一的特点就是繁琐。后来我让她去问海鹏，海鹏说，这个采访不是用腿的，是用脑子的。我觉得海鹏说得很到位。

写稿一共用了8个小时，从下午一点到晚上9点，9000字。传给海鹏，他看后回了消息："稿子很不错，全写完了告诉我电话你，我跟你说。"他的意思是把配稿写完再通知他。但我很想知道"很不错"到底不错到什么程度，配稿写了没两句，干脆给他打电话了。

电话里海鹏的语气很兴奋，他建议把"控制与反控制"再突出一些，再贯穿始终一些。他说我们要写的就是政治。后来他又给我发了封邮件，说"1. 这个报道的根底就是政治，现实的虚拟浓缩版；2. 极权资本主义的脉络，贯穿始终，让信息扣题，让整个报道的力量更大"。

应该说，到这里，这个稿子的形态最终被固定下来了。我搞出了一堆算得上漂亮的部件，而海鹏就是那个给这些部件插上电的人。

在整个采编过程当中，我觉得最精彩的部分应该是海鹏发给我的一个消息，他说，想了个标题，"系统"。反正我当时就觉得黑衣服帅哥尼奥从我眼睛前面飞过去了，这不就是《黑客帝国》么，不就是*Matrix*么？我感觉我写的不是稿子，我是在给拯救地球的尼奥写传记。

唯一的问题是主稿太长，自己写的东西狠不下心删，海鹏说他一个字也不想删，所以这个问题只能交给领导了。领导说：那就给两个版吧。多么英明神武，嘿嘿。

后来的事情就不用多说了，表扬确实很多，各地同学都有来电来函。那些天我的MSN很热闹，很多人跟我说话，包括天天跟我说话的吴晨光啊朝格图啊等人，也有两个月没跟我说过话的邓科老师，半年没跟我说过话的伍小峰老师，一年没跟我说过话的杨瑞春老师……当然最high的是李海鹏，他在各论坛里诲人不倦……

我不想搞得像拿了奥斯卡一样感谢CCTV感谢Channel V，但是我必须说，写了一个不错的稿子，就有这么多同事单纯且真诚地感到高兴，让我觉得我确实是在一个集体里工作。嗯，我不是一个人在战斗……

后来跟海鹏、吴蔚聊天，吴蔚老师提到一点，他说当初设计网游的时候，大家想的都是建一个网上乐园，但现实是，韩式网游，或者说东方式网游，不可逆转地成了丛林。乌托邦的梦想就是这样异化的。这和我们的历史又是多么相像啊。当然要细细溯源，这又是另外一篇稿子了。但我觉得吴蔚老师的分析非常中肯。

再后来得了总编奖，我唯一的意见是，张春蔚、王轶庶和刘春康也应名列其中，这个稿子离不开他们的配合。总编奖的评语很漂亮，其中说："母词'系统'的深度发掘，不仅是对现实的有力映射，更是对新闻易碎品属性的一次挣脱。"我想，评语中的其他部分，我可以和海鹏共同受之，但这一句，专属于李海鹏。

附

系统

□曹筠武

编者按：在一款同时在线人数超过百万、全部玩家加起来可以组成一个超级城市的网络游戏中，它的游戏精神是指向乐趣，还是指向权力和金钱？它的社会规则是新世界的开放自由，还是率土之滨莫非王臣？这不只是对某一款游戏的追问，甚至也不只是对韩式网游的价值观的追问，而是对人与游戏、人与人的关系的追问。虚拟世界是现实世界的一部分，也有着人们必须捍卫的准则。

在当下中国最火的一款网络游戏中，玩家们遭遇到一个"系统"，它正在施行一种充满诱惑力的统治。这个"系统"隐匿无踪，却无处不在。它是一位虚拟却真实的垄断者。"如果没有我的允许，这个国家的一片叶子也不能动。"这是智利前独裁者皮诺切特的声音，悄然回响在这个虚拟世界之中。

白天，27岁的吕洋是成都一家医院的B超检查师。

晚上，她是一个国王，"楚国"的国王——玩家们更乐意按游戏里的名字尊称她为"女王"。在这个虚拟王国中，"女王"管理着数千臣民，他们都是她忠诚的战士。

在一款名叫"征途"的网络游戏中冲杀了半年多之后，吕洋自信看清了这样一个道理：尽管这款游戏自我标榜以古代侠客传统为背景，实际上，钱才是在这个虚拟世界中行走江湖最关键的因素。

吕洋受过良好的专业教育，丈夫是生意人，资产殷实。钱对她来说从来不是问题，但她仍然忿忿不平地把这款游戏中一些风头正健的人称为“人民币玩家”。虽然在游戏中投入了数万元，但她仍然屡战屡败，原因就在于有人比她更愿意花钱，也花了多得多的钱。

正如《征途》的创造者史玉柱所言，这的确是一款适合有钱人的游戏。在这个世界里，欺凌他人的威力和合法的伤害权都标价出售。

尽管一切都是虚拟的，吕洋却曾经坚信她找到了一条通向光荣与梦想的金光大道。不过随着人民币的不断加速投入，和很多人一样，吕洋发现，金钱铺就的，其实是通往奴役之路。

战争即将爆发

所有人都必须是“人民币玩家”——和平受到鄙视，战争受到推崇——被杀死者得到的只有耻辱

坐在常去的一家网吧的VIP包房里，吕洋显得兴奋而又忧心忡忡，她面前的19英寸液晶宽屏上，黄色的粗体字反复闪动：“国战将在晚上8点15分开始。”她还有两个小时，对她手下的战士们作最后的动员和部署。

将要攻打楚国的是游戏中的头号强国魏国。魏国拥有上万名玩家，更为关键的是，魏国的支柱，“王者家族”成员们，个个都是令人敬畏的英雄，他们的等级遥遥领先于一般人，装备着成套最为昂贵和罕有的神圣铠甲和武器。在“世界英雄排行榜”上，他们长期牢牢地占据着前五十名中最靠前的位置。

他们拥有恐怖的杀伤力，人人以一当百。即使吕洋这个“女王”和他们对垒，如果战术采取不当，也存在被“秒杀”的危险。所谓秒杀，就是在几秒钟之内，在试图还击之前，就被一招致命。吕洋的丈夫并不玩游戏，但他也会对此开开玩笑：“就像武侠小说里写的，如果刀够快，你可以听见自己的血从脖子里喷出来的声音。”“女王”吕洋对他们最为忌惮，同时又略带鄙夷。“他们就是人民币玩家嘛。”她说。

实际上，只要进了这个虚拟的小世界，所有人都必须是“人民币玩家”，区别只在于你愿意花多少而已。

和以往的所有网络游戏不同，《征途》并不计时收费。简单地填写一份网上表格，就可以注册账号。只需要起个名字，选择性别、国家，一个虚拟身份就此诞生，光荣而艰难的征服之路摆在了你的面前。根据游戏的主线故事背景，你会惊奇地发现其实你是皇族之后，由于战乱被弃于荒野，现在你长大了，知道了自己高贵的血统，接下来该做的就是练一身好武艺，奋起于草莽之间，闻达于庙堂之上。建立自己的国家甚至取得统治世界的皇位以恢复祖先的荣光，则是你的终极目标。

故事很合中国人的口味，唯一令人感到困扰的是：热血沸腾之后，你发现现实和理想的差距原来是那么大。一个新诞生的身份是1级；而王国里最英勇的英雄们能练到“转生170级”：练满普通人的168级之后，他们又获得新的不朽之身，并再次练到了170级。简单地说，那就是人和神的差距。英雄们手持“完美的神圣武器”，浑身旋绕着代表高贵的紫色光晕；而你却两手空空，甚至全身上下只有一条遮羞的短裤。

现在，你可以购买点卡，持续地把人民币注入游戏中的账户，以便快速升级，购买各种名贵材料打造装备；你也可以不花钱，如果什么都不做，只是待在游戏里的话，系统不会向你收取一分钱。但很快你会发现，你连荒地里的一只蚊子都打不过，你的活动空间甚至仅限于出生地，一个叫“清源村”的小村子，更为广阔的世界则是为英雄们准备的。当然，最让你沮丧的还在于，贵为皇族的你，却永远生活在被其他玩家“秒杀”的巨大阴影之中。

显然，吕洋走了一条真金白银铺就的英雄之路。她如今是“转生145级”，历经艰险戴上了王冠，她的坐骑是一条浑身闪着火光的龙。但英雄亦有英雄的烦恼，她的王国正面临严峻的挑战。

吕洋自认为是一个“和平主义者”，她把女性的温婉带到了对国家的治理之中。“女王”很少主动攻击别国，更喜欢带着臣民们消灭怪物，或者经营骆驼商队。但这并不能避免受到攻击。

“国战都是系统安排的，”吕洋解释说，“国王只需要提交申请，系统就会自动安排好战争爆发的时间。”

系统喜欢“国战”。这个虚拟世界里，“和平”受到鄙视，战争受到推崇。战胜国可以自动获得战败国国库里的金钱和物资，国家排名由“国战”胜利次数决定，强国的臣民名字下闪耀着一颗颗星星，那代表着每一次辉煌的战胜。当然这并不是最重要的，对于战争中的人来说，冲入别国的土地，肆意砍杀每一个胆敢与之抗衡的人，无疑是释放内心深处原始冲动的绝佳办法。

系统准确地捕捉着人性的弱点，召唤着玩家们在违背普世价值的虚拟世界中放纵自己的邪恶。它赋予战争中的人肆意杀戮的权力，给予杀人者加倍的经验值奖励；系统也会标明你的斩首纪录，那一串串数字就像印第安战士割下的头皮代表着无上的荣光，而被杀死者得到的只有耻辱。

吕洋打电话，上QQ，或者在游戏中直接交谈，她自知实力对比悬殊，因此通知手下的战士们集中力量，守住王城的一角。她的声音因紧张而略带颤抖，尽管对现实中的她来说无论胜败都会毫发无伤，但在游戏里，她知道那意味着生存还是毁灭。

离战争爆发，还有两个小时。

国王死了

推销员来了——冒险家乐园——都在“系统”的支配之下——小角色杀死了国王

在开始“征途”之前，吕洋玩的是另一款游戏《传奇》。她玩得并不好，仅仅当作一种周末的消遣。《传奇》计时收费，玩家购买在线时间用来升级和打造装备，所有的事情都费时费力。“比如你要打一个终极怪物，”吕洋说，“要跑很远的路，在迷宫里面转来转去，杀掉无数的小怪，可能耗一个晚上，你才跑到大怪的面前。”最让人崩溃的是，当历尽艰辛终于站到大怪面前，一不小心却被秒杀了！那么，从头开始跑路吧。

吕洋可能从未得知，在她晕头转向地跑路时，一个叫“送礼只送脑白金”的玩家也在这款游戏中闯荡，他从来不耐烦那些烦琐的升级步骤，而是直接购买高级别账号；他成千上万地花钱，砸下最顶级的装备。以钱铺路，他在最短的时间内得到了最强大的威力。在这款典型的韩式“泡菜”游戏里，他试验出了自己独辟蹊径的玩法。这位玩家就是后来《征途》的老板史玉柱。

2007年年中的一天，就在吕洋常去的这家网吧，一个推销员站到了正在“跑路”的吕洋面前。他衣着得体，面带微笑，用充满诱惑力的词汇介绍了一款名叫“征途”的新游戏。“绝对不用走迷宫，我们要的就是爽快。”吕洋记得他这样保证。

吕洋就此和朋友们“踏上征途”。她的这些朋友要么是医院的同事，要么是丈夫生意上的伙伴，空闲不多，但钱不少。他们很快发现，《征途》的确是一款爽快感十足的游戏，简直就是为他们这样的人设计的。

要找系统角色接受任务，不用费力去找，点F键，下拉菜单里角色名字一一罗列，就像网络上的超链接，双击名字，就自动找到面前；要去某个地方，不用走迷宫，点开地图，找到地名，鼠标左键单击，一会儿就到了。

很快吕洋就离开了“清源村”，热闹的“凤凰城”和辉煌壮丽的“王城”才是她的舞台。这位后起之秀被吸纳进了“楚国”最有威望的家族“桃花源”。单打独斗是不现实的，拜入名门正派才是出头之道，这里就如同武侠小说描写的江湖；而家族与家族联合可以组成帮派，帮派各自有各自的势力范围，在达成妥协之后又互相配合支撑起一个国家。

游戏里的大部分系统角色，比如杂货店老板或是锻造铺师傅，都可以被帮会控制，此后他们会持续贡献“保护费”。**系统**鼓励帮会争夺控制权，谁杀死竞争对手，谁就能接手保护费。帮主们因此热衷于抢夺街区和店铺。这样在吕洋看来，她的置身之处，又像是20世纪20年代的上海滩。

这里的确像那个“冒险家乐园”。低级别的玩家甚至也可以挣钱！完成一些特定的任务，比如护镖，可以得到一定数量的“银两”；达到一定级别和保证一定在线时间后，**系统**甚至会给玩家“发工资”；还有各式各样的“奖励”、“返还”。

“其实都是些小钱，”吕洋说，“相比花掉的钱简直没法比。”但由此带来的成就感和满足感是无法比拟的，你能想象在砍翻敌人的同时还能挣“银子”么？“想得到更高级的奖励么？”吕洋说，“那就花更多的钱呗。”

时常有“外国人”冒险进入楚国，他们可能是魏国人，也可能是宋国人，或者是其他9个国家中的任何一国人，但不管是哪国，一旦踏入楚国地界，他们的名字就显示为红色，这个颜色意味着：敌人——应当杀死的人。每杀死一个这样的人，**系统**就会在“护国英雄排行榜”里为你加上光荣的一分。

他们并非是闲逛者，而是根据**系统**分配的指令而来，他们必须进入敌国完成诸如“刺探情报”或者“抢夺太庙资源”等等任务。而同样根据**系统**赋予的职责，家族和帮派此时的任务就是杀死他们。

那时吕洋还是一个小角色，她正在砍杀一头犀牛，屏幕上出现一条指令，帮主撒下了帮主令，要求帮众前往杀敌。点击“是”之后，吕洋被传送到王城边境附近，众人正把敌人围在当中奋力砍杀。

帮主“狼烟”是当然的主力，他是一个“武士”，近战肉搏是他的特长，他的“无双剑”能造成惊人的杀伤。在炫目的刀光闪耀间隙，吕洋突然发现敌人的坐骑是一只麒麟，这意味着他是一个国王，只有国王才拥有这种神兽！

吕洋是一个“法师”，她专修冰系法术，可以从远处以冰雪为武器。这是她参加的第一次激战，她站到一个安全的地方，将霜冻从空中撒向敌人。麒麟居然哀号倒下，国王死了！吕洋幸运地完成了最后一击。

屏幕上黄色的粗体字夸张地跳了出来：“天哪！吴国的国王居然被楚国的无名小辈女王杀死了！”吕洋在电脑前禁不住手舞足蹈，她杀死了国王，一个小角色杀死了国王！她双脚猛地一蹬，电脑黑屏了——她兴奋得把电源插头踢掉了。

往后几天，吕洋都有些“神神叨叨”的。游戏里“全世界”都知道她杀死了国王，朋友们有些羡慕地向她祝贺。即使在医院上班，吕洋也在办公室的电脑上下载了游戏，她就是喜欢挂在游戏里，反复地看那条早就过时的消息：“天哪！吴国的国王居然被楚国的无名小辈女王杀死了！”

有时候严厉的院长从办公室经过，威严地审视医生们的工作，吕洋只能把游戏界面最小化。她会悄悄地跟同事炫耀：“牛啥嘛，他要是耍游戏，我一招就把他砍翻！”院长其实并不坏，但吕洋觉得他“缺乏对女性应该有的尊重”。“在游戏里，女人也可以统治男人。”她宣称。

国王万岁

核裂变一样蔓延的仇恨——好的装备都意味着金钱——总有无数的人在疯狂比拼——“国王万岁！”

但“女王”其实并不像想象中一样“牛”，几天之后，就在王城外，一个敌人逼近，他骑着鬃毛飞散的烈马，威严得像天上的神，他只问了一句话：“你就是那个女王啊？”一个巨大的火球从天上砸下，落单的“女王”还没来得及答话，被“秒杀”了。

吕洋目瞪口呆，短暂的惊愕之后她脑子里只有一个想法，她要升级，要得到最好的装备，她要当真正的王，她要报仇！

仇恨是这个世界中最强大的动力。“秒杀”吕洋的玩家，立刻被系统自动排入她的仇人名单，时时提醒“女王”报仇雪恨。“仇人”是这里最常见的社会关系，仇恨关系同样存在于家族、帮会和国家之间。如同核裂变一样蔓延的冤冤相报，在这里是受到鼓励和颂扬的永恒主题。

她找到“代练使者”，一个代表系统与玩家做交易的虚拟角色，他就站在王城大道边上，答话谦卑而热情，乐意为有钱人服务。吕洋向“使者”支付人民币购买经验值，“使者”则让她迅速升级，从人变成了神。吕洋觉得这么做很值得，在这上面，她“只不过花了千把块钱”。

但是，杀伤力和防护力是由装备决定的，级别只是佩戴相应等级装备的必需条件。就像金庸的小说，内力的修炼是必需的，但一把玄铁剑却可以让杨过无敌于天下。游戏中按照等级不同划分出了20等装备，以法师职业为例，武器由最初的柳木杖到最为罕有的至尊杖。此外还有铠甲、头盔、腰带、护腕、项链和戒指等等。

这些好的装备都意味着金钱。和别的网络游戏不同，在这里，打怪和接任务不会掉装备。“我都要最好的，”吕洋说，“你只能去系统商店买材料，再找系统铸造商打造；或者，你只能去赌。”

“赌”，就是“开宝箱”。玩家向系统购买钥匙和箱子，很便宜，一块钱一套。用钥匙点击开启，屏幕上一个光芒闪耀的箱子缓缓打开，各种材料或装备如同赌场大转轮一样排列在箱子里，光圈飞速转动，停下的地方就代表赌到的东西。箱子里经常会有玩家们最希望得到的高级装备，但转动的光圈却往往和它们擦肩而过。

吕洋如今回忆，最疯狂的时候她就像一个赌场里的赌徒，会在屏幕前大声喊叫自己想要的东西，比如“乌木，乌木”，那是一种高级材料，而最后她往往得到的只是一点少得可怜的经验值。“乌木”，或者那威力强大的“幽冥戒指”，仍然摆在宝箱里，闪着诱惑的光。

这个世界中还存在着一个“开宝箱”排行榜，每天开宝箱最多的人，可以得到一颗罕有的令人倍增威力的“补天神石”。

这个巧妙的设置具有无穷的诱惑力，总有无数人在疯狂比拼开箱数量。吕洋曾一晚上开过上千个箱子，但始终功亏一篑，总有人比她更为执著，她从没拿到过那颗神奇的石头。

各式各样的排行榜随时闪现，世界英雄排行榜——根据级别和装备带来的威力排序；护国英雄排行榜——根据杀死敌国人的数量排序；国家实力排行榜——根据国家物资和国战胜负记录排序……就像电视里随时出现的脑白金广告，实时变动的排名对野心勃勃的英雄们高频率轰炸，提醒他们在这个严酷的世界里一刻也不能放松。

玩家在不懈地开着箱子，他们有时好运地得到一点好东西，绝大部分时间几无所获，但越是没有收获，他们越是迫不及待地打开下一个箱子。他们每点击一下，就代表一块钱，又一块钱……就像一个永不停歇的沙漏，金钱涓滴成河一般随着每一次点击汇成巨流，流向看不见的系统。

吕洋自认为运气还比较好，“平均开1000个箱子，好运的话能有十几次拿到好东西”。

由此吕洋成为了她现在所鄙夷的“人民币玩家”，上万的人民币被迅速而几乎不被察觉地花了出去。在游戏中，“女王”拥有了可怕的威力，她为自己，也为朋友报仇；她接受请求，为本国的商队护镖；同时她也会和英雄们一起侵入别国。她声誉日隆，跻身英雄之列，在游戏里，她甚至和威猛的帮主“狼烟”喜结连理。当然，也由于她在现实中是一个那么可爱的姑娘，她被推举为楚国的国王。“国王万岁！”人们向她俯首称臣。那是吕洋在征途中的最高点，也唯有在那转瞬即逝的一刻，吕洋觉得自己付出的时间和金钱是值得的。

国王累了

“系统”是最为勤奋的——女王觉得自己像驴子——花钱买你生气——快感只在一刹那

吕洋心里清楚，王位是真金白银买来的。一套转生150级左右的顶级装备，平均要开5000个宝箱。按照系统繁复的装备打造设置，要给一套装备镶上14颗星星，打开“灵魂锁链”，镶嵌补天神石，花费又在5000元左右。随着等级的提高，原有的装备又必须相应替换或升级。平均每升5级，装备就要更新一套。

这时的“女王”已经成了一位熟练的开箱工，日复一日地开宝箱，升级装备，再淘汰，再升级……“后期主要就干这个事情了，”吕洋回忆，“不更新换代不行，不然国王很快就变菜鸟。”

这样的压力不仅仅来自游戏内部。在吕洋常去的网吧，甚至洗手间里都贴着征途网络公司的宣传四格漫画。当你洗手的时候，你就能看见一个漫画小人，在尖刻地嘲笑那些疏于升级的“懒人”。而招贴画上威风凛凛的英雄在每个网吧的门口注视着你；勤奋的推销员们时常出现在玩家身边。

与媒体上的各种宣传攻势相比照，这些推销员被称为史玉柱的“地面部队”。他们大多是“脑白金”销售旧部，活跃在中国广大的二、三线城镇，对于如何发掘利润，他们有着训练有素的敏感和才能。

系统是吕洋见过的最为勤奋的游戏系统，它更新换代的频率令人应接不暇。“要么花钱买安全感；要么省钱，随时被欺负，”吕洋说，“一天不上线，就会觉得自己又落后了，实在是太累了。”她觉得自己像被胡萝卜吸引着一直向前的驴子，总有更加强大的“威力”在前方向她招手，而漫漫“征途”几无止境。游戏中弥漫的仇恨也令吕洋越来越厌恶。一些结下了梁子的人民币玩家在每一件小事上都要一争高下。他们反复抢夺对系统角色的控制，互相攻打帮派总舵，没完没了地袭击对方的商队，在PK竞技场上更是置敌人于死地而后快。甚至宝箱排行榜第一名也是他们争夺的目标。

如果一个玩家开了5000个箱子，另一个就一定要开第5001个。他们把这种疯狂的玩法叫做“花钱买你生气”。

系统不停地自我更新，统御术层出不穷。就连传统的打怪任务，系统也干脆允许家族与家族之间抢夺砍杀boss的权力。身为一国之主，吕洋总是必须身先士卒，如果她稍有懈怠，总有红了眼的部下口出怨言。

这越来越不像吕洋想要的游戏。吕洋觉得这个世界变得愈发丑恶，荣誉被建立在仇恨和贪婪之上。和以前的激动不已相比，如今快感只在疯狂结束后的那一刹那，接下来她会觉得无聊。

在楚国遭遇魏国的挑战之前，“国王”已经开始厌倦了。

地底的火在喷涌

只希望坚持半个小时——和平的气氛在蔓延——“跟你们老板说，不要尽干些挑拨离间的事情。”

“国战”在晚上8点15分爆发。吕洋和朋友们，她最得力的几个“武士”，坐在网吧包房内奋起应战。每当大的战役爆发，他们就坐在一个包房内，就和真实的战斗一样，肩并肩便于及时沟通，更利于互相鼓舞。

敌人从王城东门拥入，他们的国王身先士卒，冲入东门后使用“帮主召集令”，这样，他最精锐的英雄们可以被瞬间传送到他的身边。随着旋风，魏国的武士们从天而降，他们立即被楚国战士重重包围。“女王”知道这是敌人的精锐，尽管城门外大批敌人正在拥入，但这些国王的随从才是最可怕的威胁。

武士们挥动大刀，空气被划裂成一道道光芒，他们拥有最强大的近距攻击能力和防护力，总是冲杀在前；法师们念动咒语，大地裂开，地底的火喷涌而出，天上的风云也化身为凌厉的雷电冰霜；蜂拥而来的召唤兽，来自天界和冥界，呼啸着混战在一起。战场被淹没在超越自然的伟力之中。

半个小时，吕洋只希望坚持半个小时。她从来没奢望胜利，战前魏国人放话10分钟结束战斗，傲慢的挑衅让人反感，在战前动员里，“女王”向臣民们保证，她一定坚守半个小时。

东门不可抗拒地被攻陷，“女王”转战王城官殿，宫殿前矗立着“大将军王”塑像，只要他被砍倒，就意味着楚国输掉了战争。楚国的战士们把战车集中起来围住塑像，在猛烈的攻击下，只有坚固的战车能够提供些微保护。

吕洋使用了“防守虎符”，她的臣民可以被全部召集到身边，楚国全国动员，宫殿前的每一级阶梯都成为血海。魏国的英雄们每杀死一个对手，就会有十个或者更多的人把他们围住。战场已经陷入混乱，没有沟通，没有指挥，每个人眼里只有敌人，本能地砍杀，不停地砍杀……

但吕洋的判断是对的，“人民币”才具有决定性的意义，这是实力之战，系统这个胜利女神青睐祭献更多金钱的一方。当魏国的国王最后砍倒“大将军王”，吕洋看了一眼时间，她坚守了将近40分钟。

这是吕洋输掉的最后一场战争，尽管她也曾经赢得过国战，但这个生性温和的姑娘如今觉得即便胜利也不能再带来荣耀的感觉。战斗结束后，她充满厌恶地声称不再履行保卫国家的责任。“再有国家来进攻，我的家族不参与应战了。”她向臣民们宣布。“有意义么？”吕洋反问质疑者们，“系统挑起战争，我们往里投钱，谁投的钱多谁就赢。”她觉得没有胜利者，“都被系统耍了！”

帮主“狼烟”和家族里的其他人支持了她的决定。“我们也觉得，这不是我们在打仗嘛，”“狼烟”解释，“纯属被人卖了还帮人数钱。”

吕洋成了“世界”里著名的“反战”国王。她更热衷于和别国结为盟国，当然盟国可以轻易地撕毁和约，她也不在意。在和其他国王交涉时，她也总是强调，就算你来打我，我也不应战。“让他们自己觉得没意思。”吕洋有些狡猾地说。

和平的气氛在悄悄蔓延。“国战”次数进行得太多，各国国王和英雄们互相之间开始熟络，在无数次仇杀之后，他们中的大部分成了不打不相识的朋友。“时间长了，没人好意思动武了。”吕洋说。

上线的时候，她也只喜欢跟朋友们聊聊天，组织家族或者帮派的活动，唯一杀人的情况只限于为臣民的商队护镖的时候，她讨厌那些专门盘踞在边境附近、以砍杀平民和抢掠商队为乐的“强盗”。

在网吧，她又碰见了一个游戏推销员，并不是开始那个，但一样面带微笑，用充满诱惑力的词汇请她“提点意见”。这位推销员同时自信地声称：“万人国战的场面会更加宏大和频繁！”

就在这段时间，征途网络公司宣布“重组国家”。系统将原有各区的国家重新打乱组合，原来的友好关系打破了，陌生的国王们重新被扔进了新的竞技场，而仇恨将被重新点燃。

“跟你们老板说，不要尽干些挑拨离间的事情。”吕洋回答。

昔日勇猛精进的“女王”开始变得“不思进取”，她疏于升级，也不再渴求更好的装备。她在游戏里的配偶“狼烟”有些着急了，催促她赶紧跟上，不然就要被越来越多的人超过。

而吕洋现实中的丈夫是个关心妻子的人，他以为吕洋只是累了。一天早上，吕洋醒过来，发现不怎么玩游戏的丈夫坐在电脑前，替她不停地开着宝箱，他想为她打造更好的装备。吕洋突然觉得有些心酸，在下一次上线的时候，她悄悄跟“狼烟”“离婚”了。

监牢，看不见

禁止市场经济——第二十二条军规：那儿有个概率——如果他们反对“系统”会发生什么——“天哪”

尽管赞同“和平治国”方略的人并不很多，但吕洋发现，和她一样对这款游戏从赞赏变为不满的人越来越多。连吕洋都没有想到，玩家们居然自发组织了一场针对系统的“静坐抗议”。

事情起因于系统宣布的一项新规定：绑定。根据这项规定，玩家从系统获得的装备和“银两”，都属于绑定范畴，即只能自用，不能交易，不能交换，甚至不能拆成材料或者干脆丢弃！

在游戏里，每一种职业都必须搭配对应的装备，每一种装备又由对应的材料打造。开宝箱早已成为玩家获取装备和材料最主要的方式，当你耗费掉了人民币，需要一块“乌木”却最终得到一块水晶，玩家们通行的办法是互相交易各取所需，或者摆摊出售换取银两。征途网络公司的解释则是，他们发现有职业玩家将游戏中获得的银两和装备在线下出售获利，“绑定”是为了打击这种行为。

玩家们最终发现，在这个世界里，自由市场经济在某种程度上被禁止了，合法的私有财产只许保有，不许交易。在这里只有一个庞大的终极卖家被允许存在，那就是系统本身。

在一些游戏论坛里，随处可以看见玩家们黑色幽默一般的抱怨。一个帖子说：“我是个法师，花了上百块钱转到了一把刀，可是我不能装备刀啊。

这把名贵的刀对我一点用处也没有，我还不能把它扔了。我甚至还要花钱向系统买个包袱，因为我没有足够的空间来装这把刀！”

“这个游戏处处都是花钱的陷阱！”另一个玩家宣称。他举出“孔子”为例，这个万世师表的人物在游戏中负责“智力考试”，通过考试玩家可以获得海量的升级经验。但是，受教育是很贵的，向“孔子”讨教问题，居然“20两银子一次”。甚至财大气粗的人民币玩家们也对过于频繁的更新力不从心。系统最新宣布，可以给装备镶上第15颗星星。按照规则，购买4颗宝石充一颗星，看起来不麻烦，但是这里有一条“第二十二条军规”：连续镶星会导致所有的星星爆炸。

假如你已经花费了40颗宝石镶上了10颗星，而在镶第11颗时发生爆炸，那么前面的10颗星同时消失，你只能从头开始。从第10颗星开始，成功镶嵌的几率为50%，此后递减。星数越高，爆炸几率越高。

设计者在此利用概率原理和玩家们开了一个小小的玩笑。“我在冲第14颗星时，连着爆了11次。还不算前面爆炸的次数。”一个玩家抱怨。仅仅为了给他的至尊刀镶上第15颗星，他就花费了超过3000元。

玩家们出离愤怒，他们停止砍怪，不再接受任务，国王们都难得和平地坐到一起而不是申请“国战”。在游戏地图最中心的皇城广场上，密密麻麻地坐满了战士、法师、弓箭手和召唤术士们。这些往常醉心于杀戮的角色，如今用绝对的安静来对抗系统的贪得无厌。

吕洋当然不会缺席，她率领家族成员们加入静坐行列，她甚至花“10两银子一次”向“全世界”喊话：“游戏越改越烂，系统越来越贪！”

她惊愕地发现，“系统”两个字不能显示了，变成了**；再试“GM”，还是**；再试“史玉柱”，这次是***。

吕洋既愤怒又觉得好笑。是啊，这个隐匿无踪的**或***，却无处不在。它谦卑而热情地引导你花钱，它隐身其后挑起仇杀和战争，它让你兴奋或者激起你的愤怒，它创造一切并控制一切，它就是这个世界里的神。

**虽不可见，却始终看着你。没过几分钟，正在愤怒控诉的“女王”被抓进了监狱。按照系统的指令，她将被关押8个小时。这个“监狱”不在这个世界的地图上的任何一点，它只存在于系统中，就像索尔仁尼琴描写的古拉格群岛，你从不会看见它，你只是被运送到那里。

随后发生的一切，也正是只在那些最糟糕的世界中的监狱才会发生的。“女王”太显眼了，她的麒麟神兽暴露了她的身份。监狱里的人们看见了一个国王，就如同当初吕洋还是个小角色时看见国王一样难抑杀意。疯狂的人们围拢来砍杀，“女王”一次被杀死，又在原地复活，再被杀死……

屏幕上夸张的粗体字又一次次闪耀：“天哪，楚国的国王女王居然被无名小辈×××杀死了。”

吕洋突然觉得以前的自己真的是很愚蠢，她对“女王”，或者说另一个自己的生死毫不关心，她退出游戏，关了电脑，上床睡觉了。

永远不再回来

旧王逊位，新王登基——为什么会有仇恨——又是一个财富神话——永远不再回来

第二天，吕洋上线，宣布“国王”逊位。她发现这里比现实世界更为真实，真实得那么残酷；她曾经试图挑战这个世界里弱肉强食的规则，对抗系统，却徒劳无功。现在，她彻底厌倦了。

一个渴望战斗的新锐武士接任了“国王”，并立即申请了新的国战。“女王”和她的家族没有参与这次战斗。楚国惨败而归。一个小角色，以往跟着“女王”闯荡，如今被困在了敌国，完全是刀下鱼肉，他一次次在安全区复活，但只要尝试跑出安全区，就毫不例外地被杀死。这是个新玩家，他的账号里还没什么钱，连一个安全离开的“竹蜻蜓”都买不起。

吕洋为这些小玩家难过，他们原本是想获得些许游戏的快乐，却成了“人民币玩家”们发泄怒火或获得征服感的牺牲品。她上线，看着熙来攘往的虚拟角色们，一个威严的法师背后可能是个谨小慎微的生意人，一个勇猛的武士背后可能是个和她一样的医生，也可能是任何一个在生活中原本善良谦逊的普通人。

“一个医生为什么一定要去杀死一个教师，而一个现实中的警察需要在游戏里伤害另外的人么？”吕洋禁不住思考一些奇怪的问题，“素不相识的普通人之间为什么会有仇恨？”

她开始注意到书架上那些以前还时常翻一翻的专业参考书。它们就整整齐齐地摆在那里，就像消失了很久，突然又出现了。天凉很久了，吕洋才头一回注意到窗子外面的行道树叶子开始黄了，淡黄的一片令人心里充满宁静。

她最后一次上线是在不久前。那时征途网络公司已经宣布部分地改变了“绑定”规则，公司成功地在纽约上市，第三财季实现营业收入4.052亿元，净利润2.902亿元，相比去年同期，增长率达到了惊人的164％和152％。公司账面现金达68亿元人民币。

又是一个财富神话。根据媒体的测算，史玉柱将以500亿身家荣登中国富豪排行榜的前列。

系统开始慷慨地在游戏里“发行股票”，宣称随着股价上涨，玩家可以按同样的价钱兑换成“银两”。但吕洋对这些充满诱惑力的新玩意再也不关心了，她只是被一个朋友强拉着上线的，朋友要在游戏里“举行婚礼”。

吕洋默不作声，藏身在前来庆贺的角色中，但是有一个人认出了她。这是一个武士，他手中的刀闪耀着光芒，显示着他强大的威力。“我认识你，”他说，“以前刚玩的时候你带过我们，现在我们也很厉害啦。”他们正在筹备新的国战，他告诉她。

他是谁？是请她护过镖，还是曾经被她从敌国营救？吕洋完全不记得了，她只觉得这些越来越多的威风凛凛的后起之秀，跟以前的她是那么相像，一样地野心勃勃，一样以为发现了一个美丽新世界。

她一句话也没回答，然后她下线了，并决定永远不再回来。

（应被采访者要求，文中姓名及游戏中名字为化名）

石首毫无悬念被遗忘

□陈　江（南方周末新闻板块）

2009年6月21日晚间，以消防演习为名遭到封锁数日的湖北边陲小城——石首，仍然没有看到陆路运输解严的希望。当我踏上长江之上的一艘摆渡舢板时，已是夜间2点，对岸的石首码头漆黑一片，仅有的红色导航灯在寂寞地一闪一闪，而舢板上除了船老大与我以外别无他人，看起来他也没有任何表达的欲望。舢板在突突突地上下起伏前行，江面上的探照灯则无所事事地来回扫过，黑暗中江水单调的涛声已经让我有些昏昏欲睡，有人发短信来祝我生日快乐，这提醒了我关手机拔电池。

整个地区的移动电话信号在清场时刻彻底消失，有人认出了信号干扰车……

昏招

在深夜的石首街头，搭客仔应我要求带着我漫无目的地兜着圈子。这是政府武力清场后的第一个夜晚。24小时前，这里曾经人挨着人。而现在，这里是军人挨着军人。在军车的后面，警车也终于敢于上街巡逻，再无几日前的困惑。

搭客仔穿行于黑夜中一个个军警巡逻纵队之间，肆无忌惮地发表着他自己的观点。他指着人行道上的困顿军人，他们一排排地正姿端坐着："看看，这不都是他们了吗？老百姓养你们，最后过来打我们。”后半句他故意提高声调，说给在座的那些年轻人。没人应声。一个年轻军官反而坐得更直，目不斜视，其他年轻人纷纷效仿。

石首城内的矛盾早已激化并公开化，时至此时的凌晨时分，也能看到临街的居民楼上有人大声吆喝，唾骂楼下的军人安静一些，其实这些军人几乎没有发出任何声响。有警车嘟嘟地驶过，黑暗处就会有人扯着嗓子咒骂着，但警车仍然间歇性鸣响着警笛，宣示着自己的权力。这在之前的一个星期，是警方所不能想象的。

起始于6月17日的厨师不明原因坠楼死亡事件，石首政府的第一反应是强硬压制，目前看来这是个昏招。19日当天，当200名民警列队跑向聚集的群众之前，整个事件还处于简单的围观看热闹阶段，显然警方高估了自己的威慑力，还低估了自己的毁誉度。当遭到一群十七八岁的少年阻挡后，暴脾气的警察举起了警棍，可他们没注意附近上万成年人的表情。人们随后一拥而上。

几十秒钟后，一个年轻人捡起一只被遗落的运动鞋，发力扔向警方撤退的方向。人们咒骂着，掉在地上的警棍被捡走，有的还被挂在了树上，这是警民第一次冲突。从此之后，习惯于穿着制服出行的人遇到了麻烦——几次大的冲突中，人民群众将怒火发泄到了这些“制服人”身上，警察、税务、城管、火车站员工，甚至捡了一件刚刚被扔掉的制服的拾荒人，这些人遭到殃及，这是石首事件发生后的真实情况。

索尔仁尼琴曾经说，用错的对抗错的，最后的结果也必然是错的。但在石首，暴力的因子在某些时段往往压过了对于正义的诉求，石首的人们某些时候仿佛把暴力认可为最终的正义。冲突中，一个身穿税务局破旧服装的邋遢老人，跪在地上向愤怒的人们哀求，解释自己只不过是个捡垃圾的；一些警察下班前会换上便装走出单位。警方几次增加警力抢夺尸体造成的冲突中，人们冲向派出所，疯狂地摇晃着紧锁的铁门，有人想爬进去，警方拿来电击棍连在了铁门上，人被电弹开，人们狂嘘，吹着口哨嚎叫着，砖头如暴雨般倾泻过去。

僵持形成后，上万人24小时聚集在事发酒店门前，大量的人从附近郊县拥来，等待着他们希望的公正。一名市长爬上了酒店对面的4层小楼，通过高音喇叭向聚集在这里的人山人海喊话，全场的寂静显示人民期待得到说法。当这名市长说到“这个死者吸毒成瘾”并警告人们“后果自负”时，有人从人群中突然大喊“去你妈的”，周围随即如海啸般发出咒骂，接着一片砖头向楼顶飙去。人们用这种单方面的行为，结束了市长自己单方面的喊话。

一切都变得不可逆转。

不信任的种子

当维护社会稳定成为地方官员的考评指标，有些悲剧便不可避免。显然，没人在乎维护社会稳定与强制社会稳定之间的区别，地方官员在面对突如其来的群体事件时，往往手足无措。面对长期积郁而来的矛盾，政府官员的无力感也是显而易见的。

5年前，从同一家宾馆楼上摔下另一名女孩的事件，经过此次厨师的死又被人翻了出来。这个女孩风华正茂，但不明就里地摔下了楼，趴在这家宾馆后面的泥地上，死掉了。很快，这个女孩的尸体被勒令火化。而此次，厨师涂远高的坠亡也几乎翻版了之前的情况。所以人们此次对于涂远高的死亡倾注了过多的注意。

当我走访这两起死亡事件的第一目击者后，发现没有证据能表明这两个青年男女不是自杀，当然，也没有证据证明是自杀。女孩之死的第一发现人王老太太，只能提供当时这个女孩的死状，以及这个女孩曾经呻吟的声音，但她没能看到女孩是如何摔下了楼。至于此次的厨师涂远高，现场第一目击者以及报警人告诉我，他们发现涂远高摔落在地上后，仰面朝天，全身惨白，毫无血色，“觉得他已经死了很久”，但这两个人都承认自己没有医学经验。同样的酒店成了两案唯一的共同点，也就成了各种揣测的源泉。

涂远高坠楼后，曾经的坠楼女孩的母亲也来到酒店门口。有人看见她一言不发，长跪不起，手举鸣冤条幅以及死者衣服，向各方控诉。人们对她充满了同情，有人主动给她送饭送水。

很快，就在此前几个星期发生在石首郊区的一起政府抢尸案也被众人提及。家属为了证明亲人因医疗事故而死，主张医疗鉴定，当地派出所却指使大批闲散人员配合警方抢尸体，并捉拿、扣押死者家属作为火化的人质。当见过死者家属并倾听他们悲戚的述说后，我只能说，传闻确有其事，且某些官员曾经的做法，不但违法，而且丧失理智。但客观地说，这名死者并非是政府害死的，而且死因至今不明。

更多挑起民众怒火的，还是对于整个社会现状的不满。由于毒品在这个国家的中部地区越来越泛滥，市民们普遍担心自己的孩子受到毒害（经过尝试，在该地区得到含有毒品物质的酒精饮料确实极为容易，且极为便宜）。

由于石首是湖北南部毒品较为泛滥的地区，国家在石首设立戒毒药品美沙酮发放点，该点正设置在出事酒店的正对面，大量附近地区的吸毒人员长期出没此地，也随之带来吸毒贩毒问题。出事酒店长期被传有容留吸毒历史，死亡事件发生后，各种传言也越来越多。鉴于当地遭到吸毒人员长期偷盗抢，而警方往往处理不力，警方声誉已降至冰点，有人声称警方及当局某些人士为毒品活动作保护伞，这只是其中一个传言。

连续同样死亡、政府多次主导抢尸、吸毒泛滥，这些本无干系的独立事件，由于时间、空间、主体的交错，使得人们更愿意相信所有事件之间皆有联系。对于信息的发布，石首地区也处事消极，在官方信息不被相信的尴尬局面下，反而大量删除网上言论，限制公职单位人员谈论此事，拒不接受记者采访，更造成此地无银三百两的局面。

其后，卷入此事的大量博客、论坛遭到关停，微博“饭否”被封的直接原因也是此事。显然，在各种消息源遭禁、信息发布不透明的情况下，根本无法遏制传言的传播与发展，最终将石首政府自己逼入死角。

升级

当石首人发现内外交通因为一场“城市交通消防演习”而被彻底中断，大量军车武警开始出现在石首市郊时，局面已不可逆转。对于当事多方来讲，军人的到来，使得石首事件将只会有一个结果。

几天之前，一小股武警部队曾经尝试调集高压水枪车开路，驱散压制人群，他们采用将水枪向天喷淋的办法，希望民众知难而退。但这一行为，显然在这个炎热的季节对生长在长江北岸的石首人毫无作用。被激怒的人群冲向高压水枪车，人们用砖头、酒瓶近距离还击，一名负责驾驶的武警被砸碎的玻璃碎屑打中了眼睛，满脸是血，人们将他救出，却继续砸烂了这辆车。几辆来不及撤后的警车也被掀翻，侧立在路面上，有人用涂料在挡风玻璃上写上“可耻”。

事件至此，由于应对失当，追求真相的诉求已被正面碰撞的暴力快感所取代，整个石首事件被逐步升级。事发地点的一些住宅、店面，不约而同地将自家的空酒瓶堆置在门口，任由人们取用。酒店附近的数平方米人行道的地砖，也被掀撬一空作为武器。人群吼着，喝令军人们不要自己过来，让后面的警察过来。为了驱散手持盾牌的军人，人群将砖头瞄准膝盖以下，造成大量军人腿部受伤。

很快，在石首政府内部，此次石首群体事件被定性为“法轮功”邪教暴乱，武力解决此事的提议顺理成章。

21日清晨4时，有政府宣讲车围绕城区向民众喊话，声称已经与死者家属达成协议，已经“谈好了”，希望围观民众迅速撤离，否则后果自负。由于宣讲车音量巨大，本已因困倦返回家中的民众，又有部分返回聚集地守候，人数再次达到顶峰。

一小时后，凌晨5时，轰隆隆的脚步声传来，数量众多的武警部队从3个路口包围上来，开始向内压缩围观群众。武警采取横排列队前行的方式，踏步向前推进。为了彻底封死路口，军人横排列队用人将街道占满，且每4排组成一个大的队列，而与后继的4排队列之间保持20米左右的距离。军人们手持军棍敲击盾牌，高喊“社会主义、和谐社会”口号踏步前进，民众被逐渐内压。恐慌情绪使民众情绪瞬间崩溃，人们纷纷向小巷、建筑内奔去，而军人的队列每占据一条小巷，皆用警戒线封死巷口，人们只能奔向更深的小路。整个地区的移动电话信号在清场时刻彻底消失，有人认出了信号干扰车。

凌晨6时左右，军人清场任务结束，政府终将放置在永隆酒店一层的死者冰棺控制，并很快将其运往当地火葬场。

7月初，死者涂远高已被火化，死者家属数人随后被石首警方抓获，罪名为扰乱社会治安，他们将面临至少数年的监禁。而很快，石首市委书记钟鸣、政法委书记唐敦武，因没有及时发现并报告情况，错过了事件处置的最佳时机，被一并免去职务。

可以想见的是，直至如今，外界对于转瞬即逝的石首事件仍然不太明了。在我们这个重视结果但并不是太注重过程的社会氛围里，人们习惯了要个说法，而一旦得到了，也就罢了，事件本身也就进入被遗忘的排队等候区，没有悬念的，几个月的时间就能抹平国人心中那点可怜的记忆与思考，仅仅剩下几个名字或是一些诛心之论，历数近几年的多次事件，概莫能外。

广场

□丁补之（南方周末新闻板块）

石首，或者瓮安吸引我目光的，是乌合之众的“广场”，以及广场之外更大的广场。

2009年的6月是令人沮丧的6月。从6月20日到28日，我在9天中曾待过的省会级城市就有6个——济南、郑州、武汉、上海、北京、成都，遑论其他三五个非省会级城市，这也算创了多年来出差位移频率最高的纪录。然疲于奔命的结果又近于一事无成，如何让人不垂头丧气？与本文相关的那一段就发生在这中间，地点距离武汉5个小时车程——在愤怒的石首。

此前我曾对瓮安事件溯源，又曾历经多次群体性事件，我开始注意到此类事件的共性，并试图理解它们的差异化特征。石首，或者瓮安吸引我目光的，是乌合之众的“广场”，以及广场之外的更大广场——县（或市）域内的社会生态。

乌合之众|广场效应

和瓮安事件一样，石首事件发轫于一宗非正常死亡。但如若在大的时间尺度下观察，你不会明白为什么是厨师涂远高或者学生李树芬导致了最后举国皆知的危机。这样的非正常死亡每个地方都会出现，即使在石首，类似的死亡事情此前也时有发生。

死者家属的反应和事件的离奇程度可能是部分的诱因，但无法证明这些是充分必要的条件（当然，现在逆向观察寻找充要条件可能是徒劳的想法，但我们梳理同类事件，一方面是为总结经验，试图寻找本质的原因；另一方面则希望能对以后的报道进行启发）。这些诱因非常偶然，可以肯定，其中共同的一个情形是，人们在议论纷纷逐渐聚到一起，成为了一个“群体”。这个作为背景的群体中流言四起，危机四伏。

群体即广场。人群聚集在一起会发生什么呢？这其实已是近乎危险的信号了。若求诸经典，社会心理学学者对此早有论述。法国人勒庞在其名著《乌合之众》中写道：“群体只知道简单而极端的感情；提供给他们的各种意见、想法和信念，他们或者全盘接受，或者一概拒绝，将其视为绝对真理或绝对谬误。”

这种论述基于人类共性的研究。社会心理学家认为，在人群聚集的公开场合，人们往往会表现出与日常生活大相径庭甚至完全相反的言行，这种无意识统治下的群众心理问题，就是“广场效应”。

这种效应下的聚众者，心理会发生畸变，有意识的个体很容易消失，代之以无意识的群众。他们在表面上是陌生人，互相之间似乎漠不关心、毫无关系，但因为广场——同一时间、空间——被捆绑在一起。他们在智力上总是低于孤立的个人，只接受简单而极端的感情与观念，丧失理性，没有推理能力，思想情感易受旁人的暗示及传染，变得极端、狂热，不能容忍对立意见，因人多势众产生的力量感又会让人失去自控，甚至肆无忌惮。这便是群体的特征。

设身处地来说，作为一个普通人，若你我处于这样的人群，在石首，在瓮安，亦不免围观，面对前来驱散的警察也不免喊两嗓子，再大胆一些甚至会扔石子。在学者看来，这就是人之共性。上面的学术语言通俗来讲就是，平时原本理性而谨小慎微的个人，如同汽车人变形组合成在一起后，变成了一个弱智、冲动又脆弱的傻蛋，经不起任何刺激。

那么，在经过广场效应的发酵之后，事件又是怎样一步步演变到最后不可收拾呢？其中包含着怎样的运行逻辑？

我注意到，两起事件中，最初家属都需要群众的支持，后者也的确见不平而助。两地群众都在极短时间内，自发捐出了总计逾万的款项给死者家属。考之以中国的古老传统，这不啻善举，但如果以人的自利本性来度量，这在一定程度上也因为，其中部分人希望死者家属能代表自己，抒发自身遭遇的某种不如意。

瓮安事件中传言“俯卧撑”男生是官家子弟，石首事件中传言出事酒店是官员合股，这些最后被证伪的说法，其中隐喻着人们对官场的普遍失望。这就是人群为什么会急切参与事件的直接原因。

所谓“乌合之众”，语出管仲《管子》：“乌合之众，初虽有欢，后必相吐，虽善不亲也。”原意就包含了，聚众者开始虽然亲密，但其实互相扶持中又互相利用。但这种互惠性质的合作，往往会很快失去掌握，尤其是不复在死者家属的控制之中。

也就是说，事件的起因原本与政府和群众无关，但随着事态的发展，政府在“维稳”的高压下强势介入，慢慢出现了三足鼎立的博弈局面：死者家属、政府和作为群体的“乌合之众”。这其中，初始作为旁观者的集体无意识的群体，现在不仅成为了参与者，还成为了最重要且最不易控制的一方。

在瓮安事件发生当天，李树芬家人甚至无一在县城；在石首，家属看出事态的恶化趋势，希望群众冷静之时，却遭到了对方的不满。他们和早先捐款给家属的，其实是同一拨人。他们认为家属被收买，而自己被出卖了。事态不免进一步恶化。

这些事件的发展，考究起来往往如出一辙：小事件引发了广场效应，乌合之众声援家属，家属以此胁迫政府，政府的不当处置导致事态失去博弈三方的控制，吹大的气球瞬间爆破。事后又往往会出现，为掩饰过往错误的地方政府，在一定程度上形成对上级政府乃至中央政府的挟持。

从民意到民怨是一个长期积累的过程，积重难返之下，极短的时间内，又催化成民怒而爆发。

“不明真相”｜“无名群众”

不管是瓮安、孟连……还是石首，导致事态不可收拾的最后一击，刺激那个“傻蛋”的，基本上可以归结为当地政府的处置不当。瓮安之后，无论是中央还是地方，都曾对此进行过反思，包括进行各种培训。但是石首事件的出现表明，很多基层政权依然未能汲取足够的教训。

既然事件发生的必要条件之一是“乌合之众”的形成，那么如何能有效避免人群的聚集？除却求助于武力外，最重要的是信息的透明，但地方政府当下的表现恰恰相反。

首先是权威信息缺位。恶性事件发生后，基于现实利益，地方政府往往倾向于掩盖而不是公开，这便是绝大部分人“不明真相”的原因；这样做，随之而来的恶果就是信息的失真。因死亡本身的离奇性，事件在传播中往往被涂上各种传奇色彩，被添油加醋赋予了传播者主观的想象力（这种想象力来自听来的志异故事、过往的经验乃至自身的利益诉求），结果传言成为谣言并愈发旺盛；而且，最尴尬的是，即使当地政府愿意如实发布消息，这些信息也往往不被信任。在石首的事态发展中，也曾有市长登上高楼对人群喊话，得到的却是起哄、飞石和臭鸡蛋。

为什么政府的信息不被信任？因为缺乏多元的传播渠道，缺乏独立的第三方的信息载体，更重要的是政府往往表现得缺乏诚意，基层政权的信誉又已经在事实上破产。最后如同我们看到的，真相被封锁得不到传播，或者得不到有效传播，政府却无法制止失真的信息以口口相传的方式自由流动。

媒体的出现和报道，尤其是外地权威、有公信力媒体的介入，原本是对政府缺位的一种弥补，通过广泛的信息披露，可以起到正本清源的客观作用。但虽说“谣言止于公开”的话被重复了千百遍，记者却往往被当地政府作为“异议者”或“麻烦制造者”被噤声。

最后，警察的出现，不可避免地激发更大的反感，冲突一触即发。

政府的处置不当，还包括了事后的认定不当。关于群体性事件，当下最为流行的一套说辞便是，“一小撮别有用心的人”、“不明真相的群众”等等。但常识和社会舆论往往站在弱者和人群一边。

弱者和人群难道天生就应该得到同情吗？他们是无辜的吗？简单的观察就可以很清楚地看到，这种集体无意识控制下的群体带有明显的自我矛盾：伴随着暴力，却又以维护公义为名——他们聚集在一起，是为了给死者讨一个说法，这是一种朴素的正义，但夹杂其中的往往是激烈的行为：对抗作为统治工具而前来维持稳定的警察，砸毁物品，焚烧建筑物，等等。很难说，这些事情只是某一个人或极少数人所为。

《乌合之众》中这样论述这种矛盾和成因：“群体固然经常是犯罪群体，然而它也常常是英雄主义的群体。……群体可以杀人放火，无恶不作，但是也能表现出极崇高的献身、牺牲和不计名利的举动，即孤立的个人根本做不到的极崇高的行为。以名誉、光荣和爱国主义作为号召，最有可能影响到组成群体的个人，而且经常可以达到使他慷慨赴死的地步……就像是被猎人施了催眠术的小鸟。”

在社会心理学的概念中，无意识的群众被命名为“无名群众”，这种中性表述有别于所谓“不明真相的群众”。学者们认为，“无名群众”的集体行为天然具有自发性、狂热性和非机构性三个特征。

但官方的思维不同，他们需要一个动机，需要“一小撮别有用心的煽动者”。在石首，当地政府向上级的汇报中将煽动者归结为法轮功练习者；而在瓮安，这个名头被安在了黑恶势力头上。（当时当地，我的一个直接念头是，黑社会打砸抢烧政府？不说这是拿鸡蛋碰石头，这不是大水冲了龙王庙吗？）前者的做法是愚蠢的，以粗暴、对抗和阴谋论为前提，根本不利于矛盾的解决，反而加深了反感和不信任；后者将打砸抢烧归咎于当地黑社会，参与动手的其他人则只被口头告诫。这是一个聪明的“收揽民心”的处理手段，得到当地人的拍手欢迎。但显然，两者都不符合常识。

广场无处不在|中国的现实

事件中，人们最想知道的，依然是作为导火索的初始小事的真相。普通人基本不会去关心事件运行的内在逻辑、冲突如何爆发。他们的关注点是，“这个人死得冤不冤”，“那个当官的有什么问题”。在每场风波基本平息之后，甚至我碰到的新闻同行们，问的也是同样的问题：官方的调查结果太假了，你那里有什么内幕吗？

内幕？难道真的是每个群体性事件都有不可言说的内幕？质疑固然是我们应有的态度，但现在一个不好的倾向是，我看到太多各种媒体的记者在还没有了解事实的具体细节和全貌时，就已经先入为主地把自己置于官方的对立面，并以此指导自己的采访和写作。

具体拿瓮安和石首来说，亲历采访后，我真的没有拿到什么可以说服我的足以证明冤情存在的内幕。许多罗生门式的报道，在我看来不过是因为用力不够，这些报道将采写者自身困扰于受访对象自相矛盾的讲述和各种似是而非、真假莫辨的细节中，然后这笔糊涂账又被直接交给了读者。

前两部分已经谈过了人之共性所致的事态发展不可避免，以及政府是如何处置失当的。我在多年的采访中逐渐意识到，目前许多的群体性事件，其实并不一定存在一个符合大家期望的真相。我开始把目光投向：人们普遍的怀疑从何而来？

需要注意的是，作为“乌合之众”的群众最初大都是局外人，是无关人士，非直接利益相关者。但如果把整个行政区划看成一个“局”、一个“广场”，那么他们又成了局内人，他们是迁怒者。

那么让我们把视野变得广一些，投向当地的社会生态环境。这是我得到的关于新闻报道的启发之一。在真相和内幕并不存在时，过多的纠缠只是无用功。有时候中国的现实已经不在于最初的小事真相如何，而在于事件所在地的生态，广场的和更大范围的有关政治、经济、文化等等长久积累的大背景和瞬间的催化过程。

这是中国的现实之一。对记者提出的难题是，报道一个事件时，我们还需要在一个相对短的时间内了解广场效应发生的背景。这些发生地的现实矛盾和独有特征，是我们观察的切口，并成为报道的内核与外延。

在瓮安事件发生时，我的一个基本判断是，每个县城都是一个瓮安，这是一个基层政权治理失效的标本。这是它的普遍性意义所在。而瓮安也好，石首也好，作为一个又一个区域标本——除却共有的特征外，每个标本又有其独有的特征：瓮安是因为黑社会，石首是因为毒品。

广场无处不在。曾经一个火爆的例子是，一起网络投票表明，超过90%的人认为“杭州飙车案”中出现在法庭上的胡斌是一个替身。传言的起点不过是网络上的只言片语，而在对公检法机关（和其背后代表的地方政府）普遍的不信任下，人们相信的“内幕”是他们投票所认为的替身存在。我不知道事后各级部门的辟谣能起到多大的作用，反正事实如何，其实对投票者们并非那么重要，他们不过是旁观者，非直接利益相关者，他们的投票只是观点和态度的一种表达。但他们也可能成为迁怒者。其实网络也是一个广场，网民们不过是特征更加明显的“乌合之众”。

传言之初或传言未出时，积极做到信息的透明，可能就不会有后面的事情了。然，“以天国之大，每年发生一点这样那样的事情，其实算不了什么”。

谁是不明真相的群众

——《谁杀了李丽云》报道背后

□柴会群（南方周末新闻板块）

“李丽云之死，还残酷地揭示出一个现实：我们真的是不明真相的群众。”对此我深以为然，只是认为这里不明真相的群众，也包括我们传媒人。

我最初知道李丽云案，是通过北京一个律师朋友，他看到京城媒体报道后，把事情作为线索提供给我。

这位朋友是专业医疗律师，对医院里死人的事早已见怪不怪，他将这件事告诉我，是因为他敏锐地意识到它将会产生轰动。正如后来事件发展所证明了的，此事的新闻价值绝不在于一个孕妇的死亡，而是事关一项医疗制度的存废。

可是我当时对此事并没有太大兴趣，我总体上对涉医法规是悲观的——当中国医疗出现体制性问题时，具体的法律法规的扭曲几乎是必然。而医方与非医方高度的信息不对称，也使得所有围绕某个医疗事件的讨论都可能陷入误区。

后来我也关注过这件事的发展，有医院管理者借此呼吁取消手术签字制度，由医生决定要不要做手术，这种呼声颇高。但是，有专家私下跟我说：手术若不再需要患者签字，医生就可以合法地杀人了。

但是，我悲哀地看到，李丽云案竟真的影响了立法。新出台的侵权责任法第56条规定：因抢救生命垂危的患者等紧急情况，不能取得患者或者其近亲属意见的，经医疗机构负责人或者授权的负责人批准，可以立即实施相应的医疗措施。可以肯定，正是李丽云事件催生了这一条款。

除了催生一项法律之外，媒体当年的报道还派生出另一个结果：妻、子双亡，一无所有的肖志军，因为“妻子难产丈夫拒不签字手术”，成为一个人人喊打的罪人。

剖腹产该不该做？

我对此事产生兴趣是在一年之后。2009年年初到北京出差时，拜会了一位法医朋友，他便是我文章中提到的胡志强，无意中提起早已沉寂的李丽云案。

胡不经意间说，这个案子不是你们媒体报道的那样，根本就不该做什么剖腹产。

众所周知，李丽云案此前在社会、医疗、法学等各个层面产生强烈影响。而所有的讨论，无论是医疗层面还是法律层面，都是建立在“剖腹产手术是必要的”这一前提之下。

但是胡志强的说法，等于把这一切都给推翻了。

我得承认，我当时感到很惊讶。如果胡是对的，等于全国人民都被忽悠了一把。这是多么的不可思议，一个已经上升到立法层面的新闻事件，基本的事实却被颠倒了！

我当然不能只听胡志强一方面的说法。我向结识多年的陈晓兰医生请教。

陈晓兰是一位上海医生，从1997年开始就反映医院用假医疗器械对病人进行假治疗问题，后来丢了工作，但却“感动”了中国，成为闻名全国的“打假医生”。

陈晓兰跟胡志强的看法一致。

当年李丽云案发生时，就曾有记者找陈晓兰发表看法。她主要就医患信任问题谈了一点。她当时其实也被弄糊涂了，也以为李丽云是难产，但也觉得奇怪：一个难产的孕妇为什么不赶紧把孩子弄出来，却跑到呼吸科看起了咳嗽？

现在，问题出来了。李丽云是个不足月的孕妇，她去医院真的不是生孩子的，是医院要给她剖腹产。陈医生跟我一样有了兴趣。此前，我们曾有一次合作，调查上海某中医院为掩盖病人死亡真相而伪造病历的事。

李丽云案会不会又藏有一个谎言呢？我很好奇。

我决定做这个报道。但是，风险是显而易见的。我需要面对的对手很多，很强大，他们中间有专家级的医务人员，有实力雄厚的三甲医院，有暗中相助的卫生行政部门，更重要的，有我为数不少的同行。

我后来知道，当年报道李丽云案的记者，有不少获了奖。但也有一位叫邢学波的记者，是当年为数不多的、在稿子里没有提李丽云“难产”的一个。他后来写了一篇质疑医院的稿子，但不小心出了纰漏，引起院方反弹，被迫离职了。

没一个专家愿意站出来

采访其实很顺利。李丽云的事情后来进入诉讼程序，其父母将朝阳医院和肖志军一块告上了法庭。我在网上找到了他们的代理律师王良斌的电话，以及他写在博客上的代理词。看了后，越发坚定了原来的判断。

我找到王良斌，又通过他找到李丽云的父母。这两个人抛家舍业，在北京已经待了一年半，就是为了替死去的女儿打这场官司。我从他们那里拿到了全套病历和尸检报告。

剩下的，就是找人分析这两份至关重要的证据。

我几乎动用了自己所有的资源，想找到至少一个专家来帮我分析一下这个案子。做医疗报道，记者最容易得专家依赖症，一个哪怕明摆着的事情，也得通过专家的嘴来说才有说服力。这种倾向的弊端是显而易见的，比如间接造就一个孙姓名人那样的专家。但是，这又是没有办法的事，人们相信专家。

但我的想法落空了，我联系的多位专家听说我问起这个事，均婉言谢绝，有的甚至是大惊失色，一听就推掉。

我想起2007年跟新华社记者刘丹做上海协和医院报道时的一个细节，刘丹也是苦于找不到专家，后来好不容易托人找到一个。开始留了个心眼，没有具体说哪家医院，只是让医生结合病历就病情发表看法。然而稿子发了之后，那专家突然以所在医院名义发函抗议，说中了新华社记者的圈套。好在后来上海协和医院被摘牌关门，此事才没有生出麻烦。

我有一段时间想不通，为什么那专家说了一句公道话，做了一件正确的事，却怕成那样？但我已经意识到，这个圈子的水之深之浑。

我们知道，大部分民营医院，都是在做妇产科的生意（最典型的就是“不孕不育”），但我们不知道，绝大部分民营医院里，其实都有公立医院的专家“坐堂”、“走穴”。

没办法，我只能再次请出陈晓兰医生。让她在百忙之中抽身来一趟北京。

在此之前，我已将全套病历和尸检报告传真给她，结果用光了她家里整整一卷传真纸。她是连夜将病历看完的，看完之后，她也认为有必要跑一趟。

在北京，我和她共去了四次朝阳医院东院和京西院区，仔细比较了两所医院的规格、环境、条件，门急诊位置以及科室之间的距离，升降式电梯和扶梯式电梯上下所需时间，甚至还走了一下就诊程序，特意看了京西院区挂号人员的胸牌。

真相，已经越发清晰。

被遮蔽的常识

回过头来看，媒体当年对李丽云案的报道逻辑是这样的：

先是正义网的记者在现场抓到了这条“大鱼”。记者既是一个事件的见证者，又是一个传播者。

记者在报道中用的标题是“妻子难产丈夫拒不签字手术 致死两条人命”，这个标题基本上已经把整个事件定了性：李丽云是个难产孕妇，死亡缘于丈夫不签字。

现在看来，这是一个奇怪的逻辑，但在当时，没有一家媒体就此质疑。相反，之后跟进的主流媒体，继续沿用了这个逻辑，而且，大都把李丽云定性为“难产”。

我曾就“难产”的定义问过当时在现场的另一个媒体人，他承认自己其实并不知道，但是见医生在病历上写的是“孕足月”，而且还说早过了预产期，便以为是难产。

正义网在网上发出报道之后，11月23日出版的《检察日报》对此事追踪报道，文中提到李丽云“难产”时，引用了朝阳医院京西院区副院长赵立强的说法：“昨天下午4点左右，一名孕妇因难产生命垂危被其丈夫送到了我们这里……”

此后，包括央视、《北京晚报》、《新京报》等在内，跟进报道的媒体多以“难产”定义李丽云。有的还将该专题的名字起为“难产孕妇死亡报道”。

在李丽云被确认“难产”之后，接着便掀起一波围绕着“签字”是非的大讨论，律师、医生、卫生法专家粉墨登场。肖志军则成为媒体深度解剖的对象，记者们试着从各个角度分析他的行为逻辑。

我回想起当年看央视一档节目时，这个男人面对镜头哭天抢地的场面：我们是来看“感冒”的，不是来生孩子的。那个场面我还清楚地记得。

可是，和众人一样，我根本不信这个人的话。

没错，感冒与生孩子是两回事，这是常识。但是，我和所有人一样，同样以常识判断：医生既然让你生孩子，自然有他的道理。

进了医院，我们必须得相信医生。

没有人去想：由于某些特定的原因，在看感冒和生孩子这样的常识判断上，专业的医务人员确有可能输给一个农民。

三人成虎

稿子发了之后，我一度沾沾自喜，但很快就发现不对劲，首先是网上几个医疗论坛里出现了集体炮轰景象，我本人被指名道姓地骂，有人还号召网民人肉搜索我。

而我们内部论坛上，也很快有同事转来外界质疑的帖子。

接下来就是《时代周报》的公开质疑。除了一篇主稿，还配发了暨南大学新闻与传播学院彭伟步副教授的文章。里面有这么一段（有兴趣的读者可以参考原文，《彭伟步：平衡性报道是必须坚守的准则》，2009年5月8日刊于《时代周报》）：

一些媒体为了制造轰动效应，不仅对某些人的讲话断章取义，而且对其进行无限的联想发挥，强化读者的负面印象，从而形成一种可怕的社会情绪和具有煽动性的社会舆论，甚至进行媒体审判，这是一个非常危险的信号。一些记者纯粹站在民粹的角度，大量使用联想、比喻、排比等修辞方式，采取暗示性的话语，以悲情性的写作手法，引导读者形成对某一当事人的负面看法，满足公众情绪发泄的目的，负面效应不容小觑。更糟糕的是，现在一些媒体使用假设性的判断进行逻辑推演，完全忘记了新闻的真实性、客观性原则。

我虽为传媒人，但面对如此境遇，竟深感难有辩解的机会。比如《时代周报》的报道刊出后，马上被腾讯网转载，编辑将我的文章与之并列，此外还加了一篇质疑我的网文。此外还单拿出我的稿子做个调查栏目供读者投票，结果认为“稿子有严重问题”的网友高达42%。

我没办法，只能分别各写了一个回应，可是等我的回应放到腾讯网上，这个话题早已从首页上消失，我的回应后面没有一条跟帖。

后来我也知道，不少同行没有认真看我的报道，却认真看了那些对报道的“质疑”与“批判”。

我感到自己一下变成了肖志军。

当年看了报道后，连亲人也不相信肖志军的话，肖志军的父亲肖家善也一直以为儿子错了：“你要没错，大家都错了？”

“三人成虎”的说法，真的应验了。

总结下来，说我错的观点主要分两类：一类是医疗专业上的；一类是新闻专业上的，如彭副教授所认为的，我是为了追求轰动效应而制造悲情，而且，没有做到基本的“平衡”。

先说悲情。

我得承认我写的这个稿子里的确有点悲情。但是，我不认为这是我“制造”出来的。我没有这个本事。其实，稿子做到后来，我一直问我自己，如果我面临肖志军那样的处境，我能不能做到他那样？最后答案是：不能。其实当时的形势已经注定，无论签不签字，肖志军必须要为李丽云的死亡负责，因为他如果不对此负责，就得由医生、医院、卫生行政部门负责。

在排除“自私”、“愚昧”和“冷血”后，我一直在追问，是什么让肖志军在那般境地下能坚持不签字？是对李丽云的爱情？是洞察到医院的动机？或者是对常识的坚守？我不知道。

但我认为，正是由于肖志军的不签字，正是他“千古罪人”的代价，才为后来人留下重新解读此事的机会。

当初稿子里写肖志军时，我和编辑产生了争议，他很担心我赋予肖的形象引起争议（事后证明他是对的）。但我坚持了我的观点，而且现在也没有后悔。我想，倘若我的“悲情”能够弥补肖志军所遭受的冤屈，我宁愿承受更多的争议。

接下来是“平衡”。

指责我的报道“不平衡”，我觉得是无稽之谈。其实稿子的主要支撑，就是病历和尸检报告，尸检报告已经获得了院方认可。而病历，更是可以理解为院方的辩护词。问题在于这份辩护词的质量太过低劣，出现不少致命的漏洞。

此外，我也联系过几名当事医生，他们要么一听说是记者就把电话挂掉，要么就干脆推到医院。至于院方，我确实没有正面接触，但也发现后来时代周报采访的时候，他们拒绝了。这跟当年事件刚发生时完全是两副面孔，那时院方不仅积极接受媒体采访，甚至还主动召集媒体通报。但是，突然有一天，所有医生都避口不言了。

所以，我不觉得自己没有做到采访平衡。当年媒体在大量报道院方一面之词，全国人民都在骂肖志军的时候，没有人提平衡。我报道了一下事情的另一面，替肖说了几句话，马上就成了制造悲情，成为采访“不平衡”了。

英国作家奥威尔的名作《动物庄园》中，有这样一句话，前半句是：“所有动物一律平等”，后半句是：“但有些动物比其他动物更平等”。我想彭副教授指责本人报道的逻辑，套用这个句式就是：“报道需要平衡”，然后，“强者比弱者更需要平衡”。

不明真相的群众包括谁

最后，我必须再提一下病历。

我本无意贬低任何一个医务人员，我一直认为，中国的医务人员是一群可怜的人，他们和民众一样在承受医改失败的恶果。而且，正如人们所知道的，这个群体中出现过多位民族脊梁一类的人，如蒋彦永，也包括我熟悉的陈晓兰。

但是，我所拿到的李丽云的病历，让我不得不修正这个看法。

在李丽云的病历中，有两张梅毒检验报告单。一张出自21日，是李丽云死亡之前做的；另一张是22日，是在其死亡之后送检的。

第一张检查结果显示为阴性，第二张则显示为阳性。

这意味着，李丽云在死后，被医院贴上了一个梅毒的标签。

这不符合常理。医院没有必要在第一次检查结果为“阴性”的情况下，再为患者做一次检查，非得证实其患了梅毒。何况，李丽云此时已经是一个死去的人。

李丽云就这样身背耻辱死去了，而且，这个消息很快通过医方传到采访此事的一名记者那里，电话中，她愤愤地对我提及此事，丝毫没有了对死者的同情。

但是，正如病历上记载的李丽云“孕足月”一样，她看到的，听到的，其实并不是真相。

我在网上看到《新民周刊》记者卞宁写的一篇博客，是关于我这个稿子的读后感，里面有这样一句话，“李丽云之死，还残酷地揭示出一个现实：我们真的是不明真相的群众。”

我深以为然，只是认为这里不明真相的群众，也包括我们传媒人。我们不仅不明真相，而且在浮躁与功利、傲慢与偏见的裹挟下，正在丧失探究真相的能力。

让我引以为豪的是，至少在李丽云案的报道中，我尽到了一名记者的职责。

（相关报道：《谁杀了李丽云》，2009年4月30日《南方周末》）

被张维迎利用？

——采访报道张维迎的三则随想

□章敬平（南方周末新闻板块）

《争议张维迎》见报后，我接到几个朋友的电话，他们对我表示失望，批评我受到了张维迎的利用……后来拉拉杂杂地写了三则随想：口水新闻的增殖点在哪里；张维迎也应该享有新闻自由；两个冲突中的困惑。

《争议张维迎》见报后，我接到几个朋友的电话，他们对我表示失望，批评我受到了张维迎的利用。恰巧同事邓科给我打电话，希望我写篇采访后记，就拉拉杂杂地写了三则随想：口水新闻的增殖点在哪里；张维迎也应该享有新闻自由；两个冲突中的困惑。

一、口水新闻的增殖点在哪里

采访张维迎，对我而言，完全是一个意外。

2007年11月26日傍晚，我突然接到一个电话，问我想不想采访北京大学光华管理学院（以下简称“光华”）院长张维迎。我一愣：张维迎发生了什么事？

来电者说，一封以张的同事、另一位光华教授的名义发表的网络版公开信指责张维迎内斗，骂他品行“卑鄙肮脏”，是“流氓”。

我突然想起，此前的那个深夜，凌晨3点的光景，年轻的同事苏永通在MSN上问我：是否认识光华的老师和学生？

光华是中国商学院的翘楚，是中国版的哈佛商学院，每年都有众多的高考状元来到这里。它的任何风吹草动都有可能成为好事者津津乐道的新闻。

半年前，张维迎的另一位同事、享誉海外华人经济学界的一位教授，被光华院长办公会议免除了教职。该教授在网上给教育部长周济写了封公开信，意指：他被开除是因为他在院长张维迎“扶正”一事上“站错了队”，张维迎挟私报复。搞得知识界和新闻界沸沸扬扬。

苏永通的问，让我感觉到光华可能又出事了。但我没有多问，只是简单地回答他：我不认识光华的人。

来电者继续说：张维迎现在受到很多新闻媒体的围攻，大家都希望采访他。他被新闻媒体搞怕了，对记者避之唯恐不及。但是躲不是办法，他的朋友建议他，既然躲不了，索性选择一家权威新闻媒体接受访问。他已经接到南方周末的采访提纲，但他不了解和他联系的苏永通。

来电者问我：有没有兴趣和苏永通一起采访张维迎？

我个人对张维迎和同事之间的恩怨情仇没有任何兴趣。教授之间的网络掐架，不过是一场斯文扫地的“口水战”。我们津津乐道，不是因为这件事情本身有什么价值，而是因为“北京大学”、“光华管理学院”、“张维迎”这些夺人眼球的名头。公众对名人，对名校，对丑闻与生俱来的猎奇心，鼓励了新闻媒体探头探脑的热情。这则新闻，充其量只有一些口水价值，只能满足隐藏在普通人内心深处幸灾乐祸的阴暗心理需求。公共价值？我找不到。

出于对来电者的尊重，我回复说，我需要和编辑部作进一步沟通。

我拨通了编辑李红平的电话。

李红平似乎很兴奋。电话那头，他建议我赶紧停下手头的稿子，联系苏永通，次日去北京采访张维迎。

端人饭碗，听人吆喝。工作的职责，要求我放弃偏好，全力以赴。我和来电者很快联系好，次日下午4点，在张维迎的办公室专访他。我还和张维迎通了个电话，他希望我们的采访和报道远离人事纠葛，将着重点放在光华八年的教育改革上。我简单地答复说，可以，但是我们不能漠视新闻规律，完全置人事纠葛于不顾，装作啥事没有。

当晚，我一直在浏览背景材料。感谢我们勤勉出色的同事苏永通，他让我在最短的时间内，以最高的效率快速掌握了长篇累牍但整理得逻辑通畅、条理清晰的背景材料。遗憾的是，我仍然觉得这则新闻的价值，仅限于消耗我们多余的口水。

第二天，坐在飞往北京的航班上，我在苦苦地想，我怎样才能挖掘到“形而上”的价值元素，超越“口水新闻”的“形而下”。无论是我个人的兴趣偏好，还是南方周末的品位诉求，都强迫我回归严肃新闻的起点，突破“骂街新闻”与生俱来的瓶颈。

第三天夜晚11点，当我和苏永通开始写作的时候，我们已经知道写什么、怎么写了。

我应该写张维迎是个怎样的人。这是人类的好奇心决定的，也是放大新闻传播价值的需要。我一直认为，新闻价值有两重含义，一重是新闻事实本身的口水价值，关系到人群的娱乐生活；另外一重是新闻事实本身的公共价值，关系到群体的公共利益。一则称得上好的新闻报道，应该同时具备口水价值和公共价值。

说张维迎是个什么样的人，是有口水价值的。张维迎与众多经济学家的不同，就在于他已走出经济学研究的小圈子，成了媒体和读者瞩目的公众人物。他是多年前CCTV的“东方之子”，是几年前CCTV的年度经济人物，他是个是非特别多的人。从经济学家的道德，到顾雏军的倒下，再到大学收费的讨论，张维迎总是公共知识分子中受公共舆论“暴扁”的人。

被“暴扁”的张维迎曾在一本专著的序言中感叹，过去有学者因为惧怕政治压力而口是心非，现在政治压力越来越小，但公众舆论的压力却与日俱增。他说：“当前社会上有关经济学家独立性的议论不绝于耳，但现在一些人所谓的独立性，实际上是献媚大众，误导甚多。在我看来，一个学者的独立性，是在学科规范下，思维逻辑、学术思想上的独立性。学者不是民意代表，不能用公众投票的办法评价谁是真正的学者。我们之所以需要科学，是因为真理往往与多数人的认识不同。”

我希望我们呈现的报道不止于口水价值。我希望我能在报道中呈现人的命运、光华的命运、院长负责制的制度安排、西方商学院模式的中国境遇。我想将这些内容装入报道，就像佛像装藏一样。

知道写什么，怎么写的问题也就解决了。我将文章构架设计成三个部分：第一部分，作为由头的“内斗接着内斗”，就事论事地表现张维迎和两个同事的内部纷争，以及他人对这起事件的看法；第二部分：作为主体的“张维迎是个什么样的人”，追问张维迎本人以及熟悉他的人；第三部分：作为纵深的“偶然还是必然”，探寻张维迎和光华老是出事的环境和制度要素，进一步说说张维迎是个什么样的人。

虽然我的报道牵涉到环境和制度要素，但我不希望强行将张维迎的“人事门”解释为改革的遭遇。我希望我的表达尽量客观中立，而非自己跑出来指手画脚，任意地给张维迎和光华贴标签。

取法乎上，得乎其中。谋划得再好，实施的结果总难免大打折扣。何况，我预先的谋划最多算得上“取法乎中”。

以上是我对稿件出炉过程中个人思想的描述，而非经验的介绍。事实上，稿件本身没什么文本价值，技术上委实乏善可陈。

二、张维迎也享有新闻自由

11月29日，星期四，《南方周末》出版的日子。张维迎的照片和名字占据了这份报纸的头版头条。报摊上，远远就能瞧见张维迎沮丧落寞委屈的表情。

一大早，张维迎给我发来一个短信：看到报纸了，你增强了我对媒体的信心。我不晓得他所说的是不是客气话，我所晓得的是，考大学时填报过新闻专业的他，近年来对大众媒体一直颇有微词。

过去，张维迎说过：“部分大众媒体对学术的摧残，对科学思想的藐视，对学者人格的侮辱，应该不是少数吧。这是我们这个社会不可饶恕的罪恶之一。当媒体说自己为民做主时，他们多大程度上花费心思去调查考证真实的民意，真实的现实呢？”

我们专访他的时候，他再度透露出对新闻媒体的失望。他说，一份眼下颇有名气的经济报纸，曾给他做了个《张维迎：清者自清，浊者自浊》的报道，虽然文字中带有好意，他还是气咻咻地致电这份媒体的总编辑：我什么时候说过这样的话，我几时接受过你们的采访？

张维迎对我们这组报道的肯定，仅仅代表他个人的意见，而且还是一个利害关系人的意见。我预感，我们对张维迎的这组报道，或许会招致非议。

这一预感，源自大众舆论和小圈子对张维迎的评价。我始终觉得奇怪，为什么会有那么一拨人，对张维迎充满不屑、讥讽和批判。有趣的是，少数向我表示厌烦张维迎的人，既没有见过他的人，也没有读过他的书，几乎谈不上了解。

张维迎的一位学长说，新闻媒体上报道的张维迎的部分言论，以及他在北大倡导的改革方案，导致大众舆论对他的评价较为负面。今天，新闻媒体报道说，张维迎放言“官员是改革中受损最大的利益集团”；明天，新闻媒体又报道说，张维迎宣称 “大学提高学费对穷学生有利”，或许张维迎的言论被断章取义了，也或许他本来就是这么说的，反正，大众舆论当中，张维迎就是“利益集团代言人”。你说，这个时代，大众怎么会喜欢利益集团代言人呢？

大众也就罢了，糟糕的是，大学这个小圈子也时常传出关于他的负面评价，我概括了一下，大抵有两条：狭隘的小农意识使他沽名钓誉妒贤嫉能；熏心的权力欲望使他争当院长排除异己。总而言之，内容与以他的两位同事的名义发表的网络公开信差不多。

我不知道对张维迎持负面评价的人们究竟有没有道理，但我知道，一旦南方周末，一旦我自己，没有站在批判者的立场，“大刀”没有向张维迎的头上砍去，就可能使我们成为少数人砍杀的对象。

果然，《争议张维迎》见报后，网络世界就传来《〈南方周末〉替张维迎抱不平》的网络文章，大意是：南方周末煞费苦心为张维迎抱不平，而张维迎呢，则把自己粉饰成出淤泥而不染的异数。另外一篇《光华员工评“争议张维迎”》的开头第一句：老谋深算的政客流氓张维迎，再次调戏一个二十几岁的小记者，强奸民意。

网络世界虚无缥缈，看得见摸不着照不上面，我懒得理会，但现实世界的批评，我却很难做到无所谓。北京大学中国经济研究中心的一个博士跟我说，他遇到了我的前同事，他们对我的报道深表失望。

失望的当然不止我的前同事。我有些无奈，但并不吃惊。早在我写稿子的那天晚上，一个对张维迎比较熟悉的经济学博士就在MSN上提醒我，张维迎不是好人，尤其善于利用新闻媒体，注意别被他利用了。

稿子见报后，一个新闻界的朋友从远方给我打来电话，他觉得我被张维迎利用了。我对他说：“你为什么不说我利用了张维迎呢？他给了南方周末独家专访的机会，他让我们的采访得以顺利进行，如果不是因为他，我们可能不会在那么短的时间内采访到光华的前院长厉以宁啊！”

他说：“你在开玩笑！”

是的。我是在开玩笑。可是，我不自嘲，不开这样的玩笑，又能说什么呢？

倘若真的让我辩解，那么我想说，张维迎也享有新闻自由。

新闻自由不仅仅是我们这些新闻记者的自由，也不仅仅是利用各种形式的媒体攻伐他人的自由，它还是张维迎的自由。如果说法律意义上的自由等同于一种权利，那么，张维迎也有通过媒体为自己说话的权利。

当指责与谩骂铺天盖地而来，他想到新闻媒体，想在和记者的对话中阐述他的观点和立场，我不知道，他有什么错。我更不知道，我们专访他，《南方周末》给一个处于风口浪尖的公众人物一个表达的平台，有什么不对。

我不想搅和到张维迎的道德世界，去评论他究竟是改革派还是权谋派，或者改革派和权谋派的混血。他是君子还是小人，是借严肃工作纪律之名排除异己，还是为端正院风教风挥泪斩马谡，这一切，我都懒得去理会，也无法理会。我能力有限，无法作为独立的第三方，在一个短暂的时间内做出缜密的调查，看清张维迎与同事闹别扭的动机，还原他们之间的是是非非。道德、动机，不仅因为事实难以搞清、无法用常理推测，还在于它们的标准本来就很模糊，个人经验的差异会导致佛眼看人全是佛，鬼眼看人皆是鬼，一千个人眼中有一千个哈姆雷特。

我觉得，从法律的角度看张维迎和同事之间的纷争，事情会变得比较简单。准确地说，将前同事开除出光华，将现同事的职务免除的一方当事人是光华管理学院，而非张维迎个人。张维迎是光华的院长，他对同事的开除或者免职的建议，只要遵循了正当的行政程序，得到学院党政联席会议的多数票支持，就是合法的。至于合法的行为是否带来正确的结果，程序的正义是否带来实质的正义，那是另外一回事。如果张维迎真的搞“一言堂”，假公济私，恶意陷害，他们可以申诉，可以利用种种合法、正常的渠道，表达他们的异见。

我不想表达我对张维迎的个人印象，我希望自己能够控制情绪，不受网络世界和真实世界中关于他的非议的影响，围绕“人事门”事件，让张维迎和他的朋友、他的敌人在尊重伦理的前提下自由地讲述，从而让读者知道一个更为全面的张维迎，知道他是怎么评价自己的，他在光华的八年都干了些什么。

坦率地说，仅仅就张维迎在光华的教育改革而言，我是欣赏的。除了公开见报的，还有被编辑删除的内容，比如张维迎力主废除了博士生导师制度，讲师也可以带博士生；博士生统一招录，一年后学生和导师双向选择，一百余名导师，三十多个博士生，必定有博导招不到博士生。张维迎率先改革了行政服务系统，将他们从干部变成院聘员工，1999年“三八”妇女节，他请人给行政服务人员上礼仪课，告诉他们，教授和学生才是他们的衣食父母；张维迎倡导研究性学院氛围，鼓励“午餐研讨”；所有教员都有办公室，无论教授还是讲师一样大小，鼓励平等的学术文化。

我由衷地认为，张维迎有这样的理念不容易，能坚持这样做，更不容易。但，这并不意味着我要跳出来为他说话，夸他人品如何好。我始终认为，一个人做了什么，与他是个什么样的人，有时候是两码事。

所以，我始终希望自己能够摆脱人品的窠臼，不陷入“张维迎高尚还是卑劣”的泥潭。我只想在南方周末这个言论的自由市场中，给张维迎一个摊位，让他自由地兜售他的观点、态度和立场。虽然我们给了张维迎极大的版面阐述自己，可能不符合限制新闻自由的平衡原则，但是从整个新闻世界来看，作为新闻媒体一分子的南方周末给张维迎以新闻自由，恰恰是对不平衡的一种矫正。

三、冲突中的困惑

让张维迎享受新闻自由的时候，我在两个冲突中反复折腾，困惑不已。

我的第一个困惑，来源于多元信息和诽谤诬蔑之间的冲突。尽可能多地呈现不同意见，是标榜中立的媒体的应有态度。苏永通说，我们合作的《争议张维迎》一文中，外围采访很不充分。出现这样的局面，一方面是外围采访的难度大，我试图问过一些熟悉张维迎的经济界人士，他们或者信奉不论人非的古训不肯置评，或者要求隐匿信息源；另一方面则是我取舍材料的尴尬造成的。

贬低张维迎人品的信息究竟应该如何取舍？写作中，我时时面临这样的难题。采访中，有人对张维迎的评价比较负面，负面的评价又以人品低下为主旨。譬如，有人说，同样的一句话，怎么换了张维迎说了，就觉得Low class。再比如，有人说，张维迎心胸狭窄，没有包容心，跟他关系好的，破坏原则都行，等等。这样的话，放在文章中可能比较符合一些人的胃口。我也本能地希望我能放进去。但我控制了自己的冲动。

我害怕自己冲动，不是因为我有什么见不得人的动机，也不是要表现自己的高尚。我只是觉得新闻媒体不是垃圾桶，不是痰盂，骂人的话、减损他人人格的表述，是不适宜刊载到我们的报纸上的。即便批评张维迎人格低下的人坚持他的表达是客观的，他在人群中的美誉度似乎比张维迎高得多，我也不能让他“有话直说”。理由很简单：我没有核实过，也核实不了。客观援引，不能成为遁词。

我最近几天老在想，我自己就不是一个高尚的人，像我一样从来就没有真正高尚过一次的人，一定也不在少数。既然如此，我们为什么一定要求别人高尚呢？当然，一个并不高尚的人也同样拥有批评他人龌龊的权利，可批评是要有证据的，尤其是批评一个人的品格，任何随意的援引，都会反衬我们自身人格的低下。意大利史学家沙尔费米尼因为反对墨索里尼的独裁和暴政被投入了监狱，受尽折磨的他，日后治史研究墨索里尼，仰仗的是证据，而非情绪。李敖说，他学习沙尔费米尼，撰写《蒋介石评传》，“全凭证据来”，而不会因为他坐了蒋家的牢，就蓄意贬低蒋介石。

不加甄别的援引，不仅让我们跌入道德陷阱，还可能让我们因为诽谤承担名誉权诉讼的风险。退一万步说，即便我们真的相信张维迎是个道德低下的人，我们拿不出证据来，怎么证明我们所说非虚呢？引用受访者的原话，并不能将责任推卸给他人。

20年前，最高人民法院在一个关于侵害名誉权案件有关报刊社应否列为被告的批复中，郑重表明：报刊社对要发表的稿件，应负责审查核实，发表后侵害了公民的名誉权，作者和报刊社都有责任，可将报刊社与作者列为共同被告。那么，作为报刊社变种的网络媒体面临同样问题的时候，是否承担相同的法律责任？我个人的观点是肯定的。2年前，南京大学一副教授发现，中国博客网上的一则网络日志中，有篇名为“烂人烂教材”的心情日记，对他进行了指名道姓的辱骂。该副教授选择对簿公堂。法院判决中国博客网在其首页向该副教授赔礼道歉。

我的第二个困惑，来源于审慎的怀疑精神和权威的非真实信息的冲突。当朋友建议我们对张维迎所说的话作审慎的怀疑时，我想到了美国《芝加哥论坛报》总编辑、普利策奖得主杰克•富勒博士所说的“敌对态度”和“权威问题”。他说：“出于道德上对刊载可疑信息的厌恶，以及受到高明的形象设计专家的蒙骗，一些记者在与政府官员及其他报道对象交往时往往采取敌对立场。记者本人摆出一副无情的反诘问人的架势，对他所面对的那些人所说的每一句话持有敌意，他首先作这样的假定：当权者人人都撒谎。”

虽然说张维迎不是当权者，但是被少数人称为“利益集团代言人”的他，毕竟游走在靠近财富和权力的地带。我们每个资深一点的记者都遇到过哄骗新闻界的撒谎高手。我们在这样的环境中，完成了我们的怀疑论教育。

所以，我和我的同事习惯性地怀疑张维迎的一面之词究竟在多大程度上尊重了真实。如果我们不能确定张维迎所说的是不是真话，有没有撒谎，我是否应该将它们刊载出来？

困惑中，我选择“应该刊载”。如果张维迎的这些表达不是自己说的，而是他的秘书或者太太替他说的，我们不会刊载，但是，辩白因为出自张维迎之口，具有了某种权威性。即使我们怀疑他的言辞是虚假的，也应该刊载，因为新闻讲究的是显著性，张维迎本人的言辞无论真实与否，都满足了公众对新闻报道显著性的需求。

在如何处理来自权威的非真实信息这一问题上，杰克•富勒举了一个例子：假如美国总统说，一个小国的叛乱分子屠杀了数百名妇女儿童，但是记者怀疑总统在撒谎，目的是煽动复仇情绪，一旦产生这样的怀疑，记者就应该着手调查，可是调查需要时间。此时正是闻讯之后的第一个夜晚，怎么办？杰克•富勒说，记者应该加以报道，尽管他满腹狐疑。他解释说：类似总统声明的言论无论是否准确，其重要性远在误导公众导致的风险之上。

我同意这样的观点。

这也是我在关于张维迎的报道中秉承的态度。

（相关报道：《争议张维迎》，2007年11月29日《南方周末》）

三鹿事件前传：我来剥媒体的皮

□**傅剑锋**（南方周末新闻板块）

在食品安全法通过后再来看三鹿事件中传媒的对错是非，真有些让人百感交集。

我的同事马昌博采访了食品安全法起草工作的核心参与者、全国人大官员李援。李援说："'三鹿奶粉事件'的情况每天被披露，我们就对照着看现在的草案对暴露出的问题是否能管得住"，"几乎是和事件发展同步的，今天看到有问题，加一条，明天又有新的问题了，再加一条"。从这句话里，我们也可以看到传媒在三鹿事件爆发后起的正向作用。但显然，这既不能掩盖、也无法抵消三鹿事件爆发前中国媒体的集体失职。

《东方早报》简光洲的出现，仅仅是让颜面丢尽的媒体捡回了一些尊严而已。

我们可以想想，在事件爆发前，全国至少已有万名婴儿因为饮用含有三聚氰胺的奶粉出了问题，这其中一定有不少人已向传媒投诉。从事后反映的资料看，在2008年3月、4月已有质疑三鹿奶粉的网帖，全国各地的媒体必有不少接到过投诉，为何中国的媒体

我和同事何海宁，应算是国内最早对三鹿事件进行系统研判与调查的新闻从业者，但最后我们没有首先发出相关调查，实属痛哉。我决心通过审视亲身之经历，来剥一剥中国媒体光鲜的外表。

一律噤声至9月份呢？如果以后再出现类似的食品、疾病、环境等公共安全灾难，媒体怎么办？是哪些因素让软弱的中国媒体，常常在真正关系国计民生的大是大非面前噤声的呢？

我认为，主要有三方面的因素让中国传媒在重大公共安全事件中畏手畏脚：外部权力威慑与管制，金钱资本，对法律侵权诉讼的恐惧。

我和同事何海宁，应算是国内最早对三鹿事件进行系统研判与调查的新闻从业者，但最后我们没有首先发出相关调查，实属痛哉。鲁迅在《野草》中曾道："抉心自食，欲知本味……痛定之后，徐徐食之。"正是类似的痛感，让我决心通过审视亲身的经历，来剥一剥中国媒体光鲜的外表，以能真正地自省与前行。

了望者为何蒙上了自己的眼睛

早在2008年7月底，同事何海宁就接到了消息：湖北武汉多家医院有数十名三鹿毒奶粉所致的结石婴儿。但因为处于奥运期间，报道无法直接去做。

作为一名新闻编辑，我万分心焦。我知道这不只是一件新闻，还可能是一起巨大的公共卫生灾难。那时我有很深的挫败感与失望感，只得尽己所能，向周围我所知道的、有婴幼孩子的朋友与熟人打招呼，叫他们别给孩子喝三鹿奶粉。

那段时间，何海宁一直对这一事件保持关注。他向湖北、湖南、江西的一些医院了解情况时，医生们已高度怀疑三鹿有问题，并提醒每一个带孩子来就诊的家长不要用三鹿奶粉。

那时，我查百度，还能查到一些家长对这个品牌的质疑，但没有任何新闻报道。我们只能等，等，等。我想，其他知道内情的媒体记者，可能也在焦虑的等待中。

而像石家庄当地的媒体，在事件爆发前，更是直接地受到了地方政府的不当管制。这在后来的三鹿事件爆发后有所披露。据《人民日报》报道，石家庄市政府发言人说，市政府最早在2008年8月2日，即北京奥运会举办6天前，得知三鹿奶粉的问题。当时三鹿向市政府求助，"请政府加强媒体的管控和协调，给企业召回存在问题产品创造一个良好环境，避免此时炒作给社会造成一系列负面影响"。事实上，当时的石家庄市政府确实很有力地控制了"负面报道"。即使在后来审判时，石家庄的媒体也几乎没有详实报道。

这就是我说的"外部权力的威慑与控制"，给了国人一个极其惨痛的教训。应该说，中央高层对这种教训的思考是认真的。现在刚出炉的食品安全法已明确规定，“新闻媒体应当开展食品安全法律、法规以及食品安全标准和知识的公益宣传，并对违反本法的行为进行舆论监督”，这算是对这种反思的制度化回应吧。

但像食品安全法里的规定仍只是原则性的，在具体的重大公共灾难来临时，并不能使媒体免于对管制的担忧，这往往导致媒体为自保而对新闻进行过度的自我审查。

这种过度的自我审查，就像一个站在船头的了望者，尽管看到了不远处的冰山，却因为怕受罚而不敢喊出警示，甚至还说服自己与别人都蒙上眼睛。尽管每个人都知道，这样的做法对公共利益来说是愚蠢的，但如果连自身利益都保护不了，谁敢为公共利益出头呢？

我想，在2008年7月份那时，南方周末和其他一些知情的媒体，就是那个不敢喊出警示的了望者。尽管这种“不敢喊”在现实考量中是可以理解的，但显然有辱于媒体伦理的高标。

谁才是真正的“封口费”老贼

奥运结束后，同事姚忆江也在报题会上提起，在武汉同济医院有多名喝三鹿奶粉得结石的婴儿。于是在忆江的帮助下，何海宁正式开始赴武汉调查。他先后跑了湖北、湖南、广东等地，接触了数十名家长，给全国的多个省份多家医院打电话，最后终于基本确证，三鹿奶粉与婴儿结石之间的因果关系是可以成立的。

为了进一步了解奶业黑幕，我和何海宁又找到了有中国奶业“大炮”之称的中国奶协理事、广州奶协理事长王丁棉，他也间接地认为结石与三鹿奶粉有因果关系。

这个调查过程花了十几天，很艰难。调查之前，湖南的部分家长被三鹿公司用钱封口，湖南、湖北的多家报纸也被三鹿通过调动权力、发动金钱公关而封口，一些参与调查的当地记者对三鹿这种封杀舆论的行径既愤怒又无可奈何。

也是在9月初的一段时间，我发现百度上开始查不到三鹿奶粉的负面信息了。后来传出三鹿用几百万元广告费收买百度的传言。

这就是我说的“金钱资本”的因素。后来对三鹿高层的庭审中，法庭出示的原三鹿副总张振岭的证词显示，2008年6月出现肾结石病例报告后，三鹿负责人田文华在7月要求其做好媒体工作。当时湖南、湖北反映问题较多，三鹿通过投放广告，不让媒体关于此事的报道见诸报端。

在三鹿事件中，那些媒体显然失去了基本操守。商家通过资本的力量，使媒体为它们遮丑闻、歌功德的现象已越来越普遍。目前对中国的媒体，特别是市场化媒体，广告是其最重要的生存方式，商家就抓住了这一媒体七寸。同时，相当多的媒体，对广告之贪婪常常是明目张胆的，没有任何新闻伦理禁忌，其做法和绿林中的“拿人钱财，替人消灾”几乎没有二致。以中央电视台为例，在纸媒揭露脑白金、脑黄金等有严重问题时，却是这种商品在央视广告上投入最多的时候，并且一年的“3·15”晚会，央视还把其作为赞助商。再如，央视在揭露了三鹿事件中百度被三鹿危机公关一事，以及百度拿多家企业“封口费”的报道后，很快自己也有样学样，在春晚的间隙接受了百度的形象广告，转变之快令人瞠目。这不由得人恶意揣测，央视曝光百度，是为了让百度出点血。舆论监督的正当性与合法性，被孔方兄强奸了。

这种令人不齿的事屡见不鲜。南方周末在2007年底调查了碧桂园非法拿地的内幕，结果这成了广州多家媒体赚钱的好时机——这些媒体说服碧桂园投了更多的广告，还有媒体通过报道的方式为碧桂园的非法拿地行为张目。广州已经是国内媒体自律水准相对较高的城市，在其他不少城市，传媒之堕落更不必说了。在我看来，像山西那些拿了封口费的记者，只是小贼而已，不少以出卖公信力、出卖操守获取“广告”、“赞助”的媒体，才是大贼、老贼。可惜现实却常常是“彼窃钩者诛，窃国者为诸侯”。商业资本通过广告等方式操控传媒，已成燎原之势。不要只说三鹿事件，国内的房市泡沫，传媒也是有力的吹捧者。大量的非法医疗产品与黑心医院，其重要的扩张渠道亦是传媒。在商业资本面前，还有多少传媒能相对保持独立性？如果再次发生食品、卫生、环境等公共安全事故，一旦涉及一些大的商业资本，依我的悲观研判，多数媒体仍会噤声，甚至会帮其遮丑、张目。

中国传媒飘摇在权力与金钱中，并被这两种力量深深扭曲着。这就是中国传媒的基本真相。

如何来化解这个死结？我没想到什么良策，除了媒体伦理上重树“不党，不私，不卖，不盲”的报人传统；除了在媒体体制上走向真正的法治约束下的市场化改革，即让媒体抛弃计划时代留下的恶，并以法治的方式制约市场化之下的恶。

传媒为何总是没有指名道姓的底气

但这里需说的是，即使是没有被三鹿买通的媒体，也在相对长一段时间内没有对三鹿指名道姓地报道，这又是为什么呢？

以我的同事何海宁的调查为例。他发现，所有送检地方与国家质检总局的问题奶粉，最后的检测结果都是合格的。这一方面让人困惑，另一方面也让人能理解，因为三鹿是国家质检总局封的“免检产品”嘛，否定不是自己打自己的嘴巴吗？

但如果没有来自政府的权威结论，在中国质疑这样的大企业是有巨大法律风险的。企业可能会对报社提出天价索赔，而企业所在的法院又往往会支持企业的诉请，而无视媒体的处境与公共利益的需要。

所以，在这个调查过程中，我一再提醒海宁，一定要谨慎，如果证据略有不足，就可能给我们引来败诉之祸和巨额赔偿之累。我还提醒，我们的调查必须秘密进行，不能让三鹿公司知道。三鹿作为一家大型企业，有极强大的势力，既然有能力封杀湖北媒体，那同样也有能力封杀像南方周末这样的媒体。但为了保持客观，我们可以把三鹿公司“合格”的检测结果同时登出，这样很公正，真正合不合格，自有公议。

在这个过程中，有多个追问不休的家长，要为孩子的受害讨一个说法；有多个富有正义感的医生，为我们的记者提供第一手的证据。

令我极度失望的是我们的有关政府机构。调查中发现，质检总局在六七月份的时候，已经检测得出了多份“合格”报告，一次又一次错失了预警的机会。结石婴儿大量出现后，多名医生向上汇报了婴儿结石的爆发之势，食品药品监督管理局没有作相关调查，卫生部疾控中心没有作流行病学预警与调查。当然，最令人失望与愤怒的是三鹿公司，一次次地掩盖真相，封锁传媒。

我们要真相，我们要和时间赛跑，我们要设法把这个公共卫生事件的疑云抛出去。这样的冲动与信念激励着我和何海宁。当海宁每一次在电话里告诉我一个突破和一个进展时，我都会惊喜，不停地勉励他。

2008年9月9日，新华网转载了甘肃媒体对三鹿的匿名指控。我意识到我们非报不可了，我们要公开质疑三鹿。只有这样，才能对公众真正警示这场食品危机。我们已掌握了充分的证据，我们有这个法律上的自信。

对三鹿的不点名指控，其实不是始于兰州媒体，而是湖北媒体。但正因为是不点名，在事实上失去了预警意义。但传媒的这种考虑，是有苦衷的。——2006年富士康诉《第一财经日报》的案子，开了商业机构通过诉前保全恐吓媒体从业者的恶例。正因如此，我们可以看到，在许多不良食品、不良公司出现后，传媒常常不敢指名道姓，而是用××食品、××公司代之。而这，显然不利于维护公共利益与公共安全。

故而，我建议，最高法院应对传媒侵权诉讼作出新的司法解释，即当传媒基于公共利益的需要，怀疑商业机构的某个行业正在影响公共安全与公共利益时，即使报道没有足够完整的证据，也应免于被诉。让传媒有合理的怀疑权，解脱滥诉之苦，传媒才敢对那些涉嫌的企业作指名道姓的报道。这方面，在美国，是有宪法第一修正案保障的。中国也可以作些借鉴。

商业与媒体尽管是合作共生的关系，但另一方面，商业权力应被媒体合理制约。千万别出现这样的局面——这两种力量完全合流，甚至在一些有害公共利益的事情上成为共谋……幸好，三鹿还不完全是这样的范本。因为毕竟还是有媒体在最后关头站出来了。

如何超越现实世界的无可奈何

2008年9月10日（周三），《南方日报》在导读的位置转载了新华网不点名报道结石婴儿的消息。我以为何海宁的结石婴儿调查有上版的希望了。

可惜的是，此稿最后还是没能出来。

但必须要强调，如果不撤，这篇稿子会给南方周末带来巨大的荣光和声誉，因为南方周末将是中国第一个对结石婴儿进行全面系统调查的媒体，南方周末将是中国第一个把结石婴儿与三鹿奶粉直接联系起来的媒体，南方周末将会因为揭露这个公共卫生事件高高立于群媒之上。但很可惜，它以能够被理解的方式“风险”掉了。

直到9月11日，周四中午，《东方早报》简光洲的报道才正式指出三鹿与结石婴儿之间可能有关系。9月11日晚上，三鹿终于公开承认结石婴儿与三鹿奶粉之间的因果关系。这段时间，何海宁给我打来很多个电话，他非常伤心与郁闷，我也很难过。这与导演与演员们自认为拍了很牛的大片，结果却不能公映是一样的。

在这一天，我征得报社同意，把何海宁的未发稿在南方周末网上发表，同时联系了《南方都市报》发表。这样，虽然晚了一天，但也算是在某种程度上维系了记者的职业成就感吧。我一直认为，南方周末之所以经过这么多年风云流变而未倒，一个极重要的原因，就是那些在一线的记者编辑，把职业荣誉与成就感看得比天还高。作为编辑，我有责任去保护记者的这种职业精神。

事实上，南方周末也以报社的名义肯定了这种努力。在2008年的颁奖礼上，南方周末历史上第一次为这样一篇未发稿颁了“未发稿奖”。但这个奖对何海宁、对我来说，都是沉重与负疚的，为千千万万受害者们。

到现在，我还会拷问自己，如果再次面临那样的大是大非，我们应该怎么办，我们的报纸怎么办？我们有没有足够的决断与勇气，来超越现实世界的无可奈何？

很遗憾，我仍无法明确地回答这样的拷问。

略感欣慰的是，得知国家副主席习近平在中央党校开学典礼上说：“（官员应）提高同媒体打交道的能力，尊重新闻舆论的传播规律，正确引导社会舆论，要与媒体保持密切联系，自觉接受舆论监督。”我想，这可能是在瓮安事件、孟连事件、三鹿事件后，中央高层在媒体管理上新的总结与思考。这不但可能改善媒体的外部环境，也或将为媒体的自我规范提供新的动力与依据。若此，不幸中的万幸矣。

“伟大时代”下的精神病

□柴会群（南方周末新闻板块）

对于法西斯、种族歧视等专制国家而言，精神病院从来就与监狱、警察、军队一样，是国家机器的必要部分。这些国家呈现出的一个不争事实是：精神病院里关着许多精神正常的反政府者，而监狱里却关着许多精神病人。

因为做了几个涉及精神病人的稿子，我被冠以本报“精神病专家”之名。我曾奇怪，我做的医疗稿件更多，为什么没人称我本报“医疗”专家？想来，大概是出于人们对精神病的“偏好”，与这种带有强烈歧视性的疾病有关的事，人们的兴趣天然地会多一些。

我对精神病有所认知，缘于2006年对杀人狂魔邱兴华的报道：邱兴华因为怀疑妻子与道士私通，夜上铁瓦殿，一口气杀了十个人。但是，直到现在仍然很少有人相信，他其实是一个精神病人，尽管在精神病学界这早成为一个定论。

应该说，在做邱兴华的报道之前，我对精神病人的无知与大多数人没什么两样，以为精神病人就是印象中的披头散发、街头流浪的那种。在我眼里，这是一个虽然处境悲惨但很难唤起人们同情的群体——试想，一个人如果连基本的尊严甚至羞耻心都可以不要，国家和社会还能为他做些什么呢？

直到采访邱兴华，我第一次有机会了解一个精神病人的前世今生，了解其发病过程以及由此引发的社会灾难。我第一次知道原来有这样一种奇怪的病：它与遗传有关，病人除非发病，否则与正常人没有什么两样，很多人往往少年时正常，在青年或晚些时候突然发病，发病原因往往跟外部的刺激有关，但究竟是些什么样的刺激才会导致发病，则和它的发病机制一样，仍是一个医学界无法回答的问题。一些善良、杰出甚至伟大的人，其实也有可能——甚至比常人更有可能——得这种病。患者的真实数字比我们所想象的要大得多，但人们却因为忌讳而不愿意面对，这反过来使得人类对它的进一步认知显得非常艰难。

这种病就是精神分裂症（精神病中最典型的一种）。它在人群中的发病概率大概是1%。不要小看这1%，我发现，几乎每个健康人一生都要与精神病人发生或多或少的联系。其实环顾一下每个人的周围，谁敢说亲友当中就肯定没有一个精神病人呢？至少我不敢说，因为我的两名亲人就曾经患过精神病。

真正的精神病人绝不是你看到的或想象的那样：疯疯癫癫，衣不遮体，做事毫无规律，成为社会的另类。或者说，仅仅是在表面上如此而已。事实上，精神病人的行为是有自己的逻辑的，只不过因为他们的幻觉和妄想，使这种逻辑从表面上看异乎常人。我第一次发现这个道理，是2007年初再次到陕西做邱兴华案时。当时邱兴华已被执行死刑，我与熊万成（被邱兴华怀疑与妻子通奸而杀死的铁瓦殿道士）的代理人聊时，无意中发现他的儿子竟也是一名精神病人。

因为家里有一个精神病人，所以他对周边村庄精神病人的情况非常熟悉，知道我对此感兴趣，他带我去见过几个病人。让我开始领悟精神病人的逻辑的，是其中的一个女人。几年前，她在做饭的时候，突然拿刀将自己的女儿砍死了。因为杀的是自家亲人，警察给她做了精神病鉴定，关了几天便放回来。

后来按照她的解释，她当时觉得杀死的不是女儿，而是一只来偷鸡的黄鼠狼。黄鼠狼来偷鸡，所以她便将它杀死。这就是她的逻辑。

类似的逻辑，在邱兴华身上也表现出来，比如，他杀人之前，曾有村民看见他回过老家，拿着两块石头。村民问他怎么拿块石头，他说他要煮了吃——因为他认为他拿的是两只螃蟹。此外，在杀人之前，邱兴华曾到铁瓦殿上强行把一块石牌挪掉，有人说这说明他迷信，其实不然，这是因为“有一个白胡子的算命老头”告诉他要这么做，而且我确信，在邱兴华的大脑里，确实有这样一个白胡子老头。只是这个老头把几位深度调查记者害惨了——他们掘地三尺想找到此人，但事实上，他根本就不存在，是邱兴华幻想出来的。

在精神病人当中，有很小一部分（大概不到1%）有暴力肇祸倾向，民间通常把这样的人称为“武疯子”。不过，这样的人虽少，但蕴含在其身上的能量和影响却很大。某种意义上，他们就是灾祸的代名词，只不过他们自己也是这种灾祸的受害者。无锡精神病学专家刘锡伟，把这种现象命名为“疯劫”。

我在熊万成的代理人的指引下，惊讶地发现邱兴华杀人的汉阴县，疯劫现象竟发生了不少。事实上，我走了两个村子，就发现了三个武疯子。其中一个，父亲是抗美援朝的老兵，母亲是村妇女主任，结果这个人发病后到处放火，没办法只能专门给他盖了个屋子把他关起来。另一个曾是个鞋匠，突然有一天拿把刀见人就砍，口里还说着“我见人就杀”，结果把邻居家一个九十多岁的老太一刀砍死，这个老太家里有点背景，凶手虽然被鉴定成有精神病，但还要负刑事责任，最后被判了无期，家人说，因为他发病时会闹事，在狱中大多数时间是被铐着的。除了他被判刑外，家里还要支付附带的民事赔偿。因为拿不出钱，对方将这家人的房子强占了，他的妻子由于长期担惊受怕，竟也得了精神病。还有一家，病人是女主人，发病时经常要到邱兴华后来杀人的铁瓦殿上挑水下来（从山下到铁瓦殿空手步行也要四小时），就是她杀死了被其视为黄鼠狼的女儿。

以上这三个家庭，因为各出了一个精神病人，都已完全垮掉。而且，同样因为家里的精神病人，他们连乡邻的同情心也得不到。

如果说精神病这顶带有强烈歧视色彩的帽子，使这种疾病和它所涉及的群体被大大地遮蔽、忽视的话，那么由精神病人肇祸引起的刑事案件，则让公众的情绪被媒体引向仇恨的深渊。在网上，透过那些反对邱兴华精神病鉴定的歇斯底里的文字，我总联想到法西斯、种族歧视和集权专制（事实上，在希特勒时代的德国以及我们的“文革”时期，都是精神病发病率较高的年代）。而对于这样的国家而言，精神病院从来就与监狱、警察、军队一样，是国家机器的必要部分。这些国家呈现出的一个不争事实是：精神病院里关着许多精神正常的反政府者，而监狱里却关着许多精神病人。

记得一位精神科医生跟我说过，现实中的一些英模，有的就是精神病人。

2006年一年，我曾接触到三名精神病人：杀人恶魔邱兴华、花痴阿罗、猫妈妈多姿容。同样是精神病人，同样是病态行为所致，但他们获得了截然不同的评价和结局：邱兴华夜上铁瓦殿杀了十个人，因此被定性为杀人狂魔，被枪毙；多姑娘与猫同吃同睡，因此成为爱猫人士的崇拜偶像，进一步成为“上海十大真情人物”，至今仍有众多粉丝；阿罗则因为“花痴”将攒了一辈子的邮票和书画送给一个女流氓，对此既有人怜悯，又有人摇头。

有时想想，我们处在一个多么伟大的时代，在这个时代里，精神病人既可以被视为社会的楷模，也可以成为公众的敌人。而两者之间，分明只有一纸之隔。

我一度想，人类当年对待麻风病人的态度，是否就是他们今天对待精神病人的态度。所不同的是，对于前者，是将他们烧死或者关到一个与世隔绝的地方；对于后者，是以法律名义将他们处死，或者关到监狱中去。

只有少数人认为，精神病问题其实是社会问题的一部分，精神病人也是社会群体的一部分。然而对于这些基本的常识，公众以及部分本该担负起教化职能的知识分子，所表现出的却是令人惊讶的无知和冷漠，这种无知和冷漠所带来的，则只能是更为深重的灾难。正是因为如此，我认为，呼吁为邱兴华做司法精神病鉴定的刘锡伟这样的人，是我们这个民族真正的脊梁。可是，在为数不少的人眼里，他才是一个精神病人。

我一度想，一起精神病人肇祸惨剧的发生，是否上帝有意以这样一种极端的方式，对人类忽视自己兄弟姐妹的行为施以惩罚，以此唤起他们的悲悯之心。然而上帝的可悲之处在于，他从来没有成功过。即使是在以基督徒为主的西方，对于精神病人的宽容也很有限。曾经奉为经典的英国麦克诺顿案和美国辛克利案判例，都在法律层面引起了反弹，国家因此收紧了精神病人免责条款的尺度。当然，与我们的不同之处在于，他们在出现一个引起社会负面反响的判例后调整了法律，而我们这样的判例根本就不曾有过。英国毒贩阿克毛事件，在中英两国民众中引起完全不同的反应，恐怕正体现出这种本质性的区别。

赵承熙（美国弗吉尼亚校园枪击案凶手）事件发生之后，美国的司法界和精神病学界出奇地沉默，至少相比邱兴华案如此。我对此曾难以理解。但我想我后来找到了答案。他们沉默，不是因为缺乏知识和勇气，而是因为他们对人权的看重——他们担心公众因此产生对精神病人的更大歧视，相比那起惨痛的枪击案，这一点显然更不能容忍。

2009年，在关于精神病人食女案的报道中，我又接触到两名精神病人：刘国章、刘和章兄弟。与前番几名精神病人不同——他们顶多引起我的同情，刘氏兄弟在我看来是两名堪称伟大的中国公民。

他们共同收养了一个高度残疾的弃婴，并抚养了她8年。讽刺的是，他们长达8年的高尚行为从未引起人们的注意，相反，是那女孩的死让他们闻名。——警方说，是刘和章杀了那病死的女孩。原因是他们看到他肢解那女孩的尸体，并放到锅里煮。

刘和章确实想过吃那女孩，但事实是，当时那女孩已经死去。他用一个让人瞠目的逻辑来解释自己的动机：埋到地里是为了长庄稼，长庄稼是为了吃，为什么不直接把她吃掉呢？

我曾想，这是否冥冥中上天的一种安排，让刘和章所代表的精神病人和其本人收养残疾弃儿的高尚行为，以一种野蛮残忍的方式引起世人关注和警醒。或者干脆说，这是被歧视、被欺压、被凌辱的精神病人群体，对世俗社会的一种嘲讽和控诉。

我曾试图分析刘和章抚养那女孩的原因。答案仍然是，他是一名精神病人。从时间上看，刘发病是在1984年，我想，这或许意味着他的道德观念也停留在1984年。在那个年代，他们身上具有许多国人曾固有的美德：勤劳、善良、富有责任心。后来，当这种美德在国人身上淡去的时候，刘氏兄弟却因为精神病而将它保存至今。正因为如此，他们收养了那个没人要的女孩，并且持续8年。

稿子题记中有一句被删掉的话，我想在这里补上：一桩离奇的案件背后，是怎样的人心凋敝、法治荒芜……

“两会”报道进阶指南

□马昌博（南方周末新闻板块）

为什么至少要带两支录音笔？为什么收起记者证比戴着它更能让采访对象开口？为什么要尽量躲开官员的秘书？如何约访高官？没有上会证件怎样进行采访？为什么总理记者招待会上有经验的老记者会放弃中心区，独占左侧边角位置？

如果你已经被选中参与全国“两会”报道，那么恭喜你，你会体会到悲喜交加的感觉。

能参与到这场中国最大的年度政治盛宴，观察中国当下的政治现实，自然是记者职业生涯中宝贵的经验之一。但同时，作为一名上会记者，跟随“两会”匆匆节拍的劳累感和面对宏大场面、如潮人群的茫然感，会让你在兴奋之余倍感痛苦，而更要命的是无法遏制的焦虑——你知道自己必须时刻准备进行采访，但却无法确定自己是否能够采访到预定的目标；另外，你很容易让自己淹没在信息的海洋里。

南方周末报道了至少8次全国“两会”，并已经连续4年持证上会，关于“两会”报道准则的总结是这份26岁的报纸业务传承和专业进阶的方式之一。下面的这些文字会以本报历年上会经验为基础，并收集参考其他同行“两会”报道卓见，告诉同行们如何竭尽所能完成任务。

准备工作

一般来说，不同时候的“两会”，计划的重点会有不同。

报道计划的准备。换届时的“两会”，重点自然是人事调整，退休的官员和即将上位的官员是需要关注的重点。事实上，对他们的关注可以持续两年——前一年和换届的当年。以2007年“两会”为例，因为当年就有十七大，那些被预计将在十七大上上位的重点省份官员，被本报重点关注，这其中包括很多后来成为中共中央政治局常委和委员的高官。2008年属于换届年，当年退下来的一批高官，如吴仪等，成为该年全国“两会”本报的报道对象。

另外一个重要的问题是，这个计划是为了报道“两会”本身，还是以“两会”为采访平台，借这么多政商精英在场的机会做本媒体关注的内容。诉求不同，计划亦大不同。

熟悉照片和简历。制定了报道计划，就要根据大概确定的采访对象熟悉照片和简历。这是最为头疼的工作之一，因为人大代表和政协委员加起来有5000人。一般的方法是，和报道计划有关的重点人物熟悉照片、简历，列出突然碰到需要问的问题，次要人物熟悉简历。上述资料都要打印成册。

采访证件的申请。过去只有中央媒体才能直接向人大新闻局申请，地方媒体只能在分配给地方省份的固定名额中抢夺——稀少的名额往往都给了当地的党媒。但是最近几年，包括南方周末在内的有影响力的市场化地方媒体，也已经开始能够直接从人大新闻局申请“中央媒体”的上会证件，申请一般在2月份就已经开始。

一般来说，“中央媒体”的证件可以通行大会堂和各个代表团，而地方随团记者的证件上会标注诸如“广东代表团”这样的字样，按照规定只能出席人民大会堂的大会和本地方代表团的会议。每个上会记者凭证件都可以申请一张车证，“两会”期间不限行。

政协会议的申请类似，不过申请难度比人大要小一些。最新的规定中，凭政协的证件一样可以采访人大的代表团讨论会议，除一些在人民大会堂的大会之外（这些大会独家价值有限），作用几乎和人大证件相同，所以获得不了人大证件的，申请政协证件亦是途径之一。

多拿几支录音笔。媒体上会名额有限，常会碰到在一个驻地跑多个代表团的情况，在一个代表团放一支录音笔，再去另外一个代表团的现场，就放心得多。还有一种情况是，在代表团讨论时你现场约代表出去采访，一支录音笔放在现场记录发言，另外一支用来采访（我采访海南一位副省长时就曾有过深刻教训，只带了一支，最后是能录音的手机帮了我）。

住宿和交通。无论外地还是在京媒体，“两会”期间很多记者集中住宿，以便随时交流。地方随团媒体多选择在代表团驻地或周围的宾馆。而其他中央媒体和类似南方周末这样的全国性媒体，要跑很多驻地，此时宾馆的选择以交通便利和上网迅捷为第一要务。从过去经验看，地铁是相当靠谱的交通工具，另外是拥有“两会”车证的单位车辆，最后是打车——这在北京“两会”期间的交通状况和限行规则下，基本是看运气。所以选择一个地铁边上的或者好打车的宾馆很重要。一般来说，人大代表的驻地多在北京西部，而政协委员驻地多在北京东部。

采访战

开幕前的采访。千万不要以为只有“两会”开幕的时候才是采访的开始，早在之前的准备阶段暗战就已经上演。比如对部长和各地“封疆大吏”的约访（关于高官的采访会有专门章节交代）。

如果你此前曾经采访过“两会”，不要忘了及早给采访过的代表委员们打个电话，问问今年有什么议案提案。也可以在代表团陆续到京前跟对方代表团联络员联系，一起接机采访。

“围堵”大会堂。3月3日全国政协会议开幕，“两会”开始，不过真正的新闻大战，还是在3月5日全国人大会议开幕之后。

“围堵”是此后媒体的关键词，围堵分两处，一是大会堂的东门外，这是人大代表进入的门，围堵的主要是各地地方高官；一是大会堂北门，围堵的是由此进入列席会议的各中央部长。

传媒围堵的官员几乎都是政治明星或者高关注度地区官员，前者比如薄熙来、汪洋等，后者比如西藏和新疆的党政高官。只要能将其围住，他们总会回答问题。如今“两会”的围堵采访几乎变成了一个纯粹的“体力活”，另外就是“简单粗暴”，此时你要做的就是眼尖腿快，认出人之后冲上去，问题不宜宏观不宜开放式设问（诸如下一步发展计划之类的还是留在代表团自己的新闻发布会上问吧），直接问具体的事，敏感问题也无所谓。

虽然跟随“围堵”只能是群访，但对于对新闻人物面孔不熟悉的新人来说，这依然是发现高官最简单的方法。

除了政治明星外，一般的官员就不那么被重视，不过各地都有随团的地方媒体记者，多在采访地厅级官员，这种采访更“两情相悦”，之后常合影留念。

南方周末
他们这些年
铁面审计长谢幕

南方周末
经济危机中的总理们
经济危机中的报纸们
中国经济调研报告

而在大会堂的北门，针对部长的围堵最近几年已经规范得多，人大设置了红地毯并拉上了隔离线，记者们只能在外围隔空喊话。每次人大工作人员会让记者们推选出几个代表到里面拉部长接受采访，此法也有些效果。不过总体上部长们还是善于低头疾走。

如果有部长接受了采访，依旧记得问最重要最直接的问题，诸如问科技部长绿色能源这样的软问题事后会被同行诟病。甚至曾经有台湾记者问科技部长万钢对陈冠希“艳照门”事件怎么看，对方只能无奈回答：这实在不是我领域内的问题。还有人问工信部长李毅中房价问题。

随后开幕式举行，总理作政府工作报告。不过上会的老记者们不会真安静地听，因为会场外的各个厅内，政协委员们在电视旁听报告，也有一些在二楼大厅喝茶休息，可以穿梭采访，或在一楼围堵去卫生间的人大代表。新记者可以尽量先看委员胸牌，等确定身份后再问问题。脸皮一定要厚，不必担心委员们拒绝，因为此时他们也很闲。

而大会结束之后，又是类似开幕时的围堵。事实上这种围堵得来的新闻基本大同小异，除了不漏稿之外，基本不会出彩，而真正的媒体功力，就要看接下来的采访了。

重中之重：代表团审议时的采访。3月5日下午，代表团开始讨论政府工作报告。

事实上，3月4日到5日，尤其是5日，有一件比较关键的事：到各个代表团找联络员要有代表房间号的名册，很多宾馆会同时有几个省的代表团，记得要一网打尽。动作要快，因为他们不会印太多。名册同时也要复印一份给

未能持证上会的本媒体记者，以便他们电话约访。

各地代表团中的全国人大代表会包括一部分地方官员，这也是要关注的重点人群。以本届全国人大代表2008年时的职务为例，有31个省区市的所有省（区市）委书记、省长（市长、主席），14个省（区市）发改委主任，16个省（区市）财政厅（局）长，21个省级高院院长，21个省级检察院检察长。

另外，省会和省主要城市市长一般均为全国人大代表，如辽宁省所辖14个地级市（包括两个副省级城市沈阳和大连）的市长。

3月5日下午依照惯例，各代表团在驻地举行全体会议审议政府工作报告，此时就是约访的开始，按照之前的报道计划，分别在会前（一般厅局级以下的官员代表都会提前几分钟到场，省委书记和省长会掐点到）、会中（递纸条或者低身走过去）跟对方表明采访意图。

此时认人是你发现的最大困难之一，但请记住做记者永远不要羞于开口，直接问旁边的当地随团记者，或坐在工作席上的该代表团随团人员（多是省委办公厅或省政府办公厅的秘书人员，他们对本代表团官员代表的脸孔很熟）你要采访的官员是哪一个。

一般来说，第一次代表团全体会议上，代表们会按照某个心知肚明的顺序挨个发言，所以要等到想采访的代表发言完毕后，再提出是否可以中途到外面大厅聊一下的要求。一些代表会答应，但也有人会因为省委书记和省长在而不好离开，不要紧，可以等散会后继续约访。

只要你所在的媒体还算不错，厅局官员和市长县长的采访难度并不大，副省级的官员则要看情况——如果省委书记、省长本身比较开明高调，副省长们接受采访不会被认为是“抢风头”，则一般难度不大；但如果省委书记和省长很低调，副省长们也会跟着低调起来。

会后请某个代表留下来采访的成功几率也很大，这种采访一般都在半个小时内，超过这个时间，代表就要急着去吃饭了。

不管是对哪一级别的代表，当面沟通随后坐下来即行采访永远最直接有效，远比约定一个几天后的日期和跟联络员联系靠谱。此时就不要发扬上午在大会堂的同仁精神了，如果你单独约定的采访对象走下来后，别的同行也伸过来一支录音笔而同时你又很在意独家问题的话，就直接告诉这位同行好了。

事实上，午饭和晚饭期间，在餐厅里等对方吃得差不多的时候，坐到他身边提出采访也是一个不错的选择，很多人吃完饭后乐意跟你聊一会，或者回房间聊，当然高官除外，这在下一节会有单独说明。

实际上，代表委员吃饭的餐厅记者是不能进入的。一般来说，记者只能在随团工作人员的餐厅吃饭，惯常方法是收起记者证，跟随大队代表一起进入，这时餐厅门口的工作人员往往不会注意。另外一个方法是跟在某个省委书记或者省长后面，这时谁知道你是不是对方的秘书呢？我们还曾跟随到江苏团参加审议的中组部部长李源潮一起进过餐厅。

说到证件的问题，除非有警卫要求查看，进入代表团驻地后，收起记者证比戴着它更能让采访对象开口，这个在胸口晃动的牌子只会让对方更紧张，尤其是一些市场化媒体。

人代会开幕后的第二天，可以去大会新闻中心拿前一天的各代表团发言简报，不过基本上所有的“料”都被剪除了，只剩表态文字。所以想要弄料，简报用处不大，还是要到现场。

第二天，也就是3月6日，各代表团开始小组审议。约人采访的最佳时机也开始到来。上述已经讲过的方法这时候都可以充分运用，在小组讨论现场你也会看到经常有代表被约到外面受访。

一些地方尤其是地市级的宣传部官员，会在“两会”期间努力扩大本市领导的影响，他们会和诸多中央级媒体的老记者联系，邀请他们采访本地代表官员，如果你认识这些老记者，可以让他们跟你多通消息，以便获得一些便利。

另外，要及时跟各代表团新闻联络员确认他们是在驻地举行会议还是去人民大会堂举行全团会议（一般也就一次），后者往往中央高层要到场参加审议。按惯例，政治局常委们到代表团驻地参加审议时，绝大多数上会记者是无法进入现场的。

从这时直到3月10日左右，都是约访的好时机：一般各省的厅局长和市长们都在。而几天后，一些主要的市厅官员会开始请假，原因无外乎拜访部委和大型国企，一个市长“两会”期间拜访十几个部委的司长并不罕见。而各省诸如发改、财政这样的厅局官员更是忙得很。

事实上，“两会”到了中间，代表便开始散了，此时能够留在会场坚持讨论的，多是基层代表，而且往往时间很短，有时主持人问几句无人发言，几分钟就散会。所以“两会”采访，前半段最为重要。

全国人大要求，各个代表团都会举行“团组开放日”并在会后接受媒体采访，各省党政一把手都会出席。不过“团组开放日”主要针对境外记者，境内记者无论是否开放日，原则上都可以旁听，有时也会有工作人员问你，你最好提前到会场，坐在工作人员席默不作声就是了。

近两年出现的一个不好的现象是，一些省份的代表团开始限制境内记者进入某天某次小组讨论现场，这并不符合大会新闻组的要求。这时除了联合其他记者据理力争外，找几个诸如新华社、人民日报这样的在场记者一起进入，也可一试。

在审议现场的部委官员的采访。从3月5日开始，按照规定，很多部长都要列席全国人代会各省代表团的审议，听取意见。但部委高官们去哪些代表团，去几次，并未有特定之规。不过，总体上看，资源大省或欠发达省份会受到较多的关注。

大多数部长的行程，是在全国人代会正式开幕时就大致安排好的。但最确切的消息一般在头一天才会敲定，具体情况各团联络员也不太清楚，而是由各团随行的省办公厅工作人员掌握。参加审议的部长们基本不会在讨论现场发言，不过记者围堵采访时会多说几句，尤其当他们对某个民生热点需要表态之时，比如现在的住建部部长。

除国家领导人和部长，还有为数众多的部委中层官员旁听各代表团审议，以国家发改委和财政部官员为主，其任务是记录简报。他们都是司局级官员，而且在现场很闲，如果没有别的任务，大可跟对方聊一聊，换个名片，以备日后之需。

提到换名片，这也是上会的重要任务之一。要抓住一切和采访对象交换名片的机会，为报社积累采访资源，因为你一年中再也没有别的机会可以和这么多政治、经济、文化精英们相对平等地交流。

没有上会证件的采访。没有上会证件，采访会有很多麻烦，但也并非无所作为，事实上，很多地方的都市报记者都在几乎没证的情况下做出了出色的报道。

你首先要拿到此前提到的各代表团成员房间号，给宾馆总机打电话并说出房间号码和代表名字，总机会转接。如果对方在房间，就可以试着进行电话采访。另外，想办法让代表或者委员把你带进驻地会场，你可能是去采访他，也可能他就是此前一个熟悉的采访对象，对方只是单纯地帮你这个忙——所以“两会”时和身为代表委员的采访对象保持良好的关系很重要。千万不要不好意思，因为记者本来就是以麻烦别人为职业的，但是也要记得别频繁麻烦对方，尤其当对方是官员的时候。让有证的同行进去请一个代表委员出来接也是一个办法。所找的带你的人要尽量避开热点人物。有时地方代表团的工作人员也能带人进去，但一些有军队背景的宾馆，比如京西宾馆、西直门宾馆、远望楼宾馆，对此控制比较严格。

有些全国性的市场化媒体本身会拥有强大的联络名单，如果你在这个媒体有朋友，而且他也没证，跟着他就是了。另外按照最新的规定，没有证件的记者只能在一楼大堂会客厅，但你既然已经进来了，总是有各种办法到达会场的。而且只要进了驻地，就干脆待到晚上再出来。

同事肖华和王小乔采访政协的经验是，经济组所在的宾馆比工商联所在的难混得多，开幕第一天第二天比之后的几天难混得多。所以尽量避开超难搞的时间和地点；多看电视，熟悉一些人的脸，因为在洗手间、楼梯间、电梯突然遇到的可能性并不低。而最重要的经验是，如果那个采访真的很重要，想尽你所能想到的一切办法，并且去试！

如何约访高官

关于省部级高官的采访，之所以要单列一节，是因为上述官员本身既是采访重点，采访方式也和大多数其他代表委员不同。

会前提早联系。要在会前做足工作。本报几次在“两会”前就曾经成功约访了卫生部部长高强、国家审计署审计长李金华（对李的采访是李卸任前接受的最后一次采访）等热点部委高官，然后在“两会”期间刊出。

对于地方高官，联系大多是通过省委宣传部，如果你之前和省政府办公厅秘书长之类的官员熟悉，也可以通过他们直接约省长（注意党委和政府系统的不同）。一般情况下，稍微热门一些的省部官员会收到十几份几十份约访申请，他们的秘书班子会从中挑选几个“够分量”的媒体进行沟通。这些省部级官员每年总会“适当地”选择专访次数（一般两三次，分别选择电视、报纸和网络），如果在事先的约访中他没选择你（通常是对方决定此次会上低调行事或者觉得你的媒体不“达标”），那么会上基本也不用再对其进行纠缠采访了——当然，这要在你确定找的渠道确实跟官员本人传递了采访请求并被拒绝的情况下。

高官接受采访的时机选择。前文提到高官会在某些年份选择低调的状况是普遍存在的。比如2007年“两会”，因为当年秋天就要举行十七大，所以政治明星基本上都未接受采访，或者只是在央视和《人民日报》这样的主要党媒上说几句。其时，本报记者曾试图约访一位如今已在中央任职的省委书记，但总是难以找到机会，最后不得不在名片上写了一段话，塞到了他房间的门缝里。后来该省省委办公厅的官员主动联系我说，书记已经看到纸条，但是因为确实繁忙，所以嘱咐他打电话说明。

另外，有些省份的省长刚刚在“两会”前换任，为避免浮夸之嫌，也不接受采访。比如2008年全国“两会”，虽然十七大已过，执政党系统的官员已定，但因为又涉及政府换届，而且此前在地方“两会”上新转正的省长们刚刚就职，自然不宜多说。本报记者约访时，省长们讲得最多的是，“过段时间吧”。一位中部地区的省长说得很直接：“刚就职几个月就讲本省应该如何发展，只能被人说浮夸。但如果说还在调研中，没有最终的思路，我还说什么呢？”

我们还碰到的一种情况是，某身为“政治明星”的省委书记很低调，跟宣传部门声明本次“两会”不接受采访，所以省长和副省长们也都跟着“低调”，以免坏了规矩。所以如果你打听到上述信息（一般在跟新闻联络员或者随团的省委宣传部人员的沟通中可以获得），可以少做一些无用功。

而在一届人大的第二到第四次会议时（比如2009～2011年三年），因为没有人事问题，且属于例会，各地方大员都颇为放松，所以各家媒体上，有关省级高官的访谈也便多了起来。就本报记者的接触看，有的省委书记拒绝时也很实在，会拍着你的肩膀说自己已接受过某媒体采访，同样的话不能反复说，以免被人指摘。

会上尽量躲开秘书。绝大多数情况下，高官秘书的作用，是在你跟高官约访时将你拦住（此类例子比比皆是。有一次堵到上海市市长韩正，刚好他做完了总结发言，看来谈兴不错，当时现场只有本报一个记者，他也有多回答几个问题的意思，不幸的是，旁边的秘书太早上来了，记者只能一边叫着“韩市长……”一边目送他离去）；在你好不容易约下采访后的提问现场不停提醒高官说话要谨慎（奇怪的是，这在一些中西部省份的高官接受采访时尤其明显）。

事实上，找随行的宣传部官员或者办公厅官员也比联络秘书靠谱。当然，试图递送采访提纲给代表团新闻联络员以采访书记省长的做法基本是无效的，因为他们大都是省人大系统的宣传官员，基本上也是把提纲转给领导秘书，而这些提纲基本会被秘书直接否掉。

现场约访高官之种种。当所有代表团在人民大会堂开全体会议的时候，对省部级高官基本上只能利用开会进场和会后散场的时机进行围堵式采访。需要提醒的是，一些热门的省部大员自然是围堵重点，但是一些非热点的省部官员，因为面孔大多不为媒体熟知，往往不被注意，如果你事先有准备能认出人来，倒是可以有几分钟单独采访的可能。

而代表团单独召开新闻发布会时，该省的书记省长基本上就是群访了，单独采访此时是最不可能的。同其他代表相同，对省部大员约访最好是在各省代表团全团会议和分小组讨论时。一般来说，这种小组讨论中，省委书记和前省委书记在第一讨论小组，省长和前省长在第二讨论小组。而一些人数特别少的省份，比如海南、青海、宁夏等，不再分组。

全国人代会开幕后的三天之内，书记省长们基本还在会场，但此后很多人就忙于拜会部长们去了，尤其是省委书记，所以约访要趁早。约访可以直接写纸条现场给高官，此时一般是会议中场时分高官不发言的时候，要大胆但又低调地绕到他们身边（这个场合一般不会有人拦阻），低声简要介绍几句，放下纸条和采访提纲。等散会后，继续上前详细沟通解释。

如果一次不成，第二天小组讨论他们还会参加，会前、会后可以继续表达采访愿望。需要注意的是，一般在开代表团全体会议和团组开放时（此时有境外记者在场），记者会相当多，地方大员们也很紧张，但小组讨论时，记者则少得出奇，这在我们约访一些热点官员时经常会碰到，昨天还围堵他的上百号人都不知道去哪里了，所以此时也是约访的好时机。

以2008年初本报采访刚刚复出的山西省省长孟学农为例。记者在山西代表团找到孟说采访的事，孟果然拒绝，但态度温和。第二天，记者决心破釜沉舟，给他写了一个长长的纸条，直截了当地提到了他曾经因为“非典”事件辞职造成的舆论恶感，并说接受我们的采访，有利于告诉公众一个复出的孟学农的所思所想。

孟看完纸条后，并未变色，会后本报记者再次提出采访要求，孟亦温言婉拒。第三天一早本报记者继续出现在孟面前。“你倒挺锲而不舍，”孟说，“中午11点吧，我们聊聊。”采访就这么定下来了，而且自始至终，没有秘书出来阻拦。

一般来说，地方高官们接受采访主要是谈当地省情，跟个人有关的问题则属敏感范围。不过也有一些开明的官员会打破你的固有印象。此前的全国“两会”中，我们曾经拦住一位东北某省的省委书记。他一开始也推掉了采访，说自己是省委书记，谈发展还是去采访省长。我说我们主要想聊聊你自己的经历。他转过头对秘书说，“这倒是可以谈谈”。

有时你去某代表团旁听审议时，意外发现某书记或者省长在场，不用着急，他不会马上走，你还有机会让编辑部草拟一份采访提纲，到驻地宾馆的网络中心下载打印递给对方。

有时你会在驻地电梯里和省委书记们遇到，或者“故意”遇到，电梯空间狭小，秘书也无法把你拖走，而驻地宾馆高高的楼层也给你足够的时间陈述约访理由，或者问一两个关键问题。我们对时任吉林省委书记的王珉的采访约请，就是在电梯口得到的。

如果对方答应了你，赶紧跟他敲定具体时间，诸如“过几天再说吧”或“我会联系你”这样的话是靠不住的，要问到秘书电话，并中间催促，必要时第二天再次去现场“等采访”。当然，更多的高官会拒绝你。这也没什么，传递采访之意，制造熟悉感，本身就是胜利，谁知道日后某个时刻，某起新闻事件中，他会因此想起你这个媒体，并接受采访呢。

和采访普通代表委员不同，对于这些地方大员，中午和晚上去敲门基本上是没用的，往往这时他们有会见应酬，主要是跑部，尤其是晚上，基本没人。当然你可以写个纸条塞入门缝，我们也曾以此获得过回音。中午有些地方大员需要休息，此时打扰会让对方颇为不爽。

事实上，关于纠缠高官的分寸问题，也需要把握，我们曾经在中午追访过多位省委书记，但基本上都无功而返，而且和秘书发生过一些并不愉快的讨论。

总理记者招待会

最后压轴的是总理记者招待会，现在每次与会的记者总数在千人左右，且大多照顾境外记者，所以境内记者的名额也就在小几百人。

只有获得请柬才可能参加招待会，而请柬的获得并不容易，要看你上会记者的人数，另外人大新闻局方面对于你有一个综合评判，当然，这与到新闻中心境内记者组去的早晚也会稍有关系。一般来说，除了中央媒体外，大一些的地方媒体也有机会获得请柬。

为了占座，很多同行会很早就到大会堂东门外排队，凌晨6点就会有不少人，有人甚至4点半就到。按照惯例，会在7点半左右放记者进场，此时需要飞速跑上三楼——如果抢不到第一拨电梯的话（此时很多港台记者的速度明显比境内记者快），然后占一个座位。

不过，无论你跑得多快排得多早，前两排的座位还是被很多中央媒体占据了，尤其是第一排和第二排，而你的任务就是在此后尽量多靠前一些。有些有经验的老记者会放弃中心区，独占左侧边角，因为会后总理一般从这边离场。另外，中心区左右两边的一竖排位置也是抢占热点，因为电视直播时，镜头习惯在这个地方扫过。

到8点半左右，基本上就不会有空位，而2010年的新要求是，第一排每家媒体只能留一个人，中央电视台也不例外。2010年还新增了总理办公室和人大会务组为记者准备的早餐。

很多记者会想自己是否能获得一个提问机会，对于境内记者来说，基本上很难。以2003年到2009年的总理记者招待会为例，提问的内地媒体有8家，中央电视台7次皆有，剩下的依次为《人民日报》6次、新华社5次、中央人民广播电台4次、中新社2次，《中国日报》（*China Daily*）、《经济日报》、《农民日报》各1次。

有意思的是，中新社提问，新华社就不会获得机会，反之亦然。

从2003年到2006年，都是内地媒体问第一个问题，而2007年和2008年，第一个问题分别给了《华尔街日报》和凤凰卫视，2009年的第一个问题虽然给了内地媒体中的《中国日报》，但该报主要也是承担外宣功能，总理记者招待会逐渐向“外”倾斜的趋势明显。而同样负责外宣的中新社获得提问机会，亦加大了外界的上述判断。

类似《经济日报》、《农民日报》这样的内地专业媒体获得提问机会，一般认为是因为总理当年对某一问题特别重视，比如2006年提问的《农民日报》，问题是建设社会主义新农村，而当年的中央一号文件也是这个主题。

总体而言，内地媒体获得的提问比例并不高，最多每次也就4家，少时则为3家。

记者招待会结束后，总理会从右向左走过去和记者握手，很多记者会挤过去。到此时，你的上会采访任务，也就结束了。

最后需要提醒的是，采访“两会”要有早起、挨饿和熬夜的准备，也要随时应对各种拒绝，请注意调节情绪，因为沮丧是经常的。另外，不要和警卫激烈冲突，并请保管好记者证，丢失后果自负。

（感谢曾一起上会的同事苏永通、赵蕾、朱红军、沈亮、肖华、王小乔等提供的采访经验）

新闻叙事的秘密：两个“时间”

□张　捷（南方周末新闻板块）

约翰·巴思在20世纪60年代写过轰动一时的论文《枯竭的文学》，主题就是，写故事没出路了，故事都写完了。可是他没能预见到后来故事是如何起死回生的。

术与道

南方周末特稿并不讳言其受到美国普利策新闻奖特稿的影响。普利策的特稿定义，可能是所有特稿定义中影响最广，也最难企及的一个。南方周末特稿追寻的正是这个定义。按照《普利策新闻奖特稿卷》前言所说，“一篇杰出的特稿首要关注的应该是高度的文学性和创造性”。

尽管师法普利策特稿，却又并非将其奉为圭臬一味效仿，迥异于普利策特稿单独一篇长文的“独头蒜”模式，南方周末特稿从一开始推出就呈现为组合式报道，以特稿为主打，另有其他文章补充，包括综述、访谈、评论、口述、记者手记，或者是其中一种，或者是更多种的组合。

这种版面安排，显示了其双重追求：在“术”的追求之外，坚守其早已因之闻名的“道”，在故事呈现之外，致力于更加全面而深刻的意义解读。

在投入该报最优秀记者并持续用力几年之后，2007年底，南方周末特稿明确提出了自己的版面广告语：追寻文字的美，呈现复杂的真。

“集中”准则

南方周末特稿的一个基本操作准则：戏剧性高度集中。

戏剧性在很大程度上意味着冲突性。冲突不仅仅是暴力冲撞，内心挣扎也是冲突。

南方周末特稿操作者将“戏剧性高度集中”进一步表述为：“主题事件化，事件故事化，故事人物化，人物性格化”。实际上这正是凝聚戏剧性、寻求“集中”的手法。

以《举重冠军之死》为例。前亚洲冠军才力麻木地呕吐着，毫无尊严地死去了。在生前最后四年，他的工作是辽宁省体院的门卫，在他死去的当天，家里只有300元。报道从才力之死切入，推进到对中国举国体育体制的讨论。其主打特稿，着墨于才力走向死亡的最后一天。

该文作者李海鹏在报社内部讨论中说：“做这个题我立刻想到，就用这个人最后一天的经历来表现一生，因为我对这个是非常有把握的。很多小说都能看到，比如《一个女人一生的最后24小时》。比如托尔斯泰一本很有名的小说《伊凡·伊里奇之死》，用这个人最后临死的几个小时表现他的一生。这种方法以小见大，小说的世界里面有一套明确的方法。”

简洁地表述“集中”，就是“用最小的面积来集中最大量的信息和思想”。在这点上，南方周末特稿和西方叙事性写作的路数是相同的：“1000万人死亡只是个统计数字，一个人怎么死却可以写成悲剧。”

“集中”时机

戏剧性的集中可能有三种路径：触发，寻找，等待。

触发：突发事件来临时，主题联想会被触发，新闻价值会被确定，比如《小镇猪事》。一个被偷猪贼扫过的村庄，陕西省蓝田县曳湖镇崔家坪村，村民们为护猪纷纷睡进猪圈。这一事件触发了编辑记者对高昂猪价之后的大势联想。报道由此切入，呈现了国内农户分散养殖状况的尴尬：养猪从未像现在这样意味着巨大的风险。被价格、病害、成本、剧烈的市场波动、如今又加上偷猪贼所绑架的单家独户的养猪人，一个广泛的农户群体，过的日子是："为猪狂，为猪伤，为猪打吊瓶，为猪找对象，愿共你高价小猪同鸳帐，为你叠被铺床"。

寻找：戏剧性集中意味着主动寻找，寻找足以承载主题的事件或人物，比如《两个男人的20年婚姻》。因为编辑有意关注同性婚姻现状，着意寻找典型故事，发动圈内人帮忙推荐，才发掘出四川一例少见的持续20年的同性事实婚姻的个案，这一个案足以展现同性婚姻具有普遍性的艰难，更承载了丰厚的历史悲欢。

等待：戏剧性集中也意味着等待，等待一个戏剧性爆发的契机，比如《她们，用40年寻找亲人》。20世纪60年代大饥荒中，苏锡常"大上海"一带众多婴幼儿被父母遗弃，向北才有生路，比如到有牛奶的内蒙。北方诸省根据周恩来总理指示，演绎了一场人道主义人口迁移。40年过去了，当年的孤儿们已是退休年纪，走过了无暇他顾的繁忙人生，到了该给情感找回落脚处的时候，他们开始零零散散地南下寻亲。事情本身足以令人唏嘘，编辑对此事早有察觉，但考虑到零碎的人物故事过于散漫，在对文本呈现的更高要求之下，编辑决定等待，等待一个可能的契机，也就是无锡福利院可能组织的一次寻亲会——这就是主题事件化。可以想象，人物、情绪都将集中在这一个寻亲会现场爆发。这一耐心的等待持续了半年。

两个时间

没有时间就没有故事。"叙事是一组有两个时间的序列……被讲述的事情的时间和叙事的时间（'所指时间'和'能指时间'），这种双重性不仅使一切时间畸变成为可能，挑出叙事中的这些畸变是不足为奇的（主人公三年的生活用小说中的两句话或电影'反复'蒙太奇的几个镜头来概括等）；更为根本的是，它要求我们确认叙事的功能之一是把一种时间兑现为另一种时间。"法国叙事学家热奈特在《叙事话语》中曾援引著名电影符号学家克里斯蒂安·麦茨的一段话来印证叙事时间性的意义。

简单说，叙事文中存在两个时间：叙事时间和故事时间。

叙事时间与故事时间的距离，叫做时距，即事件或故事的实际延续时间和叙述它们的文本长度之间的关系。热奈特的时距分类有以下几种：停顿，省略，概述，场景。

停顿：故事时间为零，叙事时间不为零。比如对外貌、景物、背景的描写，以及抽象议论。

省略：故事时间不为零，但叙事时间为零。将事件略去不提。

在停顿这一极慢的和省略这一极快的叙述运动之间，有两种叙述形式：

概述：故事时间长于叙事时间。把一段故事事件压缩为表现其主要特征的较短句子。

场景：故事时间和叙事时间大致相等。其基本构成是人物对话和简略动作。

场景之精

在新闻写作中，概述和场景是尤其值得关注的两种手法，很多时候新闻写作必须在二者中间作出选择。

举例说明：

在某些情况下，南方周末特稿刻意追求纯粹的场景呈现，即戏剧式对话。

比如：《350斤的人生》（2007年5月3日《南方周末》），一个体重350斤的姑娘，在肥胖歧视的今天，反而具有了商业价值，她不得不利用自己的肥胖谋生。

文章中有一段，胖姑娘和剧场经理讨论晚上的节目安排。

记者原文：

主持人提议，在节目中间串场的时候，他会用千金组合在电视台录节目时的几句话来开个玩笑：如果大家都长成你们这样，那——马路基本浪费，汽车完全报废，床板全都压碎，男人都会变成残废。

肖杨觉得这几句串场词格调不高，希望能够改掉。

以上是概述，编辑建议改用纯粹对话。修改后的文字是：

肖杨说："串场的时候，我会和观众开玩笑：希望常州的小伙子们都越长越帅，希望常州的姑娘们都像我们一样，美丽动人。"

主持人说："那我就用你们在湖南台录节目时的几句话来接：如果大家都长成你们这样，那——马路基本浪费，汽车完全报废，床板全都压碎，男人都会变成残废。"

"这几句串场词好像格调不高吧，"肖杨又犹豫了，"最好能改一改。”说着递上了一张自己修改过的串场词。

场景具有时间的连续性和画面的逼真性。改动后的文字，叙述者未加任何评述，事情仿佛就在眼前发生。

再比如《民工第二代》（2004年12月2日《南方周末》），呈现民工子女生活在城市的尴尬。其中一篇文章的主角是一个12岁的小女孩，北京出生，却是农民身份。文章这样收尾：

在秋千架上，几个小女孩边荡边玩笑。

“我想考北大，读硕士。”一个小女孩说。

“我想当会计，开银行。”另一个小女孩说。

“我靠，你们这叫痴心妄想。说点实际的。”娇娇冲她们嚷道。

“那你就回家种田去！”其余小朋友大喊道。娇娇急了，追打她们，几个人四散奔开。

总体而言，南方周末特稿的戏剧场景（纯粹对话）力求精练却意味深长。它是刀上的刀刃，不是一地鸡毛。

概述之广

其实在南方周末特稿中，承担重任的更多是概述而非场景，也就是说，用几句话或一段文字来囊括一个较长的故事时间。

还是以《举重冠军之死》为例，此文只写一天，似乎给场景提供了足够空间。但是仔细分析每段每句，最终大部分仍然要归为概述。比如：

8点半，全家开饭，吃的是辣椒土豆片、炒鸡蛋、黄瓜蘸酱和米饭，刘成菊由于常年消化不良，只好吃1元钱3个的馒头。菜是才力的岳父刘敬玺昨天黄昏在菜市场临下市时买的便宜菜，一共花了4元7角。

这段文字触及之事非常细节。但也只能归为概述。

按照热奈特“故事时间与叙事时间等长”的定义，一般认为用直接引语呈现的人物对话是最典型的场景，也就是说，最纯粹的场景是戏剧式的，只有对话，纯粹对话。比如海明威小说《白象似的群山》就是纯粹用对话写就。

《举重冠军之死》中几乎没有什么文字能符合这个标准。因为文章里几乎没有对话，连直接引语都少见，勉强接近的是最后对才力之死的呈现：

她走进病房，第一眼就看见才力只穿着一条内裤，姿势僵硬地仰面躺在病床上。一种不祥的预感让她本能地尖叫起来："哎呀！快给他穿上裤子！"

这时病房里所有的家属都看见，一直俯身做胸压的护士停止了动作，转过身来对他们说："你们准备后事吧。"

以上文字算不得纯粹场景，因为它仅有的两句对话还伴随了大量叙述和阐释的成分。

南方周末特稿的一大特点是，用概述支撑叙事，精练地使用场景。

乾坤转换

概述和场景的地位变迁是个有趣的话题。简单地说，古代曾推崇概述，近现代开始推崇场景，但到了当下，概述起死回生，再次成了宠儿。

古代推崇概述，比如古希腊的柏拉图在《理想国》中说："要讲述，而不要展示。"讲述就是概述。在《理想国》中，柏拉图亲自将一段啰嗦的展示改成了简练的讲述。

近现代开始推崇场景："二十世纪初以来，越来越多的批评家和小说家认为只有戏剧性地直接展示事件和人物才符合逼真性、客观性和戏剧化的标准，才具有艺术性。而传统的全知叙事中作者权威性的'讲述'（概述事件、发表评论）说教太浓，缺乏艺术性。"（申丹、韩加明、王丽亚著：《英美小说叙事理论研究》）

华莱士·马丁的一句话可以解释为何如此："现当代的读者不再迷信权威和共同标准，不愿聆听权威的讲述和评判，而愿根据自己的所见所闻作出自己的判断。这种接受心理是全知议论不再受欢迎的一个主要原因。"（华莱士·马丁著，伍晓明译：《当代叙事学》）

何止小说，新闻亦然。即使在今天，无论是在小说评论还是在新闻写作教程中，很多研究者都表现出对讲述（即概述）的轻视和对展示（即场景）的推崇。如西方新闻写作教程会明确告诫："要展示，不要讲述。"（梅尔文·门彻著，展江主译：《新闻报道与写作》）。可以说，在西方新闻教科书中，场景的重要性更是怎样提及都不过分。

“逼真的对话比其他任何东西都能吸引读者。它也比其他任何东西都能更快、更有效地表现角色的特点。”“如果做到了这一点，那么读者就能真正走进报道中去。本来横亘于事件和读者之间的记者消失了。”（梅尔文·门彻著，展江主译：《新闻报道与写作》）

场景果真有如此奇效吗？本文作者的理解是：未必。

南方周末特稿的一大特点是“用概述支撑叙事，精练地使用场景”，但这里需要强调的是，南方周末特稿对于场景并未奉若神明。概述与场景究竟孰远孰近，谁更有效，实在是需要具体问题具体分析。

孰远孰近

对于概述和场景孰远孰近的问题，通常的观点是，场景离读者最近，它让横亘于事件和读者之间的记者消失了，能更快更明晰地表现角色特点。本文作者认为，只有在语境清晰的前提下，场景才具有优势，读者才能对场景会心一笑。而在语境不明的情况下，场景反而会令读者如坠雾中。

以海明威小说《白象似的群山》为例，此文几乎全用男女主角的对话写就，按场景爱好者的定义，这是离读者最近的叙述了。但是近则近矣，远也极远。小说恰恰如一个谜，男女主人公的过去现在未来，二人关系的一切，一律欠奉。这篇小说的有趣之处就在这里：生活的一个片段，直截了当地摆到读者面前，尽管读者身临其境之感是最强的，但读者与人物之间的情感距离却是最大的，人物对读者而言始终是个谜，读者就如猜谜的旁观者。

场景可以用来说明主题，也可以用来制造悬念，这取决于文章中对场景的相关背景是否已有所解释。在新闻中，场景通常是用来说明主题的，这就要求叙述者必须对背景有所交代。

南方周末记者李海鹏曾在报社内部讨论中解释为什么他很少使用直接引语：

我本身不喜欢报道里有太多的引语，因为它会让整个的信息量下降。我们采访一个人，他可能说十万字的话，你用引语引了五千，那信息量只有五千啊！《三联生活周刊》有些报道确实不错，但我有的时候很不耐烦，大量的引语。那些东西是废话，如果都那么做记者的话，那太好做了。

我通常的办法是把一句话说出来，但是我要有讲这句话的语境：同样的一句话，这句话到底是一个傲慢的意思，一个生气的意思，还是一个仇恨的意思。可能不同的读者单看一句话看不出来。如果你告诉他，那好，读者也知道了，这句话就能很准确地传达，那么这句话本身就是有价值的。一定要把语境说出来。

上述解释可说是对概述的三个优点的综合：加快速度，提供语境，揭示内心。

概述，现代写作的宠儿

概述的使用不只是南方周末特稿的需求使然，也符合现代叙事的一般原则。

南方周末记者李海鹏的观点："至少对我来说，较多地使用概述，是因为相比场景而言，概述是更现代的写法，而不是相反。南方周末特稿在文体上强调'现代'的写法，至少我自己很在乎这个'现代'。 我有一个感觉：普利策特稿卷里的一些篇目，特别注重现场的那种，我觉得不是不好，但至少是蛮过时的。"（"概述，现代写作的宠儿"一节相关历史梳理来自记者李海鹏的访谈。）

小说，或者说叙事艺术，在早期都是以概述为主。这符合一般读者的需求，概述的节奏快，效率高。后来，通俗文学继续概述，严肃作品则开始推崇场景，概述被贬低。这是因为场景更真切，更生动，更符合有素养的读者的口味。

《尤利西斯》、《追忆似水年华》等是现代主义叙事法回避概述的好例子，每一个小时都要用上几十页来写。不过，现在这一趋势早已扭转过来，即便在严肃文学中，概述也又一次成为了主流。

《香水》是一个后现代主义的叙述法擅用概述的好例子，主人公从小到大，只用几个章节全部写完。《百年孤独》就更极端了，三两页，就过了一年。《百年孤独》和《香水》，在艺术和商业上都取得了巨大的成功。

人们的成见是：

概述=信息密集，但是枯燥。

场景=信息量小，但是生动。

评论=具备深度，但无信息。

实际未必如此。

约翰·巴思在20世纪60年代写过轰动一时的论文《枯竭的文学》，主题就是，写故事没出路了，故事都写完了。可是他没能预见到后来故事是如何起死回生的。新题材的开拓，旧题材的精耕细作，等等，都让故事又回来了。

概述技巧的进步也是一个推动因素。比照过去，概述的技巧已经出现了巨大的进步。

《绝望的主妇》的开头，叙述者（街区中的一个自杀妇女）以画外音的形式说："这天早上，我像往常一样洗了几个盘子，给丈夫准备好了早餐，又熨了几件衣服"——在概述这段平淡情节的时候，用了几个小技巧，比如俏皮话，吸引观众的兴趣，然后话头陡然一转——"然后我自杀了"。

在100年前，这种如今人们习以为常的概述技巧是不可想象的。那时人们对概述的认识是叙述者凌驾一切高屋建瓴大发议论，这正是后来场景、心理受到推崇的原因。

《绝望的主妇》是美国肥皂剧，但它以画外音开头也恰恰说明了概述的价值。画外音如同影视中的概述。影视镜头语言基本上是百分百的戏剧现场，如果现场一定比概述更好，或者概述已经失去了吸引人之处的话，还要画外音做什么？

概述摆脱枯燥的基本方法，是挖掘事件中的戏剧性因素。戏剧性要么来自故事的细微之处，要么来自叙事技巧。

引用南方周末特稿中一段精彩的概述，它展示了快速地概述而能吸引人的技巧。《满语消失的最后一瞬》，记者李海鹏，写满族文化的最后遗存地，黑龙江省齐齐哈尔市三家子屯：

在三家子屯，生活仍旧像普通的东北汉族村落一样冗长地继续着。早上4点半到7点钟极其喧闹，奶牛忧郁地哞叫着，鹅像一队将军踱过街道，而母鸡总是贪吃而慌乱地制造出巨大的声响。6点半，太阳大了，村子才安静下来。墨绿色的玉米在风中伏低、摇摆，伏低、摇摆，像梦境一般枯燥又永无休止。于是整整一天屯子里再无生气。直到夜里9点半，整个屯子上炕睡觉。这就是一个不停地遗忘着的地方拥有的东西：现在。

基本上，如此这般的写作是需要天分的。

南方周末特稿在概述中挖掘戏剧性因素，比较容易掌握的一个技巧是：

针对行动进行概述。比如《人工盲童》的开头：

杨德山在深夜钻进洗手间，关上灯旋转了两圈儿，失去了方向感。他试图猜想，如果自己身边的黑暗像笼罩着女儿的那样永不散去，那么自己会体验到什么。

再比如《经租房，半个世纪的纠葛》的开头：

93岁的邵新和一生疯了三次，其中有两次是为了他的房子。

1994年是他最疯狂的一次，每天天一亮，这个已经83岁的干瘦老人手里拿一把刀，到处拍得“啪啪”响，蓬着发围着房子转，像一名战士护卫阵地一样巡视着“他的”房子。

“连走带跑的，脸都变色了，儿女拉不住，警察也没办法，可怜不都是为了那房子。”老邻居王桂珠说。

南方周末特稿的叙述，是大量概述加上少量场景的结合。尽管场景使用较少，但是阅读南方周末特稿，依然有一个感觉：叙事的画面感很强。它的画面感不是对话体现的，而是行动体现的。人物有意味的行动是概述中基本的戏剧性来源。

大量简短的行动，它们有时也配合直接引语。无论是行动，还是“行动+引语”，它们分散在全文之中，呈现效果介于概述与场景之间。过多的场景会损伤效率和深度，这种处理在控制文章节奏的同时，保持了叙事性写作的质地，在叙事的效率、生动和深度之间，求取最高的性价比。

（本文节选自作者论文《南方周末特稿研究——基于叙事学和话语分析的视角》）

“俄亥俄州”一样的巨石与悲伤

□李海鹏（南方周末新闻板块）

我和陈江在巨大的石头中间穿行，有一块石头陈江说有“三室一厅那么大”，我则说有“俄亥俄州那么大”。当我想到这些事时仍然就像看到世界中有一个黑洞，其中有着绝对的黑暗。想想在北川看到的地震场面，那种巨大的毁灭，再想想自己接触到的世界上美丽轻柔的东西，比如《追忆似水年华》的一些章节或者《风过林梢》什么的，我真觉得人类生活有着一种巨大的、本体的分裂。

一

头一天睡得很晚，5月12日下午我才起床，没开电视也没上网，只听朋友说四川地震了，没当回事儿。晚上，同事潘晓凌打来电话，说她想去四川做地震报道，说是“四川的朋友都联系不上，特别担心”。我就问了一下情况，得知震中在汶川，已死亡人数上百，就跟她说，你就别去了，这事儿肯定有成都记者站的同事去跟。几年前我去九寨沟玩儿，曾经路过汶川，知道那儿离成都挺远的，有个山高水长、地广人稀的印象。当时我脑子里想的是，这就是荒野中的一次地震，跟年初的新疆地震差不多，震级很大，伤亡不多。另外那会儿我在做调查和观察版的编辑，晓凌正在为我的版面做深圳高速公路摄像头被用于监视民居的稿子，她去四川了，版面怎么办？这个电话打完，我打开电脑上网，然后就发现我的判断完全不对。

当夜的新闻具体怎样，现在我已经记不大清了。印象很深的是，有条新闻说，“死亡人数估计将达3000～6000人”。我由此意识到这是一场巨大的灾难，死亡人数一旦达到3000人这样庞大的数字，也就肯定会达到几万。——地震要么发生在无人区，就会很少伤亡；要么发生在人烟稠密之处，就肯定不是几千人的问题。我有一种特别悲哀的感觉，就是觉得这是怎么了呢。当然也很震惊。以前我做过几次灾难报道，每一次都是这种感觉，跟参加葬礼差不多，觉得心里很悲凉，世界很暗。

再有，就是觉得中国面临着一个巨大的厄运，必须体现出海明威所说的“重压之下的美质”。汶川被阻隔在一个完全不通音讯的世界里，人们在努力找它。解放军战士正在雨夜中前进，路已经断了，有余震，有滚石。一下子，我觉得自己突然挺能理解解放军的，当兵的也都是孩子。

夜里，《第一财经周刊》的执行主编伊险峰给我打电话，要我帮他们写一篇稿子。他们次日出刊，当天派了不少记者在北京、上海采访公司白领们逃生和惊恐的故事，后来发现四川状况严重，原本的编辑意图就太轻了，想让我为他们的专题写一篇开篇文章。当时死亡人数已经上升到9000多人了。我写了一篇《在这痛苦的时刻，我们向文明求解》给他们。伊险峰是我的大学同学，好朋友，这是我给他们写稿子的原因。不管怎么说，我认为，我们只能依靠文明的力量自我拯救，文明当然包括现代社会动员能力、组织技巧、专业技能和设备等等，也包括人们的同情心、善良等等，总之是一个符合现代文明标准的复杂系统，中国比任何时候都需要它。

用口语转换一下，这篇文章的内容要点是：

1. 大家赶紧捐款。前阵子大家很爱国，可是爱国不是基于对别国的敌视，而是基于本体的爱。

2. 状况复杂，后续问题多，比如水库，汶川县有四十多座梯级电站。

3. 适度恐慌是正常的，政府不要一味打压“流言”，信息开放、新闻开放对救灾非常重要。

4. 用现代文明的思维来救灾，千万别用旧思维。

5. 人类的生存总是处于“挑战”和“应战”的循环之中，期望中国能够作出最好的应战。

后来，在发表在南方周末上的“记者手记”中，我写道：“我一个人在家，看着网站上不短刷新的死亡数字，不免哭哭啼啼。”这就是当时的状况。当时我的感性和理性都是普通水平，跟任何一个记者都没什么区别。我还在北京，对遥远的四川的状况充满关切，又感觉很遥远，很模糊。

至于后来我和陈江写出了相对于别的媒体来说“更理性”一些的北川报道，那是事实使然。

二

第二天，我给报社的头儿向熹、伍小峰、李红平分别发去短信，说我想去四川采访，如果需要的话可以随时出发。回复是，广州编辑部正在开会，稍后给我消息。总编向熹好像还给我打了个电话说这个意思。他不常给记者打电话，因此我觉得，编辑部肯定蛮激动的，要有点儿什么大的动作。

下午等到了消息，让我出发去成都或重庆——飞机能降哪儿就去哪儿。正在这当口儿，同事袁蕾打来电话，说她的一个朋友的朋友正在组织民政部下属的救援队，想联系南方周末在北京的记者。我联系了一下，最终决定跟他们一起出发。这一等就等到晚上9点多，那会儿时间多紧张呀，我就打电话过去，说不等了。这期间按广州编辑部的要求，我去买了两部卫星电话。订了次日早上7点去成都的机票，准备睡觉，可是报社的电话又来了，要给评论版写篇文章。写了一夜，写得乱七八糟不成样子。其间跟在成都的曹筠武用MSN聊了会儿天，我感觉到他很累，情绪也紧张。编辑部希望他和别的同事徒步开进汶川，他压力很大，又觉得实在没法完成任务。当时他们连卫星电话都没有，一应徒步装备全无，只靠体力和精神在支撑，先从都江堰往映秀方向走半天，然后往回走半天，再回成都写稿发稿。我印象最深的是他的这句话：“那山高的！”

当时南方周末想暂时做成日报。出了一期号外，又早又好，我们的首批记者一共好像才4个人，做得非常棒，可惜号外发行总是不如正报，看到的读者不多，他们工作的影响力也打了折扣。

早上5点钟我去了机场。成都双流机场正在不时被用于军机降落，因此我们的飞机直到上午11点左右才从北京起飞。飞机上，1/3的人是救援人员，1/3是记者，1/3是去四川寻亲的人。在摆渡车上，有个中年男人说，他的家人住在都江堰，他在北京打工，这次买了机票之后，又买了很多饼干和水带在身上，身上就只剩下14块钱了，他准备到了成都之后徒步走回都江堰。饼干和水他一点儿没动，准备带给家人：“不知道啥情况，也许活着，也许全死了。”

对我来说这一天已经泡汤了。到成都市区是下午2点多，当天又恰好是周三，《南方周末》的截稿日。

三

到成都，跟同事们会合。当天晚上开会，编委邓科组织，在宾馆旁边儿的一个茶馆的露天座位上。总归是这几个事儿：去过灾区现场的同事通报情况；设计什么报道方案；怎么执行；谁去哪里执行。

我有一个建议大家觉得不错，但在事实上没被采纳，至今我仍觉得蛮可惜的。这个建议就是在前方做报道的同时，也多报道一点儿后方的事，比如医院，比如民间力量的参与等等——这些后来也报道了，不过那是后来了，跟随式的现场报道的机会永远不会再有。我觉得这么大的一个事件，不能一个劲儿地去抢现场，信息应该立体起来，有条理有层次，要不然大家就看不清楚整个事件了。当时大家觉得我说的有道理，可是落实到每个人，又都对前方报道特别有冲动，觉得后方的东西不够劲儿。私意以为，这又一次证明了一个真理：任何时候人们都不该削弱自己的理性。靠感性行动一天是可以的，一周就不成了。地震报道哪里是一天的事儿。

然后是定地方，谁去哪儿。很显然的是，每个记者都想去汶川，只不过南方周末记者大多比较书生气，面薄，不大好意思明说罢了。可是哪能都去呢？比方说，我自己的选择跟阿森纳俱乐部的主教练温格一样。他曾经在联赛杯的决赛中派上了全部替补队员而不是主力队员，出发点是公平："此前我们就是靠这批队员打进了决赛的，如果这时候派上别的队员就是对他们不公平。"为了公平，他宁可冒输掉比赛的危险。说到这一事例并不意味着我认为我们的团队中谁是主力谁是替补，而是说，公平是应该优先考虑的一点。我想，最先到达的几位同事应该得到去汶川的机会，因为在我们还没到达的时候，他们就已经作了很多的贡献和付出了很多辛苦。

因此我和陈江申请去了"北川—茂县"一线。目的地是茂县，路经北川。当时我们了解到的信息是，茂县灾情似乎并不特别严重，但是当时很神秘，没有太多的消息传出来。我的想法是，地震这么严重，随处都会有新闻，茂县不是焦点，但同样值得去。报社的报道将是个整体，我们做块拼图吧。

成都站同事向郢帮了好多忙。她在成都，一直帮我们联系军队、政府。第二天要是通行有问题，我们就找她。

四

5月14日，还没到北川，我们就已经知道茂县是去不了了，路不通。我们没什么好犹豫的，立刻就决定留在北川采访。一是我们必须做点儿稿子出来，二是北川其实是个很值得关注的地方。当时的信息是，北川有7000人遇难。7000人是什么概念？任何记者都不会愿意错过这里吧。我们是乘成都记者站的车去的，搭便车的还有体育画报记者关军和中国新闻周刊记者方玄昌。午后，我们站到了北川山口，接受武警盘查。好说歹说，总算让我们过去了。

面前是一块三角形的视野，两边儿是山，中间的山谷里就是北川县城。我可以看到下面的楼房全是歪的，有大片的灰白色废墟。站在山冈上的公路上俯视下去的感觉特别奇怪，就好像这个县城是非常渺小的，恍如一只小小的沙盘，有什么力量完全冷酷地毁灭了它，又特意给了我们这样一个高差，逼迫人们一清二楚地俯瞰毁灭的全貌。当我们穿过一片泥泞的树林往下走时，我看着薄雾笼罩下的北川，阳光灰蒙蒙的，断壁残垣越来越近，那就是世界末日的感觉。

印象最深的当然是那些尸体了。在世界上任何地方都有些记者愿意把自己塑造成路上漂泊的男子汉，可是我得说，如果只有到了北川还不感到恐惧才叫男子汉的话，我才不愿意自己是呢。我的眼光匆匆从尸体上扫过，尽量少看他们的脸。没有人是被砸死还很安详的。我没有真的害怕起来，或者说我已经是成年人了，有克制恐惧的能力，但绝不愿意再次经历那样的场面。在老城和新城的交界处，我们同行的几个人分成了各自行动的两拨儿。我和陈江沿着禹龙干道往里走，在巨大的石头中间穿行，有一块石头陈江说有“三室一厅那么大”，我则说有“俄亥俄州那么大”。当地人说，地震对于北川来说就像“包饺子”，很形象。北川县城完全是在山谷中建造，离山太近了，我们完全可以依照目击的场景来还原地震时滚石如雨的场面。

说真的，至今我也不能完全理解自己当时看到的场面。我说的“理解”，指的是“完全明了某事究竟意味着什么”。那感觉真是“恍如梦中”。事隔多月之后，我觉得那一切都非常不真实。我完全不能用“悲伤”、“惨烈”之类的词来概括自己的见闻，因为现场的状况远没有字词这么简单。那么抛开新闻稿件，单讲我自己的探究心的话，该如何描述我的感受呢？

倒是几天之后，5月19日哀悼日的上午，我在绵阳市的九洲体育馆找到了答案。当时我采访了一些灾民，其中一个是从北川以北的村镇里撤出来的村民，他平静得近乎木讷地讲述，他的老婆死在了北川，女儿也死在北川新城的一所中学里，他如何从村子里跑到北川，如何扒废墟，等等。可是当我问到地震时发生了什么时，他突然不再平静了，很近地很近地靠近我，几乎把脸贴到了我的脸上，食指弯曲地在空气中点动着，告诉我地震时他都遭遇了什么，其中一个细节是，他抱着一棵树，然后跟着这棵树“不知不觉就走了”。这时候我在他的表情和声调中明白了地震带给他的最强烈的感受：震惊。不是恐惧，不是悲痛，不是绝望——这些也许要稍后才会真的来到——而是震惊。我意识到，这也正是我几天以来在北川县城中的感受。

采访的结果，基本上都体现在我们最终的报道《灾后北川残酷一面》中了。有些内容在发表前被删除了，另外一些是经过修改的，我想它们也并不适合在这里出现。我们只是想尽力向读者报告那里发生了些什么。我觉得我们的最高道德就是尽量去了解真实的信息并传达给读者。

后来我看到了一些关于北川的很煽情的新闻作品，说真的，我很不喜欢。我觉得，止于哭泣和感动是非常廉价的行为，它太容易了，糟糕的记者会天然地喜欢这个路数。对此我想说的就是：北川死了将近2万人，难道我们真的意识不到这是一件令人难以置信的可怕的事情吗？

我会想到我和陈江在六七层楼高的废墟上攀爬时，脚下的瓦砾中肯定有着层层叠叠的人，活的，死的。我以前做过一些灾难报道，神经还算是比较大条的吧，可我仍然有点儿忍受不了这种事。在一些外国小说和电影里，人们遇到悲剧时会愤怒地质问：如果上帝是仁慈的，它为什么做这种事？我不信宗教，当然会觉得这种质问离我很远，但当我想到这些事时仍然就像看到世界中有一个黑洞，其中有着绝对的黑暗，我既庆幸这黑暗离我很远，又觉得它太可怕了。想想在北川看到的地震场面，那种巨大的毁灭，再想想自己接触到的世界上美丽轻柔的东西，比如《追忆似水年华》的一些章节或者《风过林梢》什么的，我真觉得人类生活有着一种巨大的、本体的分裂。

灾后北川残酷一面

这些矫情

的感慨当然毫无意义，因为我们是人，我们是渺小的，我们不完美，任何对世界核心的探询都将徒劳。最终我回到了自己的日常生活，这种生活是如此平凡、普通，让我想到华莱士·史蒂文斯的一句诗：上帝很好，夜很美丽。我敢打赌的是，我们每个人都会很快地忘记北川。

五

还有一点儿或许值得说的事情，大多已经写在了下面这篇小文章里了。它是在地震之后一个月左右的时候发表在《南方周末》上的“记者手记”，原题是“万里无云如同我永恒的悲伤”。题目也许确实悲伤了些，可是就我个人而言，并没有因为地震采访的经验而对任何事情失去信心。我觉得生活从来都是我理解的这个样子，它可以是平缓的，但仍然是激流，我们都将逆流而上，寻找自己未曾了解它是何物的事物。就新闻来说——作为一名记者我终归是要把话说回来，真是有点儿乏味吧——在地震报道中，我们也是在寻找我们未曾了解的事物。

写完《灾后北川残酷一面》的那天晚上，在成都的一些同事聚在一起喝茶，我对同事邓科表达了这个意思：稿子做得不好，有点儿沮丧。喝完茶，他回去把稿子看了一遍，然后就打来了一通热情赞美的电话。后来发生的事儿就有点儿怪，很多人都说这报道不赖。我至少做过20篇好过这篇的报道，可是哪一篇也没这一篇受到的业内肯定这么多。我觉得大家都忽略了一件事情：我们遇到了什么。我们遇到的是如此重大的新闻，本该做出一些更了不起的作品。

我相信，好的新闻总是会对人们有所助益。假如有人指责说：那么大的灾难面前，你竟然还想着“作品”！我倒是会反问一句：那你觉得我该想啥呢？就像你不能要求一只兔子像青蛙一样游泳，要求一个记者不以他的职业方式去帮助人们而以你认为合适的方式是一种愚蠢无知。

我们最初的想法是做成一篇“北川启示录”，就写“末日与拯救”。事实证明，我们没那能力，只能写“一面”。其实“一面”这个词也不准确，应该是“多面”，报道里写到了辛苦的解放军战士，写到了相对专业的消防武警，也写了中学生、寻亲者等等，还有被网民们注意到了的“张书记”。对于他们就此而说的“史上最牛官腔”，我可不能同意，尤其是“最牛”二字。网络语言固然生动有趣，传统媒体的逻辑却与之相去甚远。我们的报道逻辑特别简单：知道些什么写什么就是了。现场报道嘛，我们只是要求自己的视力好一点儿，对自己诚实一点儿。

北川报道结束后，我回了北京。在成都双流机场，我喝了杯什果宾治，循着它古怪的味道我又重回了今日中国的常态城市生活。经历了灾难现场，心理上多少有点儿受冲击，不过问题不大。后来听说有一些同行情绪波动剧烈，我觉得也许他们也该去喝点儿什么，任何对自己来说标志着“好了，结束了”的东西。

如果没有这次地震，我本来会去做另一篇与灾难有关的报道。黑龙江省牡丹江市的“沙兰镇水灾”曾经淹死了一百多个孩子，今年6月份是3周年，我想再去一趟，看看3年来发生了什么。得知地震造成重大伤亡的消息后，我的第一反应是，沙兰镇的报道做不成了。即便我的工作日程安排得开，做了报道，可是谁还会关心一个“仅仅”死了一百多人的陈年旧事呢？

5月13日上午，我一个人在家，看着网站上不断刷新的死亡数字，不免哭哭啼啼。可是在沙兰镇水灾那会儿，我哭得可比这次厉害多了，倘以嘲讽语气来说就是：有那么几秒钟这个记者泪如泉涌，把好多年的各种压力疏解出去了。那时我还年轻呀，常常想的是“怎么可以这样”，现在我常常想的则是：“算球。”不算球能怎么样呢？事实就是我们中的大多数人已经不再记得沙兰镇了。都说中国人一旦人到中年就变得缺乏锐气，我看这事儿你不能怪中年。

在北川，给我留下最深印象的是那些灾民们背着什么东西。从山上下来的乡民们有不少背着竹篓，里面装着各式物品：有的人看来家境不错，背着液晶电视机；更多的人背的是倘若以常态生活的逻辑去猜测便很难理解的东西。我见过一个浑身尘土、疲惫不堪的中年男人，徒步行走一昼夜，背着一台洗衣机。在靠近老城的断桥那儿我遇到了他，同路走出了北川山口。我忙着找新闻，没空儿跟他搭话，可是心里一直琢磨着他为什么要背这台洗衣机出来。几年前我在北京卖过一台二手空调，50块钱，那么一台半新不旧的单筒洗衣机能值多少钱？

如今大家都在讲“感动”，好像大家都很童稚，我可不可以岔开话题，讲讲悲伤？当时与这个背着洗衣机的男人同路而行，躲避着路边的一具具残尸，多年以前海子的一句诗在我头脑中萦绕不去：万里无云如同我永恒的悲伤。如果你有很多激情，却没得到机会去到灾后的北川，那么我觉得你有另外一种幸运。灾难是很真实的事。

没有向“童话”低头

□邓　科（南方周末编委）

南方周末最出色的记者一大半都在这里了，如果做不出对得起人的东东，都要去撞墙了。新闻的专业主义在于无限追问和对真实的坚持。当整个灾难现场在外界看来犹如童话似的只有善和感动时，记者看到了更多的复杂性、更多的另一面，这时，你有没有捅破童话的职业能力和职业勇气？

2008年5月12日，如果没有意外，将是南方周末很平常的一个星期一——头条准备推出策划良久的改革开放30年系列报道，正在作最后的打磨；经济版的“油价解谜”也到杀青阶段；“学界重镇”王元化刚刚辞世，文化版正沉着地操作着这个不容回避的题目；而评论版将在下午4点半开会讨论当期“方舟评论”的选题……

如常的节奏在14时31分——地震之后的3分钟——被打破。成都记者站的工作人员打来电话，他们刚刚跑下楼，抢在成都通信瘫痪之前，给广州总部传来了第一条地震信息。

南方周末的节奏和重点在此后数周甚至数月发生了改变。同样变化的，是中国所有媒体的职业重心。

如此巨量的生命陨灭，如此巨大的灾难现场。对很多媒体来说，1989年至今的19年间，没有遇到过这样量级的新闻事件，也没有经历过如此巨大的新闻投入、如此艰苦的职业历险、如此严峻的专业与伦理的挑战。

一场大考拉开。在5月12日的傍晚，我们在猜想着灾区的种种情形，也在猜想着南方周末将交出怎样的答卷。

一切高尚的词汇都要放在活着的后边

“编辑部已经总动员了，办公室，成都站，发行部，当然还有新闻部。关键词：帐篷，海事卫星，急救药品，多名记者……”编辑林楚方5月13日在内部论坛发帖说。

这一天，总编向熹找到我：“你去成都作前方统筹。”一般来说，南方周末基于对记者个人能力的信心，前方往往由记者独立行动、相机行事。这次“指挥前移”，我知道，报社将有与这样的重大事件相匹配的行动和努力。

当时已安排十多位记者入川。我订了14日最早一班飞往成都的飞机。凌晨2点半，登录内部论坛，还有十多位同事在线。论坛里，是一个个请战的帖子。

朱红军说：

晚上请战，才知道已经有那么多同事赶往前线。和小虫（曹筠武）联系上了，在去都江堰的路上，张悦他们深夜里还在赶往成都的路上，我好想上前线。

连夜准备行囊，早上去机场的路上，编辑来短信，说前方情况不明，让我先缓一缓，在上海候命。

肖华中午问我，你有上前线的冲动吗？我说，我好想去。她说，她也好想去。

此刻是记者的荣光，更是责任！

祝愿前方的兄弟姐妹平安保重，我们随时候命着，期待与你们并肩而战。

傅剑锋紧跟其后：

我对朱红军的遗憾感同身受，昨天下午得知消息后，就速向报社请战，其时我正在南宁调查一大案。但昨日下午南宁飞成都与绵阳的飞机已停。

面对如此国难，一晚未睡好。未能到现场，对我们这些后方的记者来说，于心不安！

前线的同事们，如果你们累了，我们会马上来顶上，有我，有朱红军，有徐楠，有许多请战的兄弟姐妹……

丁补之正在遭受强热带风暴袭击的缅甸采访，灾难已致当地十余万人死亡：

在缅甸，寝食难安。

同在深重灾难现场，方知苦难种种，非语言所能描述。

王轶庶说看电视时流眼泪了。

已往的兄弟们多保重，我随后跟来。

经济部记者黄河说：

俺从小在贵州山区长大，这些年虽然添了些赘肉，但在山区活动还是比较有经验的：）

这次没赶上第一拨上去，希望在后边排班时千万别忘了我！

地震第二日，南方周末记者孟登科（左三）和寻亲群众一起，向震中映秀进发

还有很多类似的帖子。我知道，更多的同事通过电话、短信、邮件甚至当面言说，在争取上前线的机会。请战背后，是同仁们勇敢而又敬业的心。

总编向熹在论坛里回复说："很欣慰如此多的同事以各种方式请战，优秀新闻人的新闻冲动，是南周荣光所系。四川大地震是一次长期的战斗，现在才是第一波，我们会在一段时间后换

地震第十日，南方周末记者丁补之与朱红军在震中映秀

南方周末记者麦圈/摄

一线记者及一线指挥员，请大家先做好知识、资料及身体的准备。南周不仅追求在此役中胜出，更追求以我们的方式对这场灾难进行记录。”

他说，如果有足够的努力和雄心，应该去追求“最后形成比肩当年唐山大地震的作品”。

那天晚上，在电脑室碰到了正在做版的同事向阳，跟他说，明天要去成都。回头看到他在论坛的留言：

在电脑室做版，邓科过来说话。说明天去灾区。一忙乎给闪过去了——忘了说保重。回到家里给补上。

珍重。

随便说给在一线的弟兄，无论他们是否看到。平安第一。

别中了“文明”的毒。世界上没有任何东西比健康地活着更要紧。无论什么，民主自由爱情祖国，包括新闻，一切高尚的词汇都要放在活着的后边。

好好的。然后再去看，去听。

谢谢向阳。

无限选择的痛苦

刚到成都就碰到了一系列“下马威”。

往震区的各条道路已设卡封锁，车辆不能随意通行。再接下来，听说车限制加油，跑不了远路。

成都很多营业场所已关门，中午吃饭，我们跑了四五个地方才找到一个填肚子的地方。点完菜，服务员说：“不好意思，请先付钱。”——怕余震来袭，顾客一下全跑了，成都的餐馆变成先给钱后吃饭。当时在想，正常的生活能不能维持下去？

但总的说来，这些问题说不上多严重，后来通过各种方式和关系都一一化解了。真正困扰我们的，是职业上的焦虑。

我们意外地在所住酒店碰到了原来的同事、时任《中国新闻周刊》副主编的陈海，接着得知，中新社、中央电视台的一大批记者也住在这里，记者成为该酒店当时的主要客源，以至于挂出了“向奋战在抗震救灾一线的工作人员、记者致敬”的横幅。

可以想见，当时的四川有多少媒体、多少记者。这是一个典型的丹尼尔·戴扬和伊莱休·卡茨所定义的“媒介事件”，即对历史的现场直播。几亿人的情绪聚焦在同一事件上，屏息驻足并为之感动、为之参与。在大众传播趋向“小众化”的情况下，“媒介事件”是对空间、时间以及对一个国家的整体性“征服”。

在这种背景下，面对电视台的直播、网络的海量滚动、日报的轰炸、各种刊物的轮番上阵，我们该怎么做？我们做些什么？

这里遍地都是震撼，遍地都是新闻。一幢垮塌的学校，一个背着亲人尸体回家乡的村民，一座与外界失去联系数十小时的小城，一位救人最多的志愿者英雄……放在平时，每一个都是头条的不二选择，可在这里，都只是灾难的一部分，都只是巨大悲剧的一个角落。

记者到现场，俯拾皆是动人的东西、可写的题材，满目都是经验之外的场面与细节，基本上到了“写什么都是新闻”的境地。

可是，选择的无限也是种痛苦。选择什么，观察什么，表现什么，成了媒体与媒体的区别。

我想，我们的机会也许就在媒体共同面对的这种“无限选择的痛苦”之中。

至少在那时，众多新闻给我的感觉还是同质化与碎片化；置身巨大的事件和巨大的现场中的新闻人，方法论还是略显单一。

“见闻式”被用得很多，记者一路走一路看，印象深的记下来。在头两天一切未明时，这种方法很有效，现在失之浮浅。

我们的突破口，也就在方法论上的拓展和丰富上。

吃晚饭时，韩寒、牛博网的罗永浩等人也来参加，他们自发组织准备往灾区送急需的物资。这是我到灾区的第一天，亲眼看到志愿者们也在以新闻的速度向震区进发。

当天晚上，府南河畔的一个茶馆，十几位同事聚在一起。现在回过头来看，这是地震报道中非常关键的一次讨论。记者应该去到哪些现场？怎么分工，怎么搭配？当时大部分地区通信不通，不可能到了现场了解情况后再讨论报道的方向、新闻的选择。应该带着怎样的“观察的武器”进入目标地？我们的新闻追求什么样的方向与诉求？这些问题决定着此后行动的轨迹和新闻的品质。

我们延续对于无限选择的痛苦与方法论的突破的思考。面对着十几位优秀的同仁，我半开玩笑半认真地说，南方周末最出色的记者一大半都在这里了，如果做不出对得起人的东东，我们都要去撞墙了。

讨论持续到半夜一点多，思想碰撞，互有启发，很急切，很兴奋。

我谈了谈我的想法：

现在很多新闻碎片化、同质化，基本上是“看一眼新闻”。记者到一个地方看一下，发生了什么，是个什么场景，就写下来：哪儿很悲惨，哪儿救了多少人，哪儿空投了什么东西……但是，真正深入到人的内心的东西，真正有关社会形态深刻变化的东西，没有说出来。

灾难是悲壮的，可以写出史诗的。我们要有史诗感。

在方法论上，也可以有更广阔的视野。

比如观察一个绝境之地、一个孤岛，例如汶川县城，它在这几天，政权是一个怎么样的存在，县委书记、县委常委会怎么在运作？在那种极端环境下，它的执政能力很可能衰竭而受到挑战，国家机器是否丧失了对社会的控制？在这样一种情况下，在这个县城当中，这种官和民的关系、穷与富的关系、文明与野蛮的关系是什么样？

美国飓风的时候，强奸、抢劫，人性恶的一面爆发出来了。我们就很想知道，在地震后这样一个与世隔绝的孤岛，是回到暴力原则的原始状态，还是说这几天，有一种自发的内生的秩序平衡机制诞生出来了？去看看它的更广阔的社会结构、存在方式，执政党的一个基层政权，在那个时候它和民间这种相互的关系，包括人本身的文明和野蛮，在这种状态下的一些很极端的东西。

我想，顺着这个思路，如果可以到现场去采访，挖得很深，会有很多有价值的东西。比如，到县城去找到他们县的首富，去看看最底层的民众，灾难对他们各自有什么影响。是强者恒强，还是各个阶层在地震中身份颠覆了、打乱了，所有的人在命运面前都是平等的？

还有一个很极端的例子，想找到一个地震带中的监狱。地震来的时候，监狱是怎么选择的，是把犯人放出去保护犯人生命呢，还是说纪律第一、秩序第一，让犯人处于危险之中？或者，管理者有足够的智慧和力量让两者兼顾？

在这样一个大悲剧大新闻现场，我们应该有雄心，应该用最高的人道标准和专业标准来要求自己。回到报道，如果说是理想化的状态，我觉得我们应该有三个层面的东西：

一、灾难下的人与灾难中的社会，真实的存在状况是什么样的？扫除信息盲区和认知盲区。能不能看到更丰富的内容、更动人的内心、更接近本质的东西？直面人的复杂性、社会的复杂性。给出一个震区的真实图景。

二、能不能发现和写出几个能被广为传诵、至情至性的生命故事？灾难中总是有英雄，有刻骨的情感，有梦魇般的悲伤。以深沉的人文情怀和对人类共同体的深切共鸣，挖掘出几个这样经典的故事，也许过了多少年之后，提起这个地震，就会想起这个故事。这当然有点可遇不可求，能不能努力去找？

三、以守望者的责任，调查和思考或可避免或可完善之处。地震是天灾，这无法改变，但灾难中人的因素是可以警惕和改进的。类似地震中的教学楼倒塌现象，经过深入的调查采访取证，要有独立的发现。

到现场建议朝着这三个层面的方向多留留心。

新闻的命门

第二天记者奔向各个震区。对于第一层面“扫除震区的信息盲区和认识盲区”，我们原打算通过两条途径达到：一是不管走多少路、吃多少苦，到达其他媒体到不了的地方，把盲区的信息传递出来；二是在同行可以到达的地方，用方法论的突破和采访的深度，作更接近本质的挖掘和呈现。

但在第一点上，我们低估了同行。在很多地方，我们都看到有记者甚至是女记者用“暴走”的方式向目的地进发，电视台的同行更是负重前行。除了个别孤岛我们利用特殊渠道成为为数寥寥的记者，大多数闭绝之地都闪现着同行的身影。他们同时都在进行着与饥饿和恐惧的对抗。

应该向这次地震中的同行致敬。我的同学、新华社军事记者徐壮志说：“我在北川采访的时候，遭遇堰塞湖溃堤警报，所有的人都在往外跑，但有两种人往里走，一类是军人，一类是记者。”

对新闻现场的无限逼近，这是对专业主义精神的坚持。

回过头来检视地震中的媒体表现，一个关键词不容回避——专业主义。地震中媒体美好的一面源于对专业主义的坚持，例如对核心事实和现场的逼近；而为人诟病的一面亦与专业主义的游离有关。

饱受批评的一个例子是，一个电视台主持人问两个小姐妹：“如果你爸爸妈妈已经不在了，你怎么想？”我倒不觉得这位主持人是出于人性冷漠才这样问——置身这样巨大的灾难现场，任何一个正常人都不可能不动容，她冷静下来也一定知道提问的不妥。我更相信她这是因为专业训练的欠缺和专业水平的限制，面对这样的场景不知如何妥帖提问，只有按低水平的惯常方式张口。对小姐妹，是伦理问题；对主持人，是专业问题。

同样，当俄罗斯救援队救出一名被困人员时，电视记者依然打着强光拍摄遭俄罗斯人怒吼，这时，更多暴露出的倒不是电视记者的人性问题，而是与专业有关的“被解救人员需避光”的知识准备问题，或者是专业自律的问题。

此次地震，专业主义一个胜利的标志是，在越来越多的信息和事件由非专业的网民发布和推动的背景下（如华南虎事件），这次震中诸多闭绝之地的信息是由专业记者传递出来，专业的装备（生命保障系统与通信发稿系统）、专业的信息采集技能保证了这一点。不管是纸质还是电子，媒介的形态也许沧海桑田，但专业的信息采集与传播永不会消失。

专业主义是新闻的命门，关系荣辱成败，需呵护，需坚守。

如果说南方周末的地震报道得到一些认可，很大程度上亦源于对专业主义的坚持。对真实的无限逼近，对常识的尊重，用专业手法采集信息，不在巨大的“悲剧场”中动作变形。

曾听一个同行说，到灾区去，记者最重要的是带着感情和体温。但其实，在这个悲伤成河的地方，对新闻人更大的挑战却是专业精神与专业行为。

一位同事来灾区前给我发来短信：“想到我要去的地方，我在浦东机场奢华的二号航站楼里周身不适。98个登机口，看不到头的长通道，铺满的地毯，强劲的空调……想到那些积木一样的预制板房子……”每一个奔赴震区的正常人，都有浓浓的感情与体温、悲悯与同情。灾区里稀缺的更是专业主义精神。

地震救援队的专业主义在于恰当的工具、细致的观察、精准的动作，以及对冲动的克制和对舍己救人的不提倡。

新闻的专业主义在于客观、无限追问、对真实的坚持、对信息源最大程度的穷尽。

但悲伤太巨大了，事件太巨大了，巨大得有无边无际的感觉。于是，很多人在“巨大”面前，专业动作变了形，反而忘了记者该怎么做、该做些什么了。

在给读者的一个回复里，我说：“做好自己该做的事，就是最大的救援。纪检监察部门，做好官员职责监管与钱款流向监督，远比到灾区慰问有价值。新闻传播机构保持开放的姿态，保证信息的自由流通，也远比捐款捐物更有益。”

当整个现场在外界看来犹如童话似的只有善和感动时，记者看到了更多的复杂性、更多的另一面，这时，你有没有捅破童话的职业能力和职业勇气？

在别人动作变形的时候，我的那些优秀的同事保持住了记者的本分，没有向“童话”低头。“人性是复杂的，有舍己救人的，也会有贪生怕死的；救灾是困难的，有成功的营救，也会有失败的无奈。”

还如，记录“悲伤”的状态，没有有意识地找“痛哭”、“号啕”，是什么样就写什么样，观察最普遍的状态，如实记录。“他们没有表现出悲伤。人们只是面无表情地在七八层楼高的废墟上攀爬着。有人跟他们说话的时候，他们逻辑清楚，语气正常，就像什么事都没有发生。”“交通大学的男生向我们要了三支香烟，点燃后插在废墟上，祭奠他的父亲。在危楼顶端的‘悬崖’边上，他嚎啕大哭。他的母亲也在他身后哭起来。只是在类似的少数瞬间，悲伤才在废墟间汹涌起来。更多时候，人们只是像木头人一样站着，平静地寻找着，就像丢了点儿东西。”（李海鹏、陈江：《灾后北川残酷一面》）这样的叙述，更真实。平静下面，才是真正的伤痛。

李海鹏后来说，报道“来自南方周末的坚持常识的传统。关于新闻的常识之一就是：媒体的责任在于报道真实情况。做一个小事情的报道的时候我们坚持了这个常识，做这个特殊的、巨大的、悲伤的事情的报道时，我们也没被吓傻，没被感动傻，没有放弃这个常识。我觉得，太多媒体，这回都故意或者不故意地晕菜了”。

本分与稀缺

当和前方的同事陆续交流采访所得，我的心里对即将出来的报道有了底。李红平打电话过来问，我们的报道跟别的媒体到底有什么不同？我说，最大的不同就是我们给出的是一个更为真实的震区和震区中的人。

后方编辑部提出关注水库、疫情、国际救援队等方面的内容，拓宽了报道的视野。此时，报道逐渐进入后期制作阶段，南方周末决心用整份报纸来记录这场巨大的悲剧。

南方周末
大地震现场报告

很多人问我们，36个版的“汶川九歌”是怎么策划出来的？事实上，并不是先有策划方案，然后让记者分头实行，而是记者先采集最本原、最真实的事实，再进行布局。这样的好处是，避免主题先行，避免“有色眼镜”。

接下来最挠头的，是如此丰富的事实，如此大规模的36版特刊，需要一个魂，一个根目录似的东西。这个问题困扰了我们好几天。

此时，向熹和伍小峰来到成都，为一线的同事鼓劲，同时，一起商定最后的结构与特刊的魂。

我说，我想象中的这个特刊的魂有三个标准：1. 是一个有张力的词，体现基调、高度；2. 能包容各篇文章；3. 很重要的，要有陌生感，要让读者从媒体海量的地震报道一下子识别出来，一下子记住。

有同事提出“拯救”，不只是救援层面上的概念，包括对生命、心灵、家园拯救，好处是能概括目前为止所有的行为和行动，但陌生感不够，易被淹没。李海鹏说，他写的文章想做出“启示录”的感觉，宗教意义上的，有末日的含义，与拯救有关，但这词，易被读者解读为“启发”。

讨论直至深夜，始终没有让人满意的答案。

第二天继续。十几个大脑被风暴席卷，当记者苏岭说出“九歌”两个字时，房间一下静了下来，每个人都在品味。

“九歌”，祭歌，悲歌，特别，有意味，“调性”与特刊吻合，“九歌”中一篇为“国殇”……10秒钟后，我知道，我们找到了特刊的魂。

南方周末
大地震现场再报告

接下来，我就是以“九歌”为纬编织36个版的结构的。这是件愉快的事。果子快要熟了。

5月22日，《大地震现场报告——汶川九歌》面世。

很多读者和同行肯定了我们的努力，“有些朋友甚至把赞颂表达到了极致”。我们做的是本分的事——呈现真实。只是，“真实”比较稀缺。

此时是地震之后的第十天，对生命的援救基本结束，在感动和感叹之后，人们已经开始对灾难的思考。

当然我们也注意到，一些人提出了不同的看法。

有说我们只关注阴暗面的。我们在新闻操作的整个环节，没有正面与负面、光明面与阴暗面的区分。记者的眼中只有事实。如果一定要区分，把“汶川九歌”整个报道统计一下比例，人性的光辉远远多于恶的一面，善与爱远远多于软弱与麻木。或许其他媒体的报道太过于一致，因此南方周末关于人性的复杂性、现实的复杂性的部分一下就被人记住了、放大了。

在大灾难面前，人们会有命运共同体之感。我们珍视这种善，亦不回避灾难的复杂性。没有被“童话化”的善，才是有力量的善，一如傅雷的那两句经典之语：“真正的光明决不是永没有黑暗的时间，只是永不被黑暗所掩蔽罢了。真正的英雄决不是永没有卑下的情操，只是永不被卑下的情操所屈服罢了。”

几天后在莱卡中文站看到一篇路透社摄影记者David Viggers的文章《我为什么要成为一名新闻摄影师？》：

第一次拍摄地震受灾区时，我还是个新手……当时，我完全被那些可怕悲惨的场景所压倒，我从来没有看到过那么触目惊心的场景，那么多死亡、毁灭以及绝望。当我举起相机对着任何一个人时，我感到一种侵入者般的羞愧。

那天晚上，我终于在满是白天看到的死去的人的噩梦中睡去，我拍下的照片里，除了断壁残垣，一个人都没有出现——我幼稚地以为，我应该保存住死者们的尊严，而不是曝光他们的面孔。

直到同行的另一名资深摄影记者提醒，我才突然明白，这种错误的怜悯观念，不仅完全曲解了我置身那里的意义，也让更多人感到失望。

他说：“在这种情况下，如果你不能尽一个记者的职能，你将一无是处。”

当你记录成千上万人的死亡时，不可能交出一个让人感到欣慰的报道，照片让人不安是因为你拍下照片的地点与事件让人不安，作为一个新闻摄影师，你没有权利决定哪些场景人们应该看到，哪些场景人们不该看到——人性的尺度，应该由人们自己去决定。

“如果你不能尽一个记者的职能，你将一无是处。”这句话，是对新闻专业主义的最好注脚。